安里村英烈

迟浩田

策划 盖龙云
主编 饶歆俊
副主编 王猛

SPM
南方出版传媒
广东人民出版社
·广州·

图书在版编目（CIP）数据

安里村英烈 / 饶歆俊主编，王猛副主编 . -- 广州：广东人民出版社，2015.12
ISBN 978-7-218-10590-1

Ⅰ. ①安… Ⅱ. ①饶… ②王… Ⅲ. ①农村－革命烈士－生平事迹－烟台市
Ⅳ. ① K820.852.3

中国版本图书馆 CIP 数据核字（2015）第 282843 号

AN LI CUN YING LIE
安里村英烈
饶歆俊主编　王猛副主编

出 版 人：曾　莹

责任编辑：余小华　钱　丰
责任技编：周　杰　黎碧霞
封面设计：梁嘉欣

出版发行：广东人民出版社
地　　址：广州市大沙头四马路 10 号（邮政编码：510102）
电　　话：（020）83798714（总编室）
传　　真：（020）83780199
网　　址：http://www.gdooh.com
印　　刷：广东信源彩色印务有限公司
开　　本：787 毫米 ×1092 毫米　1/16
印　　张：20.75　　插　页：6　　字　数：320 千
版　　次：2015 年 12 月第 1 版　　2015 年 12 月第 1 次印刷
定　　价：58.00 元

如发现印装质量问题，影响阅读，请与出版社 020-83795749 联系调换。
售书热线：（020）83790504　83790604　　邮购：（020）83791421

《安里村英烈》编委会

策　　划　盖龙云
主　　编　饶歆俊
副 主 编　王　猛

主要撰稿人

李浦松　王　猛　盖志云　盖松先
盖国云　盖艾玲　邢一夫等

参与资料统计调查人员

盖国云　张维浩　盖元修　张玉京
盖艾玲　张正齐　盖连群　盖松先
盖永福　熊　焰等

安里村在山东半岛、莱阳市的位置

（2010年莱阳行政区划图）

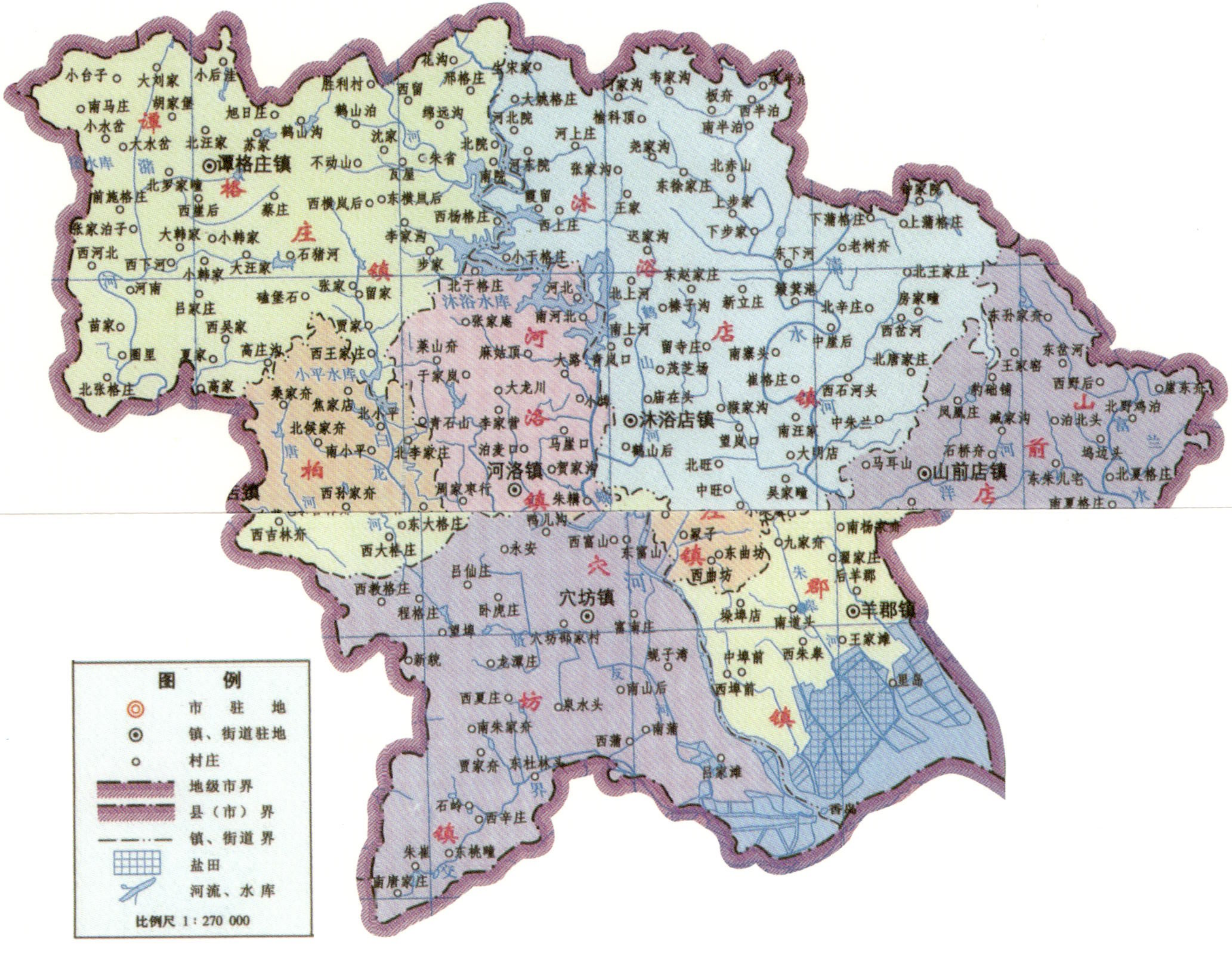

（2015年10月，董新云 摄）

20 世纪 60 年代，安里村将 11 位烈士（盖仁山、盖世迁至南山。1993 年，村里出资立碑于此。

（2015 年 10 月，王猛 摄）

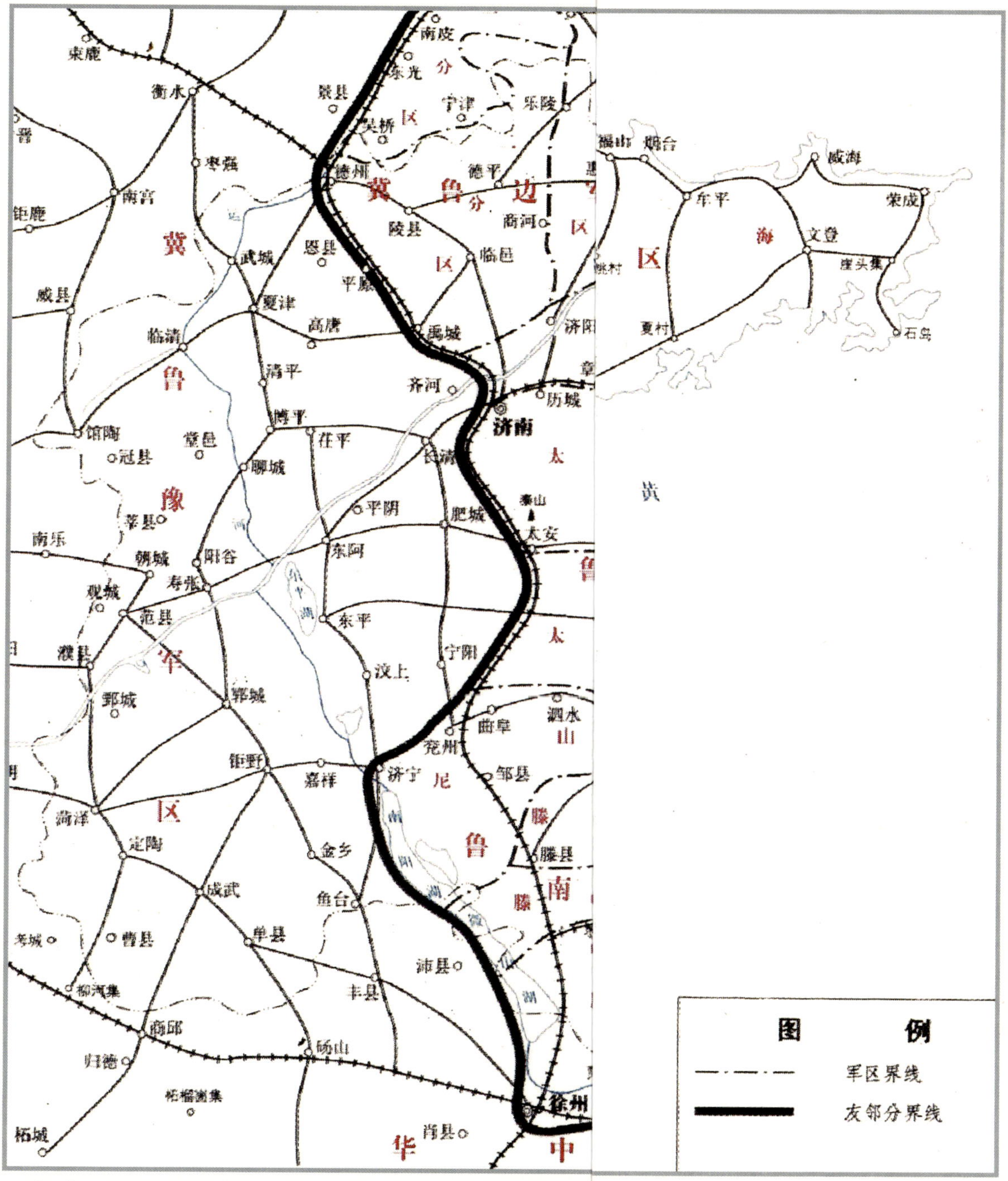

引自《八路军山东纵队史》（上卷），山东人民出版社，

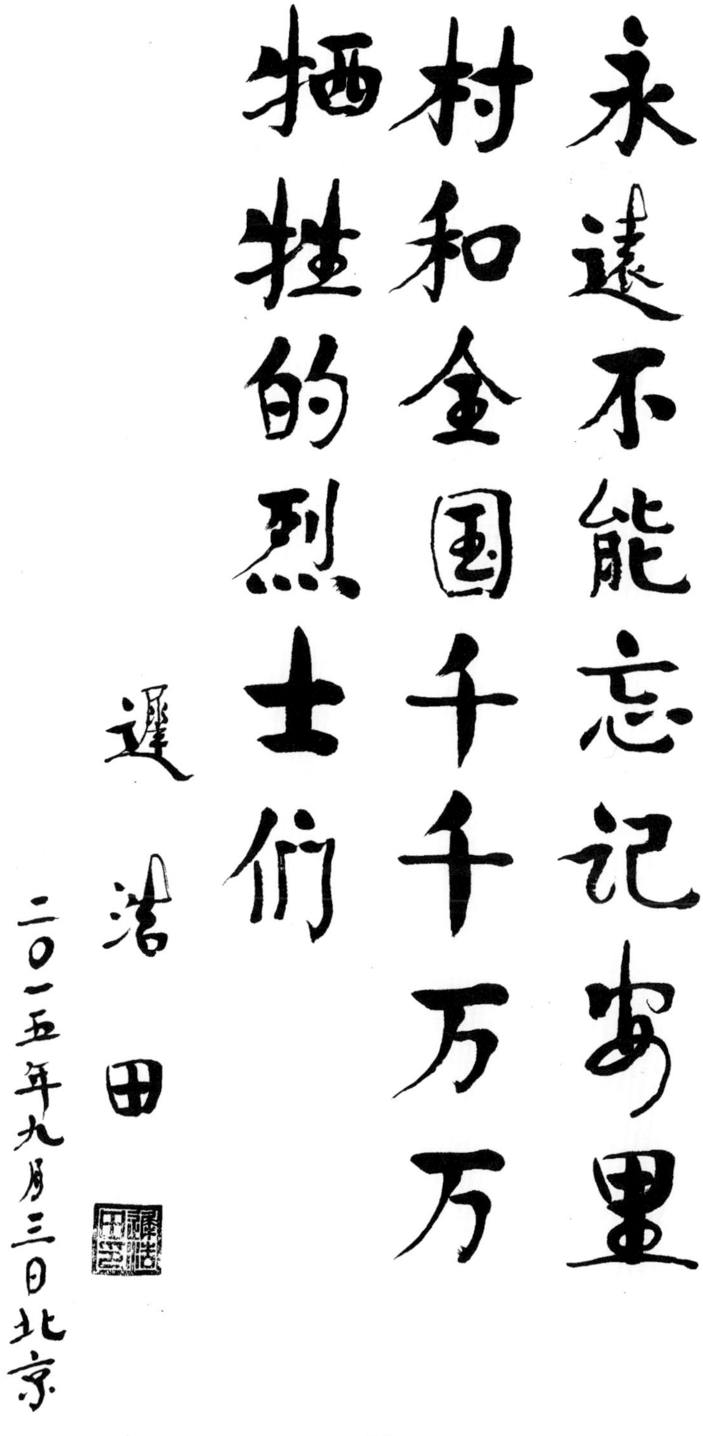

迟浩田[1]题词

[1] 迟浩田，1929 年出生，山东招远阜山镇迟家村人，1944 年参加革命，原中共中央政治局委员、中央军委副主席、国务委员兼国防部长，上将。

安里村对革命有功

田普

2015.9.17

田普[1]题词

[1] 田普（田明兰），1922 年出生，山东省莱阳市沐浴店镇西朱兰村人，1938 年参加革命，开国上将许世友夫人。

安里村健在老兵合影

从左至右：盖义群、盖超群、潘世卿、盖善云、盖月春、江平世、盖月庆、盖洪文、盖恩群、江同世。（注：盖昌群、盖洪英、盖永合等因身体不便未参加合影）（2015 年 6 月，王猛 摄）

一个国家、一个民族都有属于自己的时代记忆。

在建立新中国的过程中，中华民族在中国共产党的领导下经历了二十几年的硝烟战火。有这样一群人，他们没有闪光的勋章，也没有耀眼的金杯。为了民族的独立和富强，为了人民的幸福和安康，他们英勇不屈地奋斗和拼搏着。面对着国内外凶残的敌人，他们义无反顾地走上了最前线，用自己的鲜血和生命谱写了一曲曲华美壮丽的乐章。

山东半岛，也就是人们习惯所称的胶东地区是著名的革命老区。在长期的革命战争中，胶东军民在党的领导下，英勇不屈，前赴后继，顽强奋斗，创造了彪炳史册的辉煌战绩，为中国革命胜利作出了巨大贡献，在中国革命史上具有十分重要的地位。8 年抗战，胶东部队对日伪军作战 7590 余次，攻克日伪军据点 425 处，毙伤俘日伪军 13.4 万人，占山东抗日根据地军民歼灭日伪军总数的 25%，为夺取山东抗战胜利作出了巨大贡献。解放战争中，为了支援全省和全国解放，胶东解放区民众踊跃参军、支前。从 1946 年 7 月至 1949 年 3 月，胶东共有 28 万多人参加解放军，占同时期山东解放区参军人数的 48.45%。组织支前民工 280 多万人次，其中参加莱芜战役、孟良崮战役的支前民工就有 30 万人次。在淮海战役中，胶东解放区出动的随军常备民工、民兵即达 11 万多人，占华东野战军使用的随军常备民工、民兵总数的 50% 左右。

安里村是胶东半岛一个普通的乡村，现有800余户不足3000人。在六七十年前那场波澜壮阔的人民革命战争中，竟有近200位热血青年奔向疆场。他们中有冒死也要把紧急信件送达的通信兵、有用军号指挥千军万马的司号员、有奋战在隐蔽战线上的反特英雄，其中有41人壮烈牺牲。据初步统计，山东省约9万个村庄，有烈士30.1万人，平均每个村庄3.3名。安里村烈士人数超过山东省村庄烈士平均数十多倍。壮哉！安里村的英雄儿女！

大至一个国家、一个民族，小至一个村庄、一个人，都不能没有精气神，否则便一事无成。当年安里村的村民们，都是一些穷苦人，也没有多少文化，一旦民族有难，国家需要，他们便扔下锄头，义无反顾奔赴战场。这就是“国家兴亡，匹夫有责”的具体体现，这种精神可钦可敬，永远生辉！时代需要英雄，也创造了英雄。走在时代前面的英雄，是国家的形象、民众的精神信仰。他们为后人树立了一座丰碑，留下了宝贵的精神财富。敬仰英烈，就是对历史的尊重，就是对国格、人格的尊重！

习近平总书记谆谆告诫：“历史是最好的教科书，也是最好的清醒剂。”今年恰逢中国人民抗日战争暨世界反法西斯战争胜利70周年和第二个国家烈士公祭日，重塑英烈形象，让更多的人了解英烈所处的时代环境和历史条件，追忆英烈们所创造的丰功伟绩，弘扬英烈们崇高的精神品格，这是时代的呼唤，也是我们这代人必须承担的神圣职责。从这个意义上来说，盖龙云等同志编撰《安里村英烈》正得其时，是对革命英烈的一次圣洁的悼念，是一件很有意义的事情。

历史的长河奔流向前。我们一道回顾这段历史，目的是牢记历史，不忘过去；走得再远，走到再辉煌的未来，也不能忘记曾经走过的艰难岁月。今天，那个刀光剑影、腥风血雨的年代已经渐渐远去，历史又翻开了新的一页。生活在和平年代的我们，无疑是幸福的。但是我们不应也不会忘记，如今的幸福与安宁是无数英雄先烈们用鲜血和生命换来的；我们不应也不会忘记，只有不断地强国兴军，才能远离战火硝烟，永葆和平安宁。让我们用文字去留住那段历史，让我们用深情和敬仰去记忆那一段永远都不会褪色的流金岁月……

罗东进[1]

2015 年 10 月于北京

[1] 罗东进，1939 年出生，湖南衡东人，罗荣桓元帅之子、第二炮兵原副政委、八路军山东抗日根据地研究会会长，中将。

XU 序（二）

世上总有些人、有些事是不能忘记的。

小时候，每到清明节，村里和学校都会组织我们去村南山祭扫烈士墓，请村里打过仗的老军人给我们讲战斗故事。那时讲得最多的是盖英宾同志，他曾在胶东军区主力第十三团当过机枪排长，打过很多仗，全村老少爷们都对他怀有敬意。那时逢年过节的时候，村里还会组织小学生们敲锣打鼓地去慰问烈军属。这样一种村庄的集体记忆，是十分可贵的，今天想来，依然让人心动。

有些人生来为国家。回望那段血与火的岁月，想想安里村那40多个鲜活的生命，总是让人心潮难平。当我一篇篇阅看烈士和老兵们的事迹时，双眼不时被那些悲壮的“画面”所湿润。当年为让烈士魂归故里，盖仁山、韩仁彬、张维江、盖世胜等烈士的父母和乡亲们硬是从几十甚至数百公里外将烈士遗体“起灵”运回安里村。而盖山云、盖洪运、盖万孝、张福修、张畔、张本修、江守德、江风世等烈士尸骨无存，可谓“青山处处埋忠骨”。盖洪田烈士牺牲时年仅17岁，盖万孝、盖义春、盖振堂烈士入伍三个月便光荣殉国。盖山云、张福修、盖永先、盖洪青、张维申烈士的妻子苦苦支撑着烈士的家庭，终老一生未再改嫁。盖世胜烈士牺牲后，老母亲泪水未干又把另一个儿子送上战场。老兵盖洪加体内带着一颗子弹和未找到弟弟盖洪庆烈士尸骨的终身遗憾告别人世。新中国的奠基石上浸透了无数英烈的鲜血，这当中有我们安里村的一部分，他们为民族独立和人民自由幸福所做的贡献和他们的名字，应当永远为我们所铭记。

2013年，我弟弟盖志云写了一篇散文《大嫂》，记述了盖山云烈士的妻子刘淑英老人的感人故事。我请人将这篇文章配音配乐后发给了一些同志。许多人听了都感动不已，感慨万端，情不自禁地流下眼泪。我的中学老师张正齐同志还叮嘱我说，可以把这篇文章发给安里村以及更大范围的小学生们看，让他们知道咱村曾经有过那么一些为了国家而无私奉献的人。现在我把这篇文章以电视散文的形式刻成光盘附在了书后。

我常想，当我们离“激情燃烧的岁月”渐行渐远的时候，怎样才能把集体的记忆、把当年那些英勇悲壮的故事永远地留存于世，世世代代不要忘记那些为国捐躯的人，这是我们的责任。为此，我从2014年底开始组织有关同志着手编撰《安里村英烈》一书，整个过程主要分了四个阶段。第一阶段，和盖国云、盖志云、盖松先、盖艾玲等同志商讨本书的大体框架。第二阶段，安排饶歆俊上校、李浦松中校、王猛上尉三位军官到村里进行走访调查，三人在村里住了半个多月，大部分时间吃住在盖国云家中。在他的具体安排下，盖元修、张玉京、盖连群、盖飞艳、盖艾玲、张维浩、盖松亭、盖永福等人密切配合，一一采访了若干知情者，主要是烈士亲属和打过仗的老兵及其家人亲属。尤其是“老八路”盖善云老人，已经九十岁了，不辞辛苦多次和采访的同志交谈，将他脑中的记忆一一端出，让我们今天了解到了许多过去鲜为人知的故事。后来，王猛同志第二次到村里对有关情况进行调查核实。熊焰少校费尽周折与原南海独立团副团长后任某师师长、化工部正司级干部盖仲民同志家人取得了联系，了解到了更重要的故事。第三阶段，由王猛、李浦松同志对收集的资料进行撰写，写出了30余万字的初稿。第四阶段，由我进行审修统稿，联系安排出版事宜。

特别让人欣喜和感动的是，德高望重的原中共中央政治局委员、中央军委副主席、国务委员兼国防部部长迟浩田上将和开国上将许世友夫人田普阿姨以及八路军山东抗日研究会会长、第二炮兵原副政委罗东进中将对本书的编撰十分赞赏，分别为本书题写了书名，题了词（字），撰写了序言，本书因此而“名重”，烈士们地下有知也一定会感到欣慰。

盖龙云[1]

2015年10月于广州

[1] 盖龙云，安里村人，1958年出生，1976年入伍，广州军区联勤部部长，少将。

目录 MULU

第四部分　附录 / 275

编后记 / 305

第一部分

碧血千秋

BI XUE QIAN QIU

安里烈士名录

（按牺牲年代、出生时间等综合排序）

张维申

张氏第二十一世

牺牲年代： 抗日战争
出生时间： 1912 年 9 月
参军时间： 1942 年 4 月
牺牲时间： 1945 年 2 月
牺牲战役： 万第战役
所在部队： 胶东军区十六团一营三连
职　　务： 排长
安葬地点： 栖霞英灵山烈士陵园

盖仁山

（曾用名盖凤群）

盖氏第二十二世

牺牲年代： 解放战争
出生时间： 1925 年 2 月
参军时间： 1945 年 7 月
牺牲时间： 1946 年 11 月
牺牲战役： 昌邑塔儿埠战斗
所在部队： 胶东军区十四团
职　　务： 战士
安葬地点： 安里

盖世信

盖氏第二十世

牺牲年代： 解放战争
出生时间： 1896 年
参军时间： 1946 年
牺牲时间： 1948 年
牺牲战役： 具体不详
所在部队： 具体不详
职　　务： 民工
安葬地点： 安里

盖义春

盖氏第二十三世

牺牲年代： 解放战争
出生时间： 1912 年 1 月
参军时间： 具体不详
牺牲时间： 1947 年 8 月
牺牲战役： 诸城战斗
所在部队： 五龙县姜疃区担架连
职　　务： 民工
安葬地点： 具体不详

盖龙之

盖氏第二十一世

牺牲年代： 解放战争
出生时间： 1915 年 6 月
参军时间： 1946 年 5 月
牺牲时间： 1947 年 8 月
牺牲战役： 即墨灵山战斗
所在部队： 南海军分区司令部
职　　务： 战士
安葬地点： 安里

盖洪社

盖氏第二十一世

牺牲年代： 解放战争
出生时间： 1916 年 4 月
参军时间： 1947 年 1 月
牺牲时间： 1949 年失踪 1956 年 7 月追认烈士
所在部队： 南海军分区独立第二团
职　　务： 战士
安葬地点： 具体不详

盖玉平
（曾用名盖友平）
盖氏第二十二世

牺牲年代：解放战争
出生时间：1916 年 10 月
参军时间：1947 年 4 月
牺牲时间：1947 年 9 月
牺牲战役：高密城战斗
所在部队：南海军分区独立第一团二营四连
职　　务：战士
安葬地点：高密

盖子见
（曾用名盖天德）
盖氏第二十三世

牺牲年代：解放战争
出生时间：1920 年 6 月
参军时间：1947 年 2 月
牺牲时间：1947 年 8 月
牺牲战役：即墨灵山战斗
所在部队：南海军分区独立第一团三营九连
职　　务：班长
安葬地点：即墨东华山

盖永久
（曾用名盖天道）
盖氏第二十一世

牺牲年代：解放战争
出生时间：1920 年 6 月
参军时间：1945 年 7 月
牺牲时间：1946 年 11 月
牺牲战役：昌邑塔儿埠战斗
所在部队：胶东军区五师十五团
职　　务：战士
安葬地点：安里

盖永志
盖氏第二十四世

牺牲年代：解放战争
出生时间：1922 年 2 月
参军时间：1946 年 4 月
牺牲时间：1947 年 11 月
牺牲战役：即墨灵山战斗
所在部队：南海军分区独立第一团特务营一连
职　　务：战士
安葬地点：即墨毛家岭

盖风礼
盖氏第二十二世

牺牲年代：解放战争
出生时间：1923 年 9 月
参军时间：1946 年 4 月
牺牲时间：1947 年 11 月
牺牲战役：即墨灵山战斗
所在部队：南海军分区独立第一团三营
职　　务：班长
安葬地点：即墨沙沟

盖振堂
盖氏第二十二世

牺牲年代：解放战争
出生时间：1923 年 11 月
参军时间：1947 年 2 月
牺牲时间：1947 年 9 月
牺牲战役：莱西双山战斗
所在部队：南海军分区独立第一团三营九连
职　　务：战士
安葬地点：莱西张家庄

蓝保月
蓝氏第二十一世

牺牲年代：解放战争
出生时间：1923 年 11 月
参军时间：1945 年 3 月
牺牲时间：1948 年 7 月
牺牲战役：辽阳战役
所在部队：东北四纵十一师三十二团
职　　务：战士
安葬地点：辽宁辽阳

盖永先
盖氏第二十二世

牺牲年代：解放战争
出生时间：1924 年 2 月
参军时间：1947 年 4 月
牺牲时间：1948 年 11 月
牺牲战役：即墨灵山战斗
所在部队：华野九纵二十五师七十五团
职　　务：战士
安葬地点：具体不详

江守德
江氏第二十二世

牺牲年代：解放战争
出生时间：1924 年 2 月
参军时间：1947 年 4 月
牺牲时间：1948 年 11 月
牺牲战役：即墨灵山战斗
所在部队：华野九纵二十五师七十五团
职　　务：战士
安葬地点：具体不详

韩仁彬
韩氏第二十二世

牺牲年代：解放战争
出生时间：1924 年 5 月
参军时间：1947 年 2 月
牺牲时间：1948 年 1 月
牺牲战役：即墨尹家庄战斗
所在部队：南海军分区独立第一团三营九连
职　　务：班长
安葬地点：安里

盖洪运
盖氏第二十三世

牺牲年代：解放战争
出生时间：1924 年 7 月
参军时间：1947 年 4 月
牺牲时间：1949 年 4 月
牺牲战役：渡江战役失踪
所在部队：第三十一军九十三师二七八团
职　　务：战士
安葬地点：具体不详

盖学仁
盖氏第二十二世

牺牲年代：解放战争
出生时间：1924 年 10 月
参军时间：1945 年 3 月
牺牲时间：1947 年
牺牲战役：莱西院上战斗
所在部队：胶东军区五师十五团
职　　务：战士
安葬地点：安里

盖洪青
（曾用名盖洪林）
盖氏第二十一世

牺牲年代：解放战争
出生时间：1925 年 4 月
参军时间：1947 年 2 月
牺牲时间：1948 年 5 月
牺牲战役：即墨城战斗
所在部队：南海军分区独立第一团三营八连
职　　务：班长
安葬地点：即墨铁骑山

江风世
江氏第二十一世

牺牲年代：解放战争
出生时间：1925 年 7 月
参军时间：1927 年 2 月
牺牲时间：1949 年 5 月
牺牲战役：即墨铁骑山战斗
所在部队：南海军分区独立第一团三营九连
职　　务：战士
安葬地点：即墨铁骑山

盖智生
（曾用名盖建云）
盖氏第二十一世

牺牲年代：解放战争
出生时间：1925 年 8 月
参军时间：1947 年 2 月
牺牲时间：1947 年 11 月
牺牲战役：海阳城战斗
所在部队：南海军分区独立第一团一营一连
职　　务：战士
安葬地点：海阳凤城

盖京先
盖氏第二十二世

牺牲年代：解放战争
出生时间：1925 年 9 月
参军时间：1945 年 2 月
牺牲时间：1947 年失踪
牺牲战役：具体不详
所在部队：北海军分区独立团一营三连
职　　务：战士
安葬地点：具体不详

盖中原
盖氏第二十三世

牺牲年代：解放战争
出生时间：1925 年 10 月
参军时间：1945 年 4 月
牺牲时间：1948 年 9 月
牺牲战役：济南战役
所在部队：华东野战军十三纵三十七师一一〇团
职　　务：战士
安葬地点：具体不详

张福修
张氏第十八世

牺牲年代：解放战争
出生时间：1926 年 2 月
参军时间：1945 年 1 月
牺牲时间：1946 年 5 月
牺牲战役：即墨上疃战斗
所在部队：南海军分区独立第一团一营二连
职　　务：战士
安葬地点：安里

盖　北
盖氏第二十世

牺牲年代：解放战争
出生时间：1926 年 8 月
参军时间：1947 年 2 月
牺牲时间：1948 年 4 月
牺牲战役：即墨城战斗
所在部队：南海军分区独立第一团三营九连
职　　务：班长
安葬地点：安里

盖山云
盖氏第二十一世

牺牲年代：解放战争
出生时间：1926 年 10 月
参军时间：1947 年 4 月
牺牲时间：1948 年 12 月
牺牲战役：淮海战役
所在部队：华东野战军十三纵三十九师一一五团三营九连
职　　务：战士
安葬地点：具体不详

张维江
张氏第二十一世

牺牲年代：解放战争
出生时间：1926 年 10 月
参军时间：1947 年 4 月
牺牲时间：1947 年 6 月
牺牲战役：青岛战役
所在部队：胶东军区六师十六团
职　　务：战士
安葬地点：安里

盖才宾
盖氏第二十二世

牺牲年代：解放战争
出生时间：1926 年 10 月
参军时间：1947 年 2 月
牺牲时间：1947 年 8 月
牺牲战役：即墨灵山战斗
所在部队：南海军分区独立第一团三营九连
职　　务：班长
安葬地点：即墨前栾布湾

盖世胜
盖氏第二十世

牺牲年代：解放战争
出生时间：1927 年 3 月
参军时间：1947 年 2 月
牺牲时间：1947 年 12 月
牺牲战役：莱西水集战斗
所在部队：南海军分区独立第一团三营营部
职　　务：班长
安葬地点：安里

盖万孝
盖氏第二十一世

牺牲年代：解放战争
出生时间：1928 年 4 月
参军时间：1946 年 3 月
牺牲时间：失踪
1958 年追认烈士
牺牲战役：具体不详
所在部队：南海独立团
职　　务：战士
安葬地点：具体不详

张　畔
张氏第二十二世

牺牲年代：解放战争
出生时间：1928 年 5 月
参军时间：1946 年 6 月
牺牲时间：1947 年 8 月
牺牲战役：即墨灵山战斗
所在部队：南海独立第一团
职　　务：战士
安葬地点：具体不详

张本修
张氏第十八世

牺牲年代：解放战争
出生时间：1928 年 9 月
参军时间：1945 年 3 月
牺牲时间：1948 年 11 月
牺牲战役：淮海战役
所在部队：华东野战军九纵二十五师七十五团三营七连
职　　务：战士
安葬地点：具体不详

盖洪中
盖氏第二十一世

牺牲年代：解放战争
出生时间：1928 年 9 月
参军时间：1947 年 2 月
牺牲时间：1947 年 8 月
牺牲战役：即墨灵山战斗
所在部队：南海军分区独立第一团三营九连
职　　务：副班长
安葬地点：即墨东华山

盖洪庆
盖氏第二十一世

牺牲年代：解放战争
出生时间：1928 年 10 月
参军时间：1945 年 6 月
牺牲时间：1948 年 11 月
牺牲战役：淮海战役
所在部队：华东野战军二十五师七十五团三营七连
职　　务：排长
安葬地点：具体不详

张维胜
张氏第二十一世

牺牲年代：解放战争
出生时间：1928 年 10 月
参军时间：1947 年 4 月
牺牲时间：1949 年 6 月
牺牲战役：青岛战役
所在部队：南海军分区独立第一团二营营部
职　　务：战士
安葬地点：青岛大庄头村

盖洪田
盖氏第二十一世

牺牲年代：解放战争
出生时间：1930 年 6 月
参军时间：1947 年 6 月
牺牲时间：1947 年 8 月
牺牲战役：即墨灵山战斗
所在部队：南海军分区独立第一团三营机枪连
职　　务：副班长
安葬地点：即墨东华山

盖孟章
盖氏第二十一世

牺牲年代：抗美援朝
出生时间：1923 年 6 月
参军时间：1947 年 4 月
牺牲时间：1951 年 9 月
牺牲战役：朝鲜战场
所在部队：中国人民志愿军第二十七军七十九师
职　　务：战士
安葬地点：朝鲜

韩　钦
韩氏第二十一世

牺牲年代：和平年代
出生时间：1912 年
参军时间：1946 年
牺牲时间：1955 年遭敌特杀害追认烈士
所在部队：南海军分区独立第一团
职　　务：战士
安葬地点：安里

盖尚宾
盖氏第二十二世

牺牲年代：和平年代
出生时间：1915 年
参军时间：1947 年 2 月
牺牲时间：1954 年伤病复发追认烈士
所在部队：胶东军区野战医院二所、第二十二师二〇五团等
职　　务：排长
安葬地点：安里

张维先
张氏第二十三世

牺牲年代：和平年代
出生时间：1927 年 5 月
参军时间：1947 年 4 月
牺牲时间：1970 年 5 月伤病复发追认烈士
所在部队：华东野战军九纵二十六师七十六团七连
职　　务：战士
安葬地点：红土崖烈士陵园

盖中军
盖氏第二十三世

牺牲年代：和平年代
出生时间：1931 年
参军时间：1946 年
牺牲时间：1954 年
牺牲地点：安徽合肥
所在部队：具体不详
职　　务：具体不详
安葬地点：合肥蜀山烈士陵园

盖世英
盖氏第二十世

牺牲年代：和平年代
出生时间：1953 年
参军时间：1971 年
牺牲时间：1974 年
牺牲地点：山东泰安
所在部队：中国人民解放军九六六一部队
职　　务：班长
安葬地点：安里

安里烈士及亲属事迹

女儿的回忆

——记张维申烈士

口述 / 张翠菊[1] 文字 / 盖松先

2015 年 5 月 30 日下午 5 点，我和盖艾玲女士拜访了安里村烈士张维申的女儿——张翠菊老人。轻叩街门，老人闻声出来开门，热情地把我们迎进院子。院子虽不大，但花木葱茏，瓜果飘香，在微风中轻轻摇曳，仿佛在欢迎刚到的客人。看着生机盎然的小院，就知道主人有着积极乐观的人生态度，充满着对美好生活的向往和热爱。老人已经 75 岁了，头发几乎全白了，但精神矍铄，气色很好。

略微寒暄，说明来意，老人陷入了沉思，好像在搜寻记忆深处的往事，一时间不知道从哪儿说起。说起往事，老人心情有些激动，两只手不停地抖动，眼睛里流露出伤感。盖艾玲女士握住老人的手，说着安慰的话，让她心情能够平静一些。

沉思片刻，老人慢慢回忆当年的故事。

[1] 张翠菊：张维申烈士女儿，1941 年出生，退休教师。

母亲叫尹庆奎，是姜疃鹤山口村人。1941 年秋天的时候，父亲张维申在村西洼给人种麦子，被国民党驻万第[1]部队抓了壮丁，来不及与家人说一声便被抓走了，当时自己小还不会坐。二爹是泥瓦匠，后来他到万第去修炮楼，看见父亲在那里当兵，上操时连鞋袜都没有，赤脚跑操。二爹回来后责怪母亲不关心父亲，也不去看望，不给做鞋袜。当时家里穷得什么都没有，且妇女不能出门去赶集，便向邻居借了两吊钱让二爹到姜疃集买了麻和布料回来，母亲只用了两天时间就做好了鞋和袜。

母亲抱着幼小的我去万第看望父亲，走到东宅村遇到一个当兵的，问去哪儿，母亲说去万第，当兵的说正好顺路，他也是去万第，于是带着我们母子俩一起走。走到一个村庄，当兵的到一户人家里买了一串火烧，给了母亲一个，说喂喂孩子，别饿着孩子。到了万第兵营，当兵的说去打听打听我父亲在哪儿，一会回来说在南炮楼，让我们自己过去找。一个当官的听见了骂道：一个农村娘们儿知道哪个是南炮楼，不能领着送过去？就这样，母亲见到了父亲。

至于父亲是什么时间、怎样加入八路军的，我并不清楚（根据莱阳市民政局烈士档案，1942 年 4 月张维申就加入了八路军）。只是听母亲说，1945 年大年三十，八路军打万第前，父亲曾去侦察敌情。随后八路军打濯村前，事先也去侦察过敌情。打完濯村后，经过咱村南场院曾让人叫家人去见面，家里其他人不愿去，母亲去了，父亲让我们娘三个跟他一起到根据地去，母亲没答应。随后，父亲背着个受伤的战友从南红沟往东走了。（上述情况与烈士档案有所出入，烈士档案记载:“1945 年 2 月五龙县解放万第战斗中牺牲，时年 33 岁。”）

后来，因为家里没人种地，没有吃的，实在没有办法，我们娘儿仨去海阳发城找父亲。一开始被当成探子，经过一番审问后才知道不是探子，被安排在当时县委所在地邀驾岭和区委所在地横岭口，享受军属待遇，供给粮食和草，当地小学生经常帮忙干活。1947 年咱莱阳解放后我们娘儿仨回到村里，这时候军属的家庭有人给代耕，吃饭问题不用愁了，在青黄不接的时候还给补贴粮食，如麦子什么的。估计当时父亲已经牺牲了，只是家人不知道而已。

[1] 万第：地名，包括前万第村、后万第村、西万第村。

张维申烈士生前居住过的老屋

解放后，母亲享受烈士待遇，受到政府的关照。抗美援朝期间，母亲积极做军衣、军鞋支援前线，一天一宿能做三件军大衣，体现了母亲爱国爱家的赤子情怀。

姐姐张翠莲出生于1935年，没上过学，后来上过识字班。1958年嫁给本村人，以方便照顾母亲。姐妹俩结婚有了孩子后，母亲帮忙照看，外孙们都是母亲给带大的。回想起来，母亲的一生真是劳苦功高。

张翠菊老人生于1941年，从1952年开始上学，先后在本村小学、姜疃完小、团旺初中读书，1961—1964年在莱阳师范学校读书。1964年开始参加工作，先后在崔疃小学、安里小学、马家泊联中、赤山联中、枣行小学、市中小学、南关小学任教，1996年正式退休。

退休后，她把老母亲接到自己家里赡养。在老人看来，母亲的晚年是幸福的，晚辈们孝顺体贴，衣食无忧，生活水平不断提高，母亲的心情是愉快的。最后几年，张翠菊老人一直自己一个人照顾自己。2001年，姐姐张翠莲来看望母亲，言谈间张翠菊老人无疾而终，享年92岁。

我们采访结束后，已近傍晚7点。走出院门，华灯初上，门两旁的凌霄枝繁叶茂，郁郁葱葱，数不清的花骨朵含苞待放，清风拂来，频频点头，好像在与我们告别。此时，莱阳城大街上车水马龙、人来人往，人们在晚饭后纷纷走上街头，享受这初夏时节傍晚的凉爽。走在回家的路上，张翠菊老人那满头的白发、饱经风霜而又慈祥的容颜，不时在我脑海中闪现，我默默地祝愿：老人吉祥、平安、如意、幸福！

冒死也要把信送到

——记盖仁山烈士

口述 / 盖连群[1]　文字 / 李浦松

盖仁山兄弟 3 人，他在家排行老大，原名叫盖凤群，“盖仁山”是他参加八路军后改的名字。1942 年，17 岁的盖仁山被赵保原[2]部队强征入伍。1945 年，赵保原部队被八路军打败后解散，他回乡后不久又自愿报名参加八路军，被分到胶东军区第十四团。据同在一个连队的安里村战友盖洪京负伤回乡后讲述，盖仁山到第十四团后，因为读过三四年书，有文化，不仅机智勇敢，且有战斗经验，便被推荐当了通信员。

当时，盖仁山主要负责传送重要信件，往往送信单程要两三个小时。关卡是送信的必经之路，通信员必须学会如何应付敌人盘查。没有人知道盖仁

[1]　盖连群：盖仁山烈士弟弟，1941 年出生，原安里村党支部书记。

[2]　赵保原：山东蓬莱县（今蓬莱市）芦洋大赵家村人，曾任国民党陆军暂编第十二师师长。1946 年 6 月 8 日，被胶东军区十三团击毙。

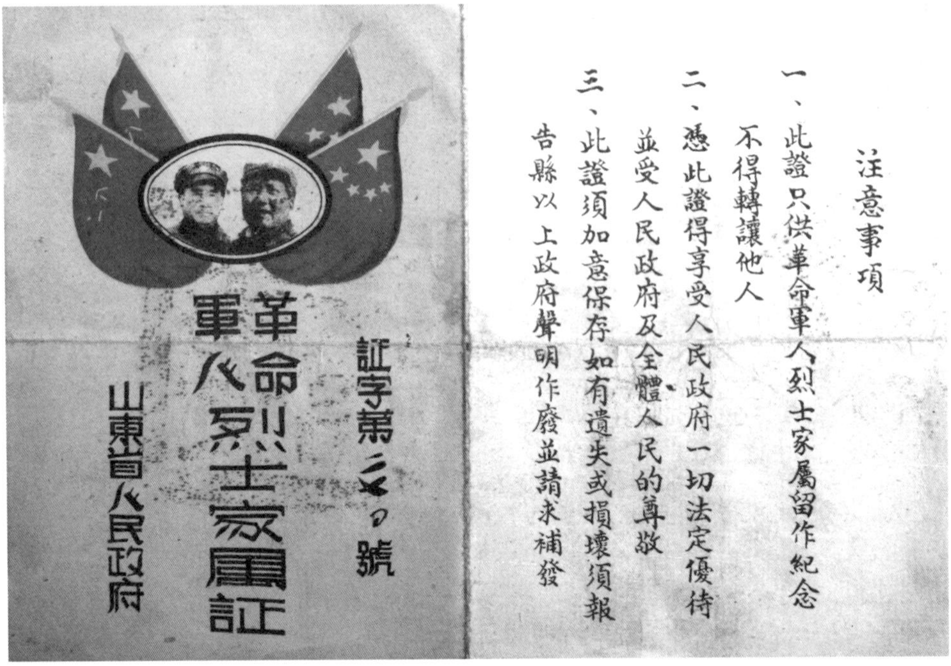

革命軍人烈士家屬証

証字第[illegible]號

山東省人民政府

注意事項

一、此證只供革命軍人烈士家屬留作紀念不得轉讓他人

二、憑此證得享受人民政府一切法定優待並受人民政府及全體人民的尊敬

三、此證須加意保存如有遺失或損壞須報告縣以上政府聲明作廢並請求補發

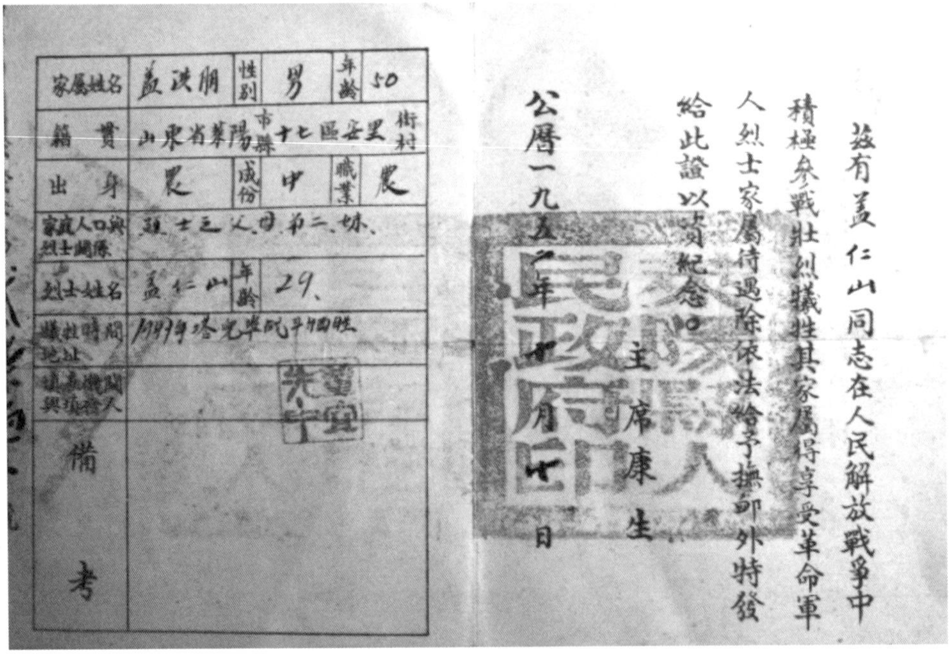

家屬姓名	盖洪朋	性別	男	年齡	50
籍貫	山東省萊陽市縣十七區安里街村				
出身	農	成份	中	職業	農
家庭人口與烈士關係	[illegible]				
烈士姓名	盖仁山	年齡	29、		
犧牲時間地址	1947年[illegible]				
填表機關與填發人					
備考					

茲有盖仁山同志在人民解放戰爭中積極參戰壯烈犧牲其家屬得享受革命軍人烈士家屬待遇除依法給予撫卹外特發給此證以資紀念。

主席 康生

公曆一九五二年十月十日

1952 年 10 月 10 日，山东省人民政府颁发给盖仁山烈士父亲盖洪朋的革命军人烈士家属证（上为封面，下为内页）

山参加八路军后经历过多少次残酷战斗，又多少次与死神擦身而过，只知道他是在1946年11月的昌邑县塔儿埠战斗中牺牲的。事后，同连战友盖洪京回村讲述了他牺牲的过程。在塔儿埠那场与敌军的血战中，敌我双方拼得非常激烈，指挥员命令通信员盖仁山把要求派增援部队的紧急信件快速送到上级指挥员手中。由于所有通路被敌人密集的炮火严密封锁，每前行一步都非常危险，随时面临死亡。在这种情况下，盖仁山置生死于度外，机智地躲过敌人的炮弹。

眼看就要送到时，敌人发现了他。他的头部首先被子弹击中了，接着身上也中了弹。直到塔儿埠战斗结束，他的战友看到盖仁山身后留下了近百米的血路。等他们把盖仁山送往野战医院时，没到半路盖仁山就停止了呼吸，光荣牺牲了。

自从盖仁山参加八路军后，父亲盖洪明三天两头跑去问村长："我儿子凤群是不是牺牲了？为什么一直没有来信？"后来有一次，村长把信拿出来，厚厚一叠信，村上参军的好多青年都牺牲了。村长担心一下子牺牲那么多人，

盖仁山烈士生前居住过的老屋

无法安抚那么多烈属的情绪，还考虑到那么多烈属的代耕问题无法同时解决，就暂时压下信，准备一个一个地通知烈属。盖仁山的父亲顾不上悲伤，当天就拿着村里写的介绍信前往儿子牺牲的塔儿埠，并买了一副棺木，准备把盖仁山的遗体拉回安里村安葬。此时，盖仁山牺牲已经两个月了，且早已被就地掩埋，盖洪明老人把盖仁山的遗骨挖出来，放进棺木里。路上每逢一个村庄就凭部队开的证明到村里请 8 个人接力抬，整整走了 5 天 5 夜，才回到安里村。

到家后，盖仁山的母亲打开棺木一看，顿时晕了过去。醒后号啕大哭，说："好好的孩子，怎么去了就回不来了？"看到大儿子死得那么惨烈，她整日以泪洗面，竟把右眼给哭瞎了。随后，家人把盖仁山隆重安葬，全村男女老少都来参加追悼会。后来，家人给盖仁山结了"鬼亲"。从此，盖仁山的生命永远定格在了 20 岁。

用生命打通胜利的桥梁

——记盖世信烈士

口述 / 韩仁贵[1]　文字 / 王猛

解放战争时期，山东解放区是全国的主要战场之一。安里百姓除了踊跃参军参战外，还响亮地提出"解放军打到哪里，我们就支援到哪里"、"能当梁的当梁，能当柱的当柱"等口号，积极支援前线。

[1] 韩仁贵：韩仁彬烈士弟弟，1934 年出生，原安里村革委会主任，莱阳市人大代表。

盖世信烈士生前居住过的老屋

时年 50 岁的盖世信曾是五龙县[1]“职工抗日救国会”[2]的会员，常年在青岛等地打工谋生，有着熟练的土工技术，是出了名的瓦匠师傅。“职工抗日救国会”简称“职工会”，是抗日战争时期中国共产党领导下的群众团体，会员主要是农村的雇工、佃农及木匠、瓦匠等，职工会员同时是农会会员。抗日战争时期，“职工会”的任务是在党的领导下，组织贫雇农开展反“扫荡”、反“蚕食”，开展减租减息、增加工资。解放战争时期，“职工会”的任务主要是发动群众开展反奸诉苦，进行土地改革，参军参战，支援前线。

1947 年至 1948 年间，大参军浪潮下，民工支前运动成为安里村上上下下的一件大事。一批又一批支前队伍汇入了车轮滚滚的支前洪流中，出色地

[1] 五龙县：因境内有五龙河得名。1945 年析莱阳县南部区域置，属南海专区，1950 年 3 月撤销，其辖区并入莱阳县。政府驻团旺，即今山东莱阳市西南 24 公里团旺镇。

[2] 五龙县“职工抗日救国会”：中共领导的抗日团体，1945 年 3 月成立，会长张秀和，同年 8 月改建为五龙县职工会。

完成了抢运伤员、运送粮食、武器弹药、押解俘虏、架桥修路、装卸火车等各项任务。

在此情况下，盖世信毅然跟随部队奔赴前线。鉴于其熟练的瓦工技术，部队安排他担任工程队的一名施工员，主要负责指挥架桥任务。胶东地区的河流河床较平、水流较缓，人员可以轻松涉水而过，但运送粮油、弹药的车马却只能“望河兴叹”。这时，盖世信需要带领施工民工根据行军路线提前规划好桥的位置、计算土木工程量以及施工时间等，凭借着高超的瓦工技术，带领队友顺利完成架桥任务。由于部队行军路线复杂、调动频繁，具体架起了多少座桥，或许他自己都不记得了。

1948 年，盖世信所在部队得到消息，一批物资要紧急运往前线，根据路线安排，将途经一条河流，急需尽快架桥通路。受领任务后，盖世信随即对河流地形进行了认真勘察，选定了最佳架桥点。该架桥点河床较平、水流较缓，并有一片种满高粱和玉米的开阔河滩，便于过桥部队疏散隐蔽。同时，支前指挥部也以最快的速度将架桥所用的原木、草袋、铅丝、两道钉等物资运到指定地域。期间，周边不少群众自发组织起来，主动将自己树木砍倒，门板摘下来，不少老人都把自己准备的寿材献出来修桥。

初冬的胶东半岛，气温已降到零摄氏度以下，盖世信等人无所畏惧，纵身跳进冰冷刺骨的河水中开始施工，凭着这种不怕苦不怕累的精神，硬是用两天时间便完成桥梁主构架。这天天色已晚，但大家为了赶进度，一刻都不敢休息，摸黑铺设桥板。一块、两块……还有不到十米就要大功告成了。

“大家抓紧时间，马上就可以完工了！”盖世信边铺桥板边鼓励队员们。突然，桥梁晃动了一下，慢慢地向一侧倾斜。

“坏了！”经验丰富的盖世信意识到桥梁因地基不稳开始塌陷了，他立即对队员大喊道：“快撤，桥要塌了！”跑动中，桥晃动幅度越来越大。有队员对还坚守在桥上疏散人群的盖世信喊道：“世信，赶紧撤啊！”盖世信说：“不要管我，你们先撤。”“轰……”说完这句话不过几秒，桥塌了。队员们得救了，可盖世信却因疏散队员耽误了最佳撤离时机，被桥板砸中，壮烈牺牲了。队员们失声痛哭，呼喊着盖世信的名字，却始终得不到回应。

“就是死也要把伤员送过去”

——记盖义春烈士

口述 / 盖光利[1] 文字 / 王猛

盖义春出生在安里村的一个贫苦家庭，在家中排行老三，上面有两个哥哥盖福春、盖友春，下面还有一个弟弟盖玉春。由于家庭贫苦，在挨饿中度过的他身材比较瘦小。据村里老人们的回忆，盖义春身高不过一米六，然而就是这样的小个子却毅然加入了支前担架队伍，用瘦弱的肩膀将无数负伤战士从火线救下。

时光倒转，回到那个战火纷飞的年代。

1947 年 8 月上旬，诸城战役即将打响。为确保战斗伤员能够及时运抵后方医院，华东野战军南线指挥所与莱阳地委协调决定组织一批民工组建担架队进行支前运动。第二天，姜疃区组织各村各户报名参加担架队，正在地里劳作的盖义春得知消息后赶紧放下手中的锄头报了名。一位远房亲戚在半路上碰到他，得知他竟报名了，劝说道：“上前线抬担架很危险，万一有闪失，怎么办？再说了，你身体能吃得消吗？”他却说：“八路军在前线拼命，咱能就这样闲着？”一番话下来，家人见他铁了心，只能同意。不过数日，盖义春成为姜疃区担架连的一名支前民工，跟随队伍一起走上了硝烟弥漫的前线阵地。

---

[1] 盖光利：盖义春烈士侄子，1955 年出生。

前线战斗激烈，每时每刻都有战士倒下，大量伤员急需转运后方医院救治，担架连在其中发挥了不小的作用。激战正酣之际，盖义春他们冒着炮火，两人一组抬着担架冲上阵地，将伤员小心翼翼地搬上担架后，迅速向后方转移。

据当年担架队的老队员盖洪文介绍，伤员的抬运，是要注意一些技巧的。首先，抬运需要加倍小心，尽最大努力减轻伤员的痛苦。要把伤员放在担架中央，抬平稳，避免颠簸晃荡或滚下来，前后两人步伐要协调一致。其次，要有耐心。由于疼痛，有的伤员忍耐不住，便不断地痛苦呻吟或喊叫。有的伤员一会儿说身子偏了，一会儿说抬得不平，这边高了那边低了。队员们需要有耐心，更要忙而不乱、有条不紊，细心、谨慎，随时注意纠正抬运姿势，同时还要留心战场的形势，以防被流弹击中。

8月的胶东半岛正值季风季节，雨水多，难行的泥巴路让队员们吃尽了苦头。雨水将土路都泡软了，一脚踩上就到脚脖子，有时连脚都拔不出来。盖义春索性将鞋子脱下来挂在腰上，赤脚前进。为了让受伤的战士得到救治，盖义春一刻也不敢休息。然而，未走多远，一条宽阔的河流却再次成了拦路虎。连日的降雨让河面一下涨了半米还多，对于个子高的队员来说谈不上困难，但对于个子矮小的“旱鸭子”盖义春来说，下河就意味着可能会被淹水或冲倒，该怎么办？眼瞅着前面的担架都陆陆续续趟过去了，岂能因为自己而耽搁整个救护时间。

时间就是生命！“走！”一个坚定的声音从盖义春嘴中传出。与盖义春搭伙的队友个子比较高，为了确保安全，盖义春选择在后面。只见两人颤颤巍巍地迈进河中。越到中间水越深，他们不得不将伤员用力举过头顶，一步一步挪行。湍急的河水不时拍打在盖义春瘦弱的身体上，整个人被冲得晃晃悠悠。队友到了河中间后，河水已淹过脖颈，幸亏鼻子还露在外面得以正常呼吸。看到这种情况，大家都为盖义春担心，盖义春却告诉队友：“一会儿你走快一点，我憋气，只要让担架在水面上，过了最深的地方就可以了。”这种大胆的想法让人着实捏着一把汗。

说时迟那时快，只见盖义春深吸一口气，双手始终将担架高高举过头顶，在队友的拖拽下，拼命向河岸移动。不一会儿，盖义春便被淹没在水中，唯有一双因长时间高举而颤抖的双臂露出水面。

盖义春烈士生前居住过的老屋

快了，快了，还差几步就可以从水面出来了。因缺氧和疲劳让水中的盖义春神智开始有些恍惚，此时的他已累得几乎无法再向前迈一步，那种痛苦或许唯有他一个人才体会得到。其他队员们纷纷来到河边不停地为盖义春鼓劲儿，而他也不停地告诫自己：就是死也要把伤员送过去！突然，一股暗流席卷而来，疲惫不堪的盖义春猛然被冲倒，担架落在了水里，好在伤员早已被绳索固定，其他队员纷纷赶来帮忙，伤员得救了，但盖义春却被冲到了几米外，不时随着奔涌的河水翻上翻下，越来越远……

一个月后，部队的来信将盖义春壮烈牺牲的消息带回200公里外的安里村，父亲和三个兄弟不敢相信刚刚到部队没几天的盖义春就这样牺牲了。他们连夜赶到诸城，沿着河岸到处打听盖义春的遗体，最终无功而返。这让老父亲更加难过，盖义春的牺牲让他一夜间白了头。

1950年12月，莱阳县政府批准盖义春为革命烈士。

誓与阵地共存亡

——记盖洪青烈士

口述 / 盖善云[1]　文字 / 李浦松

盖洪青原名叫盖洪林，“盖洪青”是他参加人民解放军后改的名字。据“老八路”盖善云讲述，盖洪青在1947年的大参军运动中入伍，时年22岁。

盖洪青烈士生前居住过的老屋

[1] 盖善云：男，1926年出生，1947年参军，安里村第一任党支部书记。

当时盖洪青父母是否在世，盖善云也不记得，只记得他有一个小女儿。

盖洪青和盖善云同批参军，都被分配到胶东军区南海军分区独立一团三营九连一排。盖洪青到部队后由于枪法好，在战斗中作战勇敢，且组织能力强，多次出色完成作战任务，很快当上了班长。

1949 年 5 月 25 日夜，解放青岛的铁骑山之战正式打响。战斗异常激烈，山顶上硝烟弥漫，炮弹、手榴弹、子弹呼啸而过。八路军的装备是缴获来的“杂牌货”，而且弹药都要计算着用，但大家抱定了不怕死的信念，和敌人展开殊死拼杀。战斗中，盖洪青被敌人的子弹击中头部，当场牺牲。

和盖洪青一样悲壮牺牲的战友还有很多，九连连长悲愤地一声令下，大家像疯了一样与冲上来的敌人展开了浴血肉搏，异常惨烈。战后清理战场时，由于条件有限，盖洪青和许多牺牲的战友只能被简单地裹上草席，就地掩埋了。他年轻的生命，长眠在那块他生前战斗到最后一刻的土地上。

同村战友盖孟顺第一时间给安里村写了信，把盖洪青牺牲消息告诉了他的家人。柔弱的妻子没有能力到战地把丈夫的遗体拉回来，和同村不少丈夫在战场牺牲的女人一样，她年纪轻轻就成了寡妇，但为了抚养幼小的女儿，终生没有改嫁。

一名马夫的报国情怀

——记盖龙之烈士

口述 / 韩仁贵　文字 / 王猛

1945 年的除夕，万第战役打响，成功消灭了赵保原反动势力。胶东地区抗日形势一片大好。根据形势发展需要，胶东军区党委在原有北海军分区、南海军分区的基础上，又成立了中海军分区、中海专署、中海军分区司令部，均进驻安里村学校，作为战时指挥机关。司令部进驻安里当天，安里百姓奔走相告，欢呼雀跃，大家不敢相信祖辈世世代代生活的小乡村竟成为当时胶东抗日的中心。

消息传来，30 岁的盖龙之更是兴奋不已，终于能见到了心目中为广大百姓“打天下”的八路军了，在他看来八路军才是百姓的“代言人”。司令部进驻第一天，他便让妻子将家中仅有的一点粮食拿出一部分，带着 4 个女儿随同其他村民一同前去慰问八路军将士们，为解放贡献一点微薄之力。

数日后的一个傍晚，盖龙之像往常一样刚从地里干活回家。远远看到门口站着几个穿军装的战士，他小跑过去。其中一名战士赶紧上前问候道：“老乡，你辛苦了。”盖龙之一听，心里一阵热乎：八路军的战士比那些痞里痞气的国民党兵强多了。他连忙放下手中的农具，在破旧的衣服上擦了擦手，握住小战士的手，回答说：“你们在前线为百姓杀敌，与你们相比，这点儿农活算什么，我能帮你们做点什么？”

原来，由于前线吃紧和战事任务繁重，分区司令部的 7 匹军马实在分不出人手照看，领导决定在村里找个踏实、有责任心的人帮忙照看。经多方打听，他们在村民的推荐下便找到了老实巴交的村民盖龙之。得知缘由，盖龙之立即拍着胸口说：“找我就对了，我一定把军马照顾得比自己还好，你们放心吧。”于是，盖龙之当上了一名马夫。接下这个任务后，盖龙之一刻不敢耽误，白天他下地干活，忙完庄稼地，再到水草茂盛的地方给战马割草料。回到家后，他第一件事就是观察战马的情况。为了让战马吃得更好，他把割回来的草挑了再挑，筛了又筛，直到里面不见一根杂枝，没有一点石子，有时还背着家人悄悄抓一把玉米放在里面，让战马“享用”。夜里，他总会起来几次到马厩转一转，担心出问题。闲暇之余，他专门拿出时间，清理马厩卫生，给战马梳毛。没过多久，7 匹战马个个毛鬃油光，精神抖擞。

一晃半年过去了。1945 年 9 月，因形势需要中海军分区被撤销，部队重新改编。此时，部队领导找到盖龙之，希望他跟随部队一同开赴前线。盖龙之毫不犹豫地拍着胸脯说：“没问题，只要我还能干得动，部队还需要我，我把这条命豁出去了。”话虽这样说，但他心里还是没有底：家里还有妻子和 4 个孩子，怎么办？忐忑中，他把这件事告诉了妻子，没想到妻子非常同意，说：“既然部队需要你，你就去吧，不要牵挂我和孩子，我会帮你把这个家守好。”

就这样，盖龙之正式加入了中国人民解放军，被分配至南海军分区司令部。到部队后，他还是干起了自己的老本行——养马员，也就是人们所说的“马夫”。“那时候，人都吃不饱，更别提战马了。”采访中，“老八路”盖善云感慨道。那些战马高大威猛，食量特别大。当时，战马以草料为主，难以吃上粮食。每当没有战事或部队领导不用马匹时，盖龙之便牵出战马或饮水，或给战马搞卫生，或者将其放养在草地上，然后自己去给马割草，有时还要到庄稼地里捡拾麦秸。

1947 年，即墨灵山，敌我双方展开了激烈交火。炮火从早持续到晚，司令部的电话声、电报声响个不停，盖龙之整日守在马厩，不停地安抚着这些曾经驰骋沙场的“战友”。突然，敌人一阵密集炮弹朝着司令部方向落下来，一发炮弹不偏不倚落在马厩里，盖龙之和他悉心照料的 7 匹战马一起壮烈牺牲。

噩耗传来，乡亲们人人深表惋惜，街坊邻居们含着悲痛的泪水将盖龙之埋葬，送行的队伍延绵不绝，一直从村东头延伸向3里外的盖氏祖坟。

"跟着共产党才是正道"

——记盖洪社烈士

口述 / 盖洪文[1]　文字 / 王猛

盖洪社自幼父母早逝，与爷爷相依为命，由于家里尚有几亩地，爷俩儿的生活勉强过得去。爷爷曾经是晚清的秀才，教书多年，盖洪社在爷爷的教导下开始读书识字，是村里为数不多的"知识分子"。一天，国民党军来村里征兵，虽然实行"独子不征"的征兵政策[2]，但盖洪社一米八的大个子实属当兵的好苗子，便被强征到国民党暂编第十二师[3]。

在"十二师"里，盖洪社亲眼目睹了国民党反动派的丑恶嘴脸：搜刮民脂民膏、军纪涣散、腐败成风……这一切，对一个浑身充满革命热血的青年来说是难以忍受的。于是，他在一天深夜偷偷逃离了，悄悄回到了安里。1947年大参军运动中，29岁的盖洪社对爷爷说："跟着共产党干才是正道，

[1] 盖洪文：盖洪社烈士堂弟，1922年出生。

[2] 抗日战争期间，盘踞莱阳的国民党部队，为扩充其势力，在全县多次强行青壮年抽签当兵，开始为三丁抽一或两丁抽一，后来则有"丁"即"抓"。

[3] 国民党暂编第十二师：1939年1月，国民党军队赵保原部进驻莱阳县境内磊山后、迟家沟、沐浴店等村，辖三个团及一个补充团。师部驻万第，所属部队分驻迎格庄、濯村、憩格庄、大夼等据点。1945年2月，胶东八路军在"讨赵战役"中将该部击溃。

才能看到胜利的希望。”随后，他毅然选择了参加人民解放军，后被分配到南海军分区独立第二团。直至1949年，盖洪社跟随部队相继参加了莱阳战役、潍县战役、即墨灵山战斗等大大小小无数场战役战斗。

1949年建国后，安里村的参战英雄们陆续凯旋，盖洪社的妻子王文英带着两个女儿和爷爷一起翘首以盼，期待着他的归来。一天过去了，一个月过去了，一年又过去了，盖洪社像人间蒸发般始终没有回来。这些年，由于缺少劳动力，家里的日子越来越艰难，爷爷的身体更是一天不如一天。作为孙媳妇的王文英白天下地劳作，晚上熬夜缝补，将家中老少照顾得妥妥当当。时间久了，关于盖洪社的传闻逐渐传开，甚至村里有人说盖洪社被俘虏了，跟着跑到台湾去了。每每听到这样的传闻，她坚信丈夫是不会舍弃正义、抛弃家乡的。也有人劝她：“他可能已经牺牲了，趁年轻改嫁吧。”看着这破败的石头房子和老老小小，她心里的难过无人能懂：丈夫杀敌未归，自己无论如何也要守护好这个家，再苦再难也要替丈夫给爷爷养老送终，也要将盖家的后人养大。

1956年，王文英的等待终究有了结果，上级通知她，盖洪社是为解放事业牺牲的伟大烈士！想到这里，她用衣袖擦干了眼泪，对两个女儿说：“虽然你爹回不来了，但你们要记住他是毛主席的好战士！”

一门二忠烈：我的英雄父辈和我的革命家庭

——记双胞胎烈士盖子见、盖永久

口述 / 盖永昌[1]　文字 / 盖艾玲[2]

关于我父亲，他当兵的时候，我才 3 虚岁，印象已经记不清了，我妹妹刚刚出生还不满月。他生前只留下过一张照片，但是没有保存下来。我了解我父亲的烈士事迹，源于我的邻居盖政群。他也是革命军人，和我父亲是战友，一起当过兵，一起并肩作战。

我当兵之前，一天在山里干活的时候，说起了我的父亲，邻居盖政群告诉我，1947 年八九月份期间，在即墨灵山的一次战斗，他们和敌人争夺一个制高点，战斗打得残酷激烈，当时天下着小雨，在一块高粱地里，与敌人展开了肉搏战。我父亲盖子见带领全班和敌人拼刺刀，接连几个敌人都被他们消灭，最后把枪托都打断了，在泥里、水里和敌人滚到一起，面部五官都看不清了，分不清谁是敌，谁是友，只能大声喊着名字，才知道谁是谁。远处的战友看到我父亲身负重伤，倒地不起，就大声喊道："盖子见我们过去救你。"我父亲知道自己的伤很重，已经坚持不了多久了，

[1] 盖永昌：盖子见烈士儿子，1944 年出生，烟台汽车制造厂退休工人。

[2] 盖艾玲：女，安里村人，1953 年出生，原莱阳市电视台专题部副主任，莱阳盖氏文化研究会秘书长。

就使出全身的力气喊道："我杀一个够本，杀两个赚一个，我已经快不行了，不要救我，你们快去救受伤轻一点的战友吧。"这时候敌人又反扑过来，其中一个敌人对着他又是一刺刀，我父亲就这样牺牲了。当时听到这些，我的心都碎了，立志向父亲学习，做一个对国家有用的人。

那时候，我和妹妹年龄都小，大人们从来不在我们面前提起父亲的事。只记得每个月上级发给我们家三块钱。七八岁时，我上学读书了，才知道因为我来自革命烈士家庭，我是烈士的后代，三块钱是烈士遗属补助费。后来，我知道了我们家更多的事情：

我父亲原名叫盖天德，当兵后改名叫盖子见，父亲和二爹盖天道是一对双胞胎，我母亲姊妹两个也是一对双胞胎。我姥姥家是旺格庄的大户人家。双胞胎亲兄弟娶双胞胎亲姐妹，亲上加亲。据老人们说，娶亲办喜事那天，两乘大花轿抬到我们门口，东面一乘，西面一乘，我父亲和二爹长袍马褂，都是那个年头最时兴的打扮，街坊四邻都来贺喜，大街小巷挤拥不下，三里

盖永昌同志（前排右二）家人合影

革命烈士证明书

盖子见同志　在解放战争中　壮烈

牺牲，经批准为革命烈士，特发此证，以资褒扬。

中华人民共和国民政部

一九八三年八月一日

1983 年 8 月 1 日，民政部为盖子见烈士换发的革命烈士证明书

五村都传为佳话。

我二爹参军之前名字叫盖天道，参军之后改名为盖永久。据我的邻居们说，我父亲和我二爹都长得很帅，个子高高的，当年村里搞文娱活动，他们双胞胎兄弟两人，男扮女装，打扮成古代村姑的模样，踩高跷，扭秧歌，逗乐了满街看热闹的乡亲们。1945 年，我二爹盖天道先参军了。多年之后，我奶奶告诉我，我二爹参军的时候，不像后来几年参军那样，戴红花，骑大马，风风光光地当八路军，而是秘密走的。因为那时候莱阳刚刚解放不久，主要的兵源都到了五龙县的县大队，相当于现在的公安局，要去做地下工作。他走的那天，清早起来，按照上级的要求，肩上扛着一张铁锨，撅个粪篓子，好像要去拣粪的样子。过去农村人勤快，上山下地都爱肩扛铁锨，撅着粪篓子，顺便拣点农家粪。我二爹就是打扮成这样出了村，到一个地方与上级的人秘密会面。后来他调到野战军，在 1946 年 11 月的昌邑县塔儿埠战斗中英勇牺牲。他是和盖连群的二哥一块牺牲，两口大棺材被一块儿从昌邑抬回来，摆在我们家老宅的大门前，鲜红的棺木让人触目惊心。我二爹是被炮弹炸牺牲的，尸体不全，用大量的纱布进行包裹，勉强成型装进棺材，二爹连个后人也没有留下。

我妹妹农历腊月二十九日出生，父亲正月十六日参军，妹妹才出生不到一个月，我父亲 1947 年秋天牺牲，当兵不到十个月。

我在 20 岁时，有一天在山里干活，得知上级来征兵，我和也是烈士子弟的盖德志一起去报名参军，但是人家一听我家就我一个儿子，就不要我，那时候国家有政策，独子不当兵。我一听不收，就急眼了，我说："我是烈士子弟，我当兵要为我父亲报仇。"部队征兵的同志看我决心很大，就破例同意接收了我。就这样，1964 年我在我二爹盖天道牺牲的地方——昌邑县，当了五年工程兵，挖了五年山洞。那时候三年生活困难时期刚过，条件比较艰苦，吃不饱是经常的。记得在一次施工中，一块大石头从山坡上滚下来，眼看就要砸到我班的一名战友，我当时就急了，一下跃起，猛推了他一下，战友躲过了石头，我的右肋却被石头刮了一下，当时疼得我满头大汗。回到连队后，我发现小便是红的，到解放军第一四七医院一检查，右肾破了。在医院住了不到 20 天，还没有好利索，我就要求出院，回连队继续带领全班挖山洞。由于我班表现突出，被评为"标兵班"，我被评为"五好战士"，光荣地加入了中国共产党。退伍后上级安排我在莱阳拖拉机厂（现烟台汽车制造厂）工作，直到退休。

我爷爷盖和群生了 4 个儿子， 2 个女儿。他积极送两个儿子当兵，这在当时是多么了不起的义举。爷爷还是村里的乡医，会开药，会针灸，能给人看病。我小时候记得他经常半夜出诊，还见过他给人针灸。我们家族中不光男的出色，女的也很出色，我二爷爷（邢一夫的姥爷）的女儿盖淑润（邢一夫的母亲），随军南下，后离休；三爷爷的女儿盖淑德，1948 年参加中国人民解放军，后在北京离休；我的亲姑姑盖淑香，1949 年参加革命工作，后离休。她们都很进步，是安里村早期参加革命、走进革命队伍的突出女性。此外，我的舅舅也是革命烈士。因此，我从小在心里就树立了这样的信念：要向亲人们学习，做一个像他（她）们那样的人。

自从我知道我父亲牺牲被埋葬在即墨的灵山后，我发誓一定要去找到父亲。当兵五年转业到地方工作之后，我便去即墨寻找我父亲的遗骨。但是到了那里一看，父亲当年浴血奋战的土地上，庄稼遍地，满目青山，哪里还有什么烈士遗迹呢？我又到了即墨的烈士陵园，连父亲的名字也没有找到。当

盖永久、盖子见双胞胎烈士生前居住过的老屋

地的老乡告诉我，当年牺牲的人太多了，匆匆埋葬后就在坟头上竖了个小木牌，随着时间的流逝，小木牌大多被毁掉了。建烈士陵园的时候，大多数人已经不知道名字了，所以都成了无名烈士，我的父亲就在无名烈士之列。

我的文化不是很高，初中没有读完就去当兵，因为心中有那样的崇高信念，当兵时我争当优秀革命军人，转业后在单位我努力工作，积极学习文化，学习技术。由于工作突出，我被提拔为车间主任，后来晋升了中级职称，是我们厂里唯一一个不到初中文化就被提拔为中层领导、晋升中级职称的人。我想，如果说我的参军入伍是因为“烈士子弟”这个称号，但我在厂子里的提拔、职称晋升，就不仅仅因为我是烈士后代。烈士后代假如依仗父辈的荣誉而不思进取，不去努力，那是有辱父辈光荣称号的。

功夫不负有心人。终于有一年，我在红土崖烈士纪念堂的名单里找到了父亲和二爹的名字。从那时起，我们全家每逢清明节，都去那里祭奠他们。生活中，我常常对我的儿子、女儿们讲述我们的家族、我们的家庭，讲述他们爷爷的英雄事迹，教育他们从小就树立起正确的人生观、价值观，等长大了，不论社会发生什么样的变化，都不要走错路，努力做一个对社会有用的人。

我有3个孩子，一子二女，加上两个女婿一个儿媳，他们之中有四个是部队军官和警官：我的儿子、儿媳在上海武警部队；我的两个女儿，深受革命家庭的影响，自小就崇拜热爱军人，长大后找的对象都是军官。现在，儿媳和大女婿已经转业到地方工作，都是人民警察。儿子和二女婿现在还在部队工作。我可以自豪地说，我的家庭，是一个不平凡的家庭：双胞胎兄弟娶了双胞胎姐妹、双烈士、三代军人，一家出了4个军官和警官。因为我的烈士父亲和二爹以及我的革命家庭，这一切都深深影响着我的儿女子孙。相信他们会像我一样，继承前辈的光荣传统，做一个对社会、对国家有用的人。

我今年72岁了，我们这一代烈士子女，也大都七十岁有余了。安里村留下后代的烈士，如：盖德志的父亲盖京先、盖福荣的父亲盖山云、张树的父亲张福修、盖淑珍的父亲盖洪社、江桂英的父亲江风世……我们作为他们的子女，我们会永远怀念他们的。我的二爹盖天道和那些没有结婚成家的如：盖艾玲的三爹、盖连群的大哥、盖鸿钧的孙子、盖洪所的弟弟……他们都没有留下儿女后人，我们也同样怀念他们。

我非常感谢盖龙云将军，为安里村做这件好事，记叙烈士事迹，传承烈士精神。这岂止是一件好事，可谓是千秋万代的大事，让我们的儿孙后代，都知道我们安里村有这样一群不朽英烈，让我们永远记住他们的英名，铭记他们为国捐躯的伟大精神。

附：七律一首

献给革命烈士

盖永昌

翠柏鲜花祭英灵，壮士献身解放中。
鲜红国旗您血染，不朽丰碑有英名。
国歌一曲又一曲，无畏形象笑春风。
烈士驾鹤云世界，笑看祖国一片红。

读《一门二忠烈：我的英雄父辈和我的革命家庭》有感

文字 / 盖才杰[1]

前段时间，听父亲说，安里村正在调查烈士的资料，准备出版烈士的事迹，我听了很是期待。我只是隐约知道，我的爷爷是革命烈士，但具体有什么英雄事迹，却一点也不了解。最近，我阅读了由我父亲口述，盖艾玲老姑整理的《一门二忠烈：我的英雄父辈和我的革命家庭》一文，抑制不住心潮澎湃，思绪万千，激动的心情久久不能平静。我虽身在上海，心却一下子飞到了梨乡莱阳，飞到了安里村——这个生我养我、哺育我祖辈和父辈的故乡。

我十几岁离开了安里村，跟着父亲，全家搬到了城里。我记得，父亲是一个不善言辞的人，从小到大，从未在我面前提起过爷爷是怎么牺牲的，或许这是他心底永远不愿意去触及的痛楚。所以，当这篇文章呈现在我眼前时，我一遍又一遍地读着，那血与泪、情与爱交织的文字，总会让人热泪盈眶。都说男儿有泪不轻弹，可是我怎能不流下感动的热泪？我非常感谢盖龙云将军，他是安里村的骄傲，也是我学习的榜样，感谢盖艾玲老姑，感谢那些为此付出辛劳汗水的人，感谢他们把我的爷爷以及像我们这样的烈士家庭，许多我们过去不知道、不了解的事迹整理出来，形成文字，这是留给后代一笔丰厚的精神财富。让我们这些做后人的，知道我们的祖父辈都做过什么，是什么样的人，让我们能一脉传承他们宝贵的献身精神。

---

[1] 盖才杰：盖永昌之子，1979年出生，1997年参军入伍，现任上海武警总队正营职警官，少校。

作为这个家庭的一员，我心里由衷为我的爷爷、我的父亲和我们这个家庭感到光荣与自豪，爷爷和父亲那一代人的牺牲奉献，绝不是现代人挂在嘴边的口号，而是实实在在地付出了鲜血和汗水，甚至献出了宝贵的生命。我现在也是一个五岁孩子的父亲，同时也是一名新时代的军人，我无法想象爷爷当初是怀着什么样的心情，舍下蹒跚学步的儿子和嗷嗷待哺的女儿，毅然穿上军装，扛起枪，奔赴那生死未卜的战场，这得需要多大的勇气啊！这是多么应该值得我们这些做后人的敬仰，多么应该值得我们这些做后人的学习啊！他们才不愧是真正的最可爱的人！

爷爷他精忠报国，慷慨就义，用实际行动诠释了什么叫舍小家顾大家。在咱们齐鲁大地上还有很多像爷爷一样的人，为了党和国家的革命事业奉献了青春和热血，甚至献出了宝贵的生命。虽然他们的后人很多都为此失去了父爱，失去了温暖的家庭，但是他们的精、气、神对我们这些后人而言却是一笔宝贵的财富，是我们应该一代一代传承下去的。我要教育我的家人和后代要永远铭记爷爷以及像爷爷一样的先辈们，如果爷爷在天有灵，我会告诉他：“您永远生活在我们身边，活在我们心中。”

鲜红的共和国旗帜，是无数像爷爷一样的革命先烈用鲜血染红，父亲追随爷爷的脚步从过军，我又在父亲的影响下穿上军装，成为了一名新时代的军人。在和平年代，我可能没有机会经受枪林弹雨的考验，没有机会经历抛家舍子的抉择，但我愿在本职岗位上努力学习，刻苦训练，为建设一支强大的现代化人民军队贡献自己的全部力量。我坚信，在国家需要我的时候，我也会毅然像爷爷和父亲那样，义无反顾去捍卫鲜红的共和国旗帜。

“董存瑞”式的英雄战士

——记盖永志烈士

口述 / 盖永同[1]　文字 / 李浦松

盖永志于 1946 年 4 月参军时，父母已有 5 个孩子，只有六弟还没出生，他排行老大。他家当时还没有自己的土地，穷得连被子都不够，衣服、粮食更是少得可怜。吃不饱、穿不暖是常事。冬天时，父母一整天要去地主家干活养家，只得把几个孩子放在炕上，用盛干粮的柳筐把几个小孩盖上，以防他们掉下来冻死。少年时的盖永志负责照看弟弟妹妹，为了给弟妹找东西吃，他每天上山爬树掏鸟窝、挖野菜，下河抓鱼、捡螺，在地主家收割过后的麦地里，拾捡收割时不小心落下的麦穗。稍大一些后，他就偷偷虚报了年纪到地主家“扛活”。谋生的艰难，让他从小就尝尽了人间的冷暖困苦，也锤炼出了不怕吃苦的意志。

抗日战争胜利后，家徒四壁的这户人家总算分到了房子和田地，让盖永志对共产党充满了感恩之情。1946 年，他听从召唤主动报名参了军。到部队后，领导发现他身手敏捷、机智灵活，便把他分配到胶东军区南海军分区一团特务营一连当战士。战斗中，特务营是团里实施阻击任务的主力，往往在第一道封锁线对敌进行阻击，以掩护我军主要部队的转移，有时也会深入敌区侦查军情，或对敌进行干扰，以声东击西，掩护大部队实施作战任务。

---

[1] 盖永同：盖永志烈士弟弟，1955 年出生。

有一次，盖永志跟随部队隐蔽在敌人必经路两侧的高粱地里，待敌军通过后，悄悄跟了上来。为了将敌人引入预定的围歼地域，机智沉着的盖永志和几个战友，跟着特务营侦察排长装扮成当地百姓，提前到路边迎候敌军。他们提茶的提茶，抱瓜的抱瓜，热情地将问路的敌军引诱到围歼地域。待人困马乏的敌军坐下休息，他们以各自回家拿吃喝为借口撤走了。片刻，还没等敌人反应过来，随着特务营长一声“打！”担任袭扰任务的特务营战士突然从南北两面向敌军发动了袭击，早已经准备好的火力铺天盖地地射向敌人。敌军还没弄清是怎么回事，就被击毙了十几个人，气得他们一个劲地骂娘。

在一次战斗中，特务一连被敌军包围，连长带队突围中队伍被打散了。待在汇合地域重新集合队伍后，连长一个个点名查人数，发现盖永志没有回来，大家猜想他是不是被敌人抓俘或遇害了。正在安排人去找，这时，他回来了，带着得意的表情对战友说：“你们回去捡枪吧！”原来，部队被打散后，盖永志孤身突围，被 7 个敌人穷追不舍，他打完子弹又拼刺刀，硬是独自一个人把 7 名敌人全部打败了，不得不说是一个传奇。

这些英勇的战斗故事，都是盖永志牺牲多年后，战友华泽川（音译）告诉他家人的。盖永志参军离家后，一直三天两头打仗，再也没回过家，也顾不上托识字的战友给家里捎信。他离家到部队一年多后的一天，母亲听说他在“敢死队”，日夜牵挂他的安危，便让父亲到部队驻地蚬子湾找他。那次，他对父亲说：“我打死了 7 个敌人，就是死也够本了。”父亲只好眼含热泪，目送他再次奔赴战场。此后，家人和同批参军的战友再也不知道他的音讯。

1947 年底的一天夜晚，特务营行军经过安里村时借宿在村里百姓家中，巧合的是，连长刚好住进了盖永志家。那晚，连长很关心地问盖永志的父母：“老乡，你家有几个孩子？”盖永志的父亲指着跟前的一堆孩子说：“除了这几个孩子，还有一个大儿子也当兵去了。”连长问：“那你大儿子叫什么名字，在哪个部队？”父亲回答道：“叫盖永志，有人说他跑去国民党部队了，我们不相信，但又不敢去找。”连长一愣，郑重地告诉两个老人说：“盖永志正是我的兵，他没有跑到国民党部队，而是在一次战斗中牺牲了，你们为何没有接到通知？等我打完仗，马上帮你们处理这件事。”两个老人得知大儿子没有当叛徒而是牺牲了，悲喜交加，整夜痛哭流泪。

盖永志烈士生前居住过的老屋

当晚，一连连长将盖永志牺牲时的情景告诉了两个老人。

那是即墨灵山战役最艰难的时候，敌人在山上布设了几个暗堡，我军损失惨重，组织的几次冲锋都没有成功，一直无法拿下敌人阵地。面对敌人凶猛的火力，左臂已负伤的盖永志主动请缨，说："你们掩护我，我拿炸药包上去把暗堡炸掉！"连长劝说："你已经受伤了，就不要去了。"他一听就急了，说："我没事！我们要赶紧拿下暗堡！"最终，连长只得同意他的请求。只见盖永志在战友的掩护下，用右臂夹着炸药包，就冲上山去了。

快到碉堡时，他的一条腿不幸被敌人的机枪打中，但他忍着巨大的疼痛继续往上爬。孰料，他的另一条腿再次被击中，危急关头，冲锋号吹响了。盖永志深知，如果拖延一秒钟就会造成更多的战友牺牲。只见他毅然用身体做支架，左手托起炸药包，右手拉着了导火索。随着天崩地裂的一声巨响，敌人的暗堡最终被炸毁了。是役，盖永志用自己的血肉之躯为部队的胜利开辟了道路，年仅 25 岁。

将最后一颗子弹射向敌人的头颅

——记盖风礼烈士

口述 / 盖善云　文字 / 王猛

1947 年 2 月，胶东大地逐渐从冬日的寂静中苏醒过来，轰轰烈烈的大参军运动，让朴实的安里百姓仿佛嗅到了春天的气息。25 岁的盖风礼刚刚成家，有两个尚在襁褓中的女儿，对参军犹豫不决。

深明大义的老父亲盖洪德把他叫到床前，说："好男儿志在疆场，马革裹尸。家里的事不用管，上前线吧。"这无疑是对盖风礼最大的鼓励和支持。说服妻子后，他毅然报了名，后被分配到胶东军区南海军分区独立第一团三营九连。当时的班长便是本家哥哥盖善云。

据盖善云回忆，两人年龄相仿，但盖善云稍大几个月，两人一起从小玩到大，感情颇深。参军前，盖风礼在村里一直喊盖善云为哥哥，到部队后，虽然纪律严格了，要求相互之间以同志相称，但他们总感觉改口不习惯，有些生分了，所以私下一直以兄弟相称。由于国民党军疯狂围剿我八路军和各路地方武装，战斗的次数甚至比吃饭还频繁，几乎每天都会有战斗，一天几次也是常见的。历经多次战斗后，盖风礼因表现勇敢，很快被提拔为班长。

1948 年 11 月，青（岛）即（墨）战役[1] 打响，战斗异常激烈。

---

[1]　青即战役：即青岛即墨战役，发生于 1949 年 5 月至 1949 年 6 月，是中国人民解放军第三十二军在青岛、即墨一带进行的一次重大战役。此役共歼国民党军队 5745 人，彻底摧毁了国民党在山东及华北地区的统治，使山东大陆全部解放，对开辟海上交通运输，发展生产，支援向全国大进军夺取更大胜利都具有极其重要的意义。

盖风礼烈士生前居住过的老屋

“敌两个营正伺机进攻我阵地，命你部迅速组织阻击。”这天，一封情报火速传达至南海军分区独立团团部。敌情就是命令！1937年就离开安里村参加八路军的副团长盖仲民清醒地认识到这场战斗的重要性：只有保住灵山才能解放青岛。他立即向所属二营、三营下达作战任务，要求盖风礼所在部队连夜修整工事。凌晨时分，盖善云像往常一样来到盖风礼身边，叮嘱道：“别害怕，注意保护好自己！”

盖风礼憨憨一笑：“哥，你放心，咱们‘盖家连’[1]没有怂包！”

次日清晨，天微微亮，敌两个营向我灵山阵地猛扑过来，用榴弹炮、重机枪对我阵地进行猛烈攻击。一时间，成百上千枚炮弹倾斜而至，只见阵地上硝烟弥漫，火光熊熊，工事遭到严重破坏，炮火将山石炸飞十几米高。战壕中的盖风礼不时被石块砸中，疼得直咬牙。炮火持续了半个钟头，终于停了下来，敌人后续部队开始向阵地发起进攻。离盖善云几十米外的盖风礼揉了揉被石块砸中的胳膊，“呸……”用力将嘴里的泥土吐出来，搓了搓手，

[1] 盖家连：详情见本书第270页。

端起步枪开始向敌军进攻，枪声、呐喊声乍起。“盖家连”果然名不虚传，很快便将敌人攻势压制，战场形势开始逐渐对我方有利。就在这时，冲锋号响起，嘹亮的军号声强有力地穿过隆隆炮火声传至战士们的耳朵里。正在使用机枪对敌进行火力压制的盖善云离盖风礼不过十米远，远远看见他端起刺刀，猛然跃出战壕，奋不顾身地冲进枪林弹雨中。

中午时分，战斗结束。敌方损失惨重，丢盔弃甲而逃。随后，各连队纷纷整队查人，准备收拾战场。九连也不例外。

“盖善云”

“到！”

“盖风礼”

……

连长连续喊了几声，盖风礼以往那亮堂的声音却再也没有响起。盖善云心里猛得一惊：坏了，风礼出事了！果不其然，在清理战场时，大家发现盖风礼中弹牺牲了。令人震撼的是，盖风礼的枪膛早已被拉开，最后一颗子弹还紧紧地握在手心。悲痛之余，盖善云委托同村战友盖孟顺写信回 100 多里外的安里，将盖风礼牺牲的消息告知盖洪德。

半个月后，信终于到了。在盖风礼曾经生活的老房子中，盖洪德捧着来信，那双苍老的双手颤抖着，泪水流了下来，盖风礼年轻的妻子则搂着两个女儿不停地痛苦流泪。按照习俗，家人要将其埋葬在祖坟，以求魂归故里。然而，老父亲年迈体衰，妻子带着两个孩子无法赶往前线，盖风礼的遗体只好被战友就地安葬在离阵地不远的莱西夏格庄。

血染黄土地

——记盖振堂烈士

口述 / 盖友德[1]　文字 / 王猛

1947 年 1 月，安里村刚刚解放两年，盖振堂与妻子（姓名不详）结婚了。盖振堂的父母早已过世，老大盖福堂和老三盖志堂当时早已成家，而侄子盖友德也已 8 岁，这一大家人住在同一屋檐下，相处很融洽。不过个把月后，大参军运动开始了，村干部挨家挨户作动员。有天，村干部来到盖振堂家，尚未开口，盖振堂没有犹豫，说："不用说了，我报名！"那股子义愤填膺的劲头乍一看是一时的冲动，其实不然，这是对国民党反动派欺压的必然反映。因为安里人民已经忍受太久了。时国民党暂编十二师驻扎离此不远的万第地区，隔三差五便组织人马像土匪一样骚扰村民，不是强行征粮就是抓壮丁，老百姓十分愤怒。

参军后，盖振堂被分到南海独立团，当时驻地在 30 里外的蚬子湾。刚到部队时，部队安排他到濯村的农副业基地负责往团里运送粮油物资。"啥？当兵不打仗，让我去推小车？不行，我要去前线！"得知自己的任务后，盖振堂很不满意。在他看来，当兵就是要上前线杀敌人，搞后勤保障不是他想做的。部队领导一看他有情绪，也很理解，说：是啊，哪个战士不想去前线杀敌，但没有这些粮油物资，前线的战士们吃不饱肚子怎么杀敌？"盖振堂

[1]　盖友德：盖振堂烈士侄子，1940 年出生。

是一个明事理的汉子，听了这些便不好意思地挠了挠头皮说：“那也是，只要是为了打仗，干啥都行。”从此，独轮车取代了冲锋枪，成了他的装备。

1947 年，国民党集中 60 个旅、45 万人对山东解放区发动重点进攻，胶东地区战事不断，加上大参军运动以来，部队扩编迅速，人员队伍庞大，前线物资供应需求量很大。每天一大早，盖振堂很早就起床了，随便啃两口干粮，便去仓库领上 200 斤粮油物资，一袋袋码放在小推车上，朝着团部方向出发了。村里上了年纪的人都知道，推这种车子必须用巧劲儿，车把太低了，后沉，人被压得弯着腰，累！车把太高了，前沉，容易倒。盖振堂在村里本就是种地的一把好手，推车子对于他来说更不在话下。只见他把系在两个车把的肩绳搭在脖后上，“呸”地一声，往手掌吐了一口唾沫，搓一搓，握住车把，腰一顶，车子稳稳地被抬起，两脚一用力，便稳稳地走起来。从濯村到蚬子湾单程 50 里路，坑坑洼洼很难走，木轮推车更是跳得厉害。盖振堂不得不将全身力气集中在手臂上，两手像两把钳子牢牢地控制着车把，每走五六里路就停下来歇一会儿，再接着走……两个多月后，一心杀敌的盖振堂再次请求部队领导让自己去前线。看到盖振堂杀敌心切，部队领导也就同意了，让他去了“盖家连”。

这一年的 9 月上旬，南海独立团在莱西县武工队、华东军区十三纵七师的配合下，于水沟头[1]一带修筑工事，阻击国民党军进犯。9 月 17 日，国民党第二十五师、五十四师兵分两路开始进犯水沟头，盖振堂跟随部队前去执行阻击任务。战斗打响后，国民党凭借着优势装备开始对我阵地攻击。炮声震天，硝烟四起，工事一次又一次被炸毁，我军将士冒着枪林弹雨一次又一次修复，还要寻机歼灭敌人。这场战斗从早上一直打到中午，敌人各种轻重机枪像发了疯一样向我军扫射，打在地上扑腾起一阵尘土。战斗中，盖振堂的双腿不幸被击中，一下扎倒在地。同村战友盖月梅见状，打算将其背下阵地，却被拒绝了。盖月堂喘着粗气喊道：“敌人马上就上来了，你别管我，赶紧撤！”随后，他让盖月梅将自己藏进旁边一条干枯的河沟里，用草盖住。战斗结束后不久，盖月梅带着同班的战士立即返回阵地，在河沟里找到了盖振堂。此

[1] 水沟头：现为莱西市水集街道。

盖振堂烈士生前居住过的老屋

时的他因被子弹打穿动脉，流血过多牺牲了，鲜血将旁边大片黄土地都染红了。

随后，盖月堂被就地安葬在一个叫张家庄的地方。时隔不久，盖福堂、盖志堂兄弟二人去张家庄寻找盖月堂的坟墓，却一直未能找到。建国后，这一家人为了祭拜盖振堂，每年都会在春节、清明等日子来到村大队，朝着那张写有盖振堂事迹的烈士谱鞠上三个躬。1993 年，时任安里村党支部书记的盖连群带领全村人为当年的烈士刻碑。消息一经传出，全村老少奔走相告，作为烈士后人的盖友德更是拍手称赞。立碑那一天，盖友德专门跑到镇上花钱买了 150 块钱的鞭炮。一时间，鞭炮声四起，足足有一个钟头，仿佛在安抚那些烈士的英灵。

神枪手

——记蓝保月烈士

口述 / 蓝维国[1]　文字 / 王猛

蓝保月家里共弟兄 3 个，大哥蓝保玉曾读过几年书，算得上是村里的文化人。1940 年左右，大哥在地下党员蓝庆斋的带领下秘密加入了中国共产党，成为安里村入党比较早的老党员，主要从事地下联络和发展党员。1947 年寿光地区解放后，蓝庆斋根据组织安排来到寿光地区任区委书记。三弟蓝保坤则于 1945 年 1 月参加了八路军。

1945 年 2 月 14 日下午，离安里不到 5 里的濯村。胶东军区参谋长贾若瑜[2]率十六团、十三团顺五龙河南下，对固守此据点赵保原残敌发起攻击，经过数小时战斗，守军瓦解，濯村解放，安里从此也就太平了。这天，蓝保月的二爹蓝庆斋突然来到家里，让蓝保月把本家弟兄蓝保信叫了过来。待两人到齐后，蓝庆斋说："我们这里解放了，你们就不要老是待在家里，去当兵吧。"蓝保月和蓝保信一听，很是激动，连忙说："好，我们早就想去了！"

蓝保月参军后被安排在黄县[3]上了船，跨过渤海湾，来到了东北战场，

---

[1] 蓝维国：蓝保月烈士侄子，1952 年出生。

[2] 贾若瑜，四川合江人，1915 年出生，1936 年加入共产党，参加了长征，1949 年任胶东军区司令员。1955 年被授予少将军衔。

[3] 黄县：现烟台市龙口市，地处胶东半岛西北部。

成为东北人民自治军的一名战士。在经历了四平保卫战[1]等战役后，这个朴实的山东汉子竟凭借着出奇的枪法让所有人震惊了。

据称，在一次战斗后，班里人都夸蓝保月枪打得好，消灭了不少敌人，随后这一说法传到了营长的耳朵里。看着眼前这个憨厚的汉子，营长心里不禁嘀咕：是不是吹的？这天，营长把蓝保月叫来，让警卫员拿来缴获的一支三八大盖[2]，问："打得准不准？"蓝保月接过枪，信心百倍地说："准，你说打哪儿？"营长当即四下望了望，看到百米开外的一棵树上有两只喜鹊，说："就打鸟。"蓝保月紧接着问："营长想要哪一只？"营长一愣，说："左边！"只见蓝保月沉着地将一颗子弹上膛，缓缓地端起来开始瞄准。只听"嘭"的一声，左边一只喜鹊果然应声而落，在地上扑棱了两下就死了。从此，蓝保月便有了一个新的名字——"神枪手"。

1948年2月，东北野战军第四纵队发起辽阳攻击战。蓝保月所在三十二团担任突击任务，他们迅速越过结冰的太子河，直冲到高丽门下。经过一番鏖战，四连二排长李玉银率领战士范垂礼、张忠武首先登上城墙，插上红旗。蓝保月紧随部队攻入城内，并在一街口寻找到最佳狙击位置，以防敌人偷袭。此时，刚刚丢失城门的国民党部队如饿狼般向我军发动攻击，激烈的巷战爆发了。激战中，一小股敌军突然从一条巷子中迂回而至，妄图对我方攻城部队形成夹击之势，而蓝保月所隐藏的位置正好面对巷口。"嘭"、"嘭"两声枪响后，前面两名敌人还未反应过来便被打死了。敌人意识到蓝保月的存在后，便急匆匆寻找掩体躲了起来，不敢贸然出来。不过片刻，恼羞成怒的敌军再次组织进攻，蓝保月凭借着惊人的枪法再次将冲在前面的几名敌军击毙。据蓝庆斋往年回忆，蓝保月曾数次成功阻击敌人的援军，巷口前的尸体堆成了小山。后来，由于缺乏弹药补给，蓝保月的子弹所剩不多，一名战友劝说："我们赶紧撤吧，敌人马上就要攻过来了。"蓝保月在心里计算着剩下的弹药，说："你先撤，我掩护你，我打完剩下的子弹就撤。"

[1] 四平保卫战：发生于解放战争初期，是东北民主联军在吉林省四平街地区抗击国民党军进攻的防御战役。东北民主联军耗时月余，以8000余人的伤亡，歼国民党军1万余人，迟滞了国民党军向北满解放区的大举进攻，配合了停战谈判。

[2] 三八大盖：是一种手动枪机步枪，因其枪机上有一个拱形防尘盖有如盖子般而得此俗称。

战斗结束后，战友们还挂念着这个孤身奋战的神枪手。等大家在一处墙角找到他时，他已牺牲了。同年，蓝庆斋回家探亲，将这个不幸的消息告知蓝保月的家人。全家人悲痛不已，全村老少爷们也为村里出了这样的神枪手和孤胆英雄而感到自豪。蓝保月的家人曾想将他的遗体接回安里，三弟蓝保坤甚至多次前往辽阳，最终却无功而返。

妻子送郎上战场 丈夫誓死保家乡

——记盖永先烈士和妻子王全英

口述 / 盖善云 韩仁贵 王淑珍[1] 文字 / 王猛

盖永先在家中共兄弟 4 人，分别是盖永文、盖永先、盖永学、盖永波，他排行老二。年少时的他，虽然家中尚有几亩地，但人多地少的现实让盖永先始终在饥饿中度过，一直摆脱不了贫穷的日子。无奈之下，他只身来到了地主家中当起了长工[2]。

1946 年，莱阳地区全部解放，安里百姓的日子逐渐好转。经人介绍，盖永先与妻子王全英结婚成家，一年后，有了儿子盖珍。这一年，轰轰烈烈的

[1] 王淑珍：盖永先烈士儿媳，1946 年出生。

[2] 长工：也称“长年”，指解放前靠给地主、富农长年干活为生的贫穷雇农，除农副业劳动外，还兼做杂务，工资以年计，供食宿。

盖永先烈士生前居住过的老屋

大参军运动开始了，王全英对丈夫说：“大家都去参军了，咱也不能落后，你也去报名吧。”望着破旧的屋子，盖永先有些不舍，不忍心让妻子独自一人承担家庭的重担，但在妻子的一再鼓动下，他报名参军了。

1947 年 4 月的一天，盖永先胸前戴着光荣的大红花来到村里的老戏台。按照惯例，凡是村里的青年参军入伍，村里都会在老戏台这里召开庆功大会。戏台上，胸前的大红花是那么耀眼，一股无名的使命感和自豪感在这些参军青年的胸膛油然而生。庆功会结束后，王全英牵出借来的一头骡子，骡子头上还系着大红花，盖永先骑在上面，煞是威风。就这样，盖永先一路上被妻子送到了区里，随后他与同村不少爷们儿一起被分配到胶东军区南海军分区独立第一团三营九连。据“老八路”盖善云回忆，当时南海独立第一团各连队单独驻防，他们所在的九连驻扎在即墨城北一处村庄，那里离敌人防区最近，每次战斗他们都处于最前线。

1948 年 11 月的一天，连队突然接到上级通知，敌方一个营正在支援灵山敌军的途中，要求九连迅速出动执行阻击任务。盖永先像往常一样，迅速拿起早已擦好的枪，一遍遍地抚摸着，仿佛它就是全部的寄托，希望能够多消灭几个敌人。

这天上午 8 点，敌一个营从即墨城气势汹汹倾巢而出，战斗随即打响，从早上一直打到晌午。中午时分，九连突然接到命令：阻击任务完成，迅速撤离阵地。但此时敌军却越聚越多，疯狂反扑过来，九连边打边撤，很快撤离至安全地域。像往常一样，连队开始统计人员装备情况，结果发现包括盖永先在内的 3 人没能撤回来。

硝烟散尽，战场一片狼藉，战友们发现盖永先和其他两名战友不幸牺牲在这里。悲痛之余，盖善云找到了盖孟瑞，两人一起将盖永先牺牲的消息以书信告知村里。

半月之后，王全英得知丈夫牺牲的消息，心里既内疚又骄傲。内疚的是，如果当初自己不坚持让丈夫上前线，他或许不会牺牲；骄傲的是，丈夫是个杀敌报国的英雄。由于路途遥远，加上家中再没有劳动力了，她无力将丈夫遗体拉回安里，只能就地安葬。数年后，有人开始劝王全英趁着年轻赶紧找户人家改嫁，但她一再婉拒，终生守护在烈士留下的这个家，照顾着烈士的老父亲和儿子。走在安里，认识王全英的老人们，无不为之动容，为之惋惜，为之骄傲。

为了多击毙敌人 他选择站着射击

——记韩仁彬烈士

口述 / 韩仁贵 盖善云　文字 / 李浦松

准确地讲，韩仁彬应该叫韩仁宾，参军后改名叫韩瑞卿。韩仁彬家中兄妹 4 个，他是老大，韩仁贵是老二，老三叫韩仁华，老四叫韩仁香。韩仁彬读过初小四年级，参军前在村里当过两年“财粮”（现同“会计”）。

安里解放以前，韩仁彬家境贫寒，没有田地，只能到地主家“扛活”为生。直到 1945 年解放时，他家分到了 8 亩地，苦日子总算熬过来了。1947 年春，共产党开展“反蒋保田”教育，发动青年参军参战。当时，韩仁彬妻子是村上的“妇救会”成员，对丈夫说：“以前咱们辛苦几年，也没有半亩地，如今共产党领导咱翻了身，咱得到了土地，我支持你去参军！”于是，23 岁的韩仁彬刚新婚两个月便和许多青壮年一样，踊跃报名参军了。

韩仁彬参军后来到胶东军区南海一团三营九连，在历次战斗中因为作战中机智勇敢，很快就当了班长。

半年后，即墨县灵山战役中，韩仁彬所在部队负责打外围。战斗中，他所在班被打散了，一时找不到部队，他便带着班里的 6 位战友回了家。很不巧的是，妻子韩张氏回娘家了，母亲去嫁到外村的姑姑家了，家里只有父亲和弟弟妹妹。当时，12 岁的韩仁贵在地里挖野菜、割草，看到哥哥和战友们

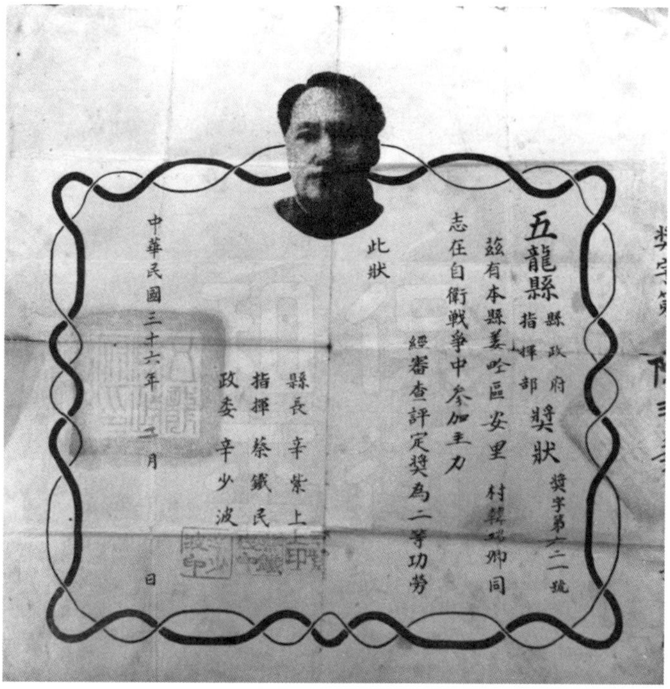

1947 年 2 月，五龙县县政府、指挥部为韩仁彬烈士颁发的二等功奖状

穿着军装，背着一把枪回来了。他感到很高兴和新奇，于是便追问韩仁彬在部队上是干什么的，是怎么打敌人的。韩仁彬摸了摸弟弟的头，没有说更多关于部队打仗的事，只是一脸严肃地从怀里掏出鲜红的党员证，郑重地交给父亲保管。为了保密，他始终没有告诉他所在的部队被打散这件事。

第二天凌晨，天还没亮，韩仁彬摇醒熟睡中的弟弟韩仁贵，告诉他：“我们马上就要走了，如果咱娘和你嫂子回来，你跟她们说，我在部队上挺好的，叫她们不要牵挂。”随后，一行人走出家门，头也不回就匆匆地往东走了。韩仁贵怎么也想不到，那一次竟成了永别。

“老八路”盖善云回忆，韩仁彬到部队后，在胶东军区南海一团三营九连二排当班长，枪法很准。此外，他还要组织宣传、表演文艺节目等活动。

1947 年 7 月 31 日，国民党胶东兵团整编五十四师所辖五个团、警备三旅所辖两个团、警备二旅六团分两路进攻即墨城北 35 里的重要军事据点灵山，左翼一九八旅沿王演庄、三泉庄直逼灵山，右翼三十六旅两个团和警备二旅六团扑向灵山东麓。8月1日，左右两路在5架美式飞机和地面炮火的掩护下，向灵山阵地发起进攻。驻守灵山的中国人民解放军南海军分区主力部队和莱西警卫营等共7000余人，他们的战略部署是：以南海独立一团二营坚守山顶阵地，韩仁彬所在的三营和一营及团警卫连守灵山左翼，南海独立二团守灵山西隅，阻击右翼敌军，其余各部为预备队。

敌五十四师等部的第一次进攻被守军击退后，便集中兵力强攻西隅阵地。下午3时许，一九八旅在猛烈炮火的掩护下，发起进攻。南海独立二团凭借地理优势，英勇阻击。当一九八旅某团突破西隅阵地时，解放军指战员们跳出战壕与之展开白刃战，经过五六个小时的激战，打退了国民党部队的数次进攻。8月2日晨，敌五十四师等部经重新组织部署，再度发起进攻，但士无斗志。上午10时许，守山部队在赶来救援的南海军分区炮兵部队的协同下，发起反攻。敌五十四师等部狼狈逃窜，解放军胜利地保卫了灵山，受到胶东军区的通令嘉奖。这次战斗毙伤国民党军400多人，俘虏4人，缴获枪支弹药若干。在这场“八一”灵山保卫战中，当班长的韩仁彬负责执行阻击任务，枪法好，指挥得当，自己班的战士也没有伤亡，因此荣立了二等功。这张立功证书，他弟弟韩仁贵至今保存着。

据称，韩仁彬是在1948年正月的柳河尹家庄自卫战（即莱阳保卫战的外围战）时牺牲的。根据部署安排，韩仁彬和盖善云所在的九连负责阻击国民党陆军副总司令范汉杰部队的一个营。当日凌晨，九连官兵提前埋伏在一条河沟里。敌军前来进犯时，九连凭着优势的地形和顽强的作战能力，让敌军进攻艰难，举步维艰。两个多小时后，敌方被逼得前进不得，且伤亡较大，只好撤退。也许是为了多击毙敌人，埋伏在深沟里的韩仁彬情急之下，蹭一下站起来，抬枪对敌人猛烈射击。不远处的排长张培云赶紧大声喊：“你站起来干什么？快趴下！你站着会被敌人打死的。”

但他的喊声在轰鸣的枪炮声压得没有丝毫穿透力，一心杀敌的韩仁彬仍站着射击。突然，撤退的敌人将一梭子子弹打了过来，韩仁彬瞬间被击中，倒地不起，救护队和担架队却始终无法上去救治，大家只能干着急。直到战斗结束，盖善云和战友再去清理战场时，才发现韩仁彬因失血过多不幸牺牲了，只见他的身上血肉模糊，还少了一只耳朵。原来，九连阻击任务顺利完成后

韩仁彬烈士生前居住过的老屋

撤退，敌人蜂拥上来，把已经牺牲烈士的耳朵割下来，拿回去邀功了。

韩仁彬牺牲一个多月后，他父母才从部队来的信中，得知韩仁彬牺牲的消息。韩仁彬父亲跑到村委会，问村干部："部队有没有来通知说韩仁彬牺牲了？"那时战乱，捎信困难，村里也是很久才收到部队发来的信。

为了确定儿子是不是真的牺牲，父亲跑到部队找儿子。确定无误后，他连夜赶回家，在村里找人打制了棺材，叫了几个人赶到 50 里外的柳河尹家庄为儿子起坟，把韩仁彬的遗体运回了村里安葬。

韩仁彬牺牲时没有孩子，但他的妻子韩张氏仍为他守寡尽孝了五六年，之后改嫁到了 10 公里外的大夼镇韶格庄。

他的英魂葬入了滔滔长江水

——记盖洪运烈士

口述 / 盖善云　文字 / 李浦松

转遍上疃、下疃，找了不少村里的老人，唯独烈士盖洪运的情况比较模糊。大家将搜到的零散信息凑在一起，在这些记忆片段中才将烈士的往事拼凑起来。据老人们回忆，盖洪运弟兄 3 人，但不记得老大、老二都叫啥名了，只记得老大小名叫“德恩”（音译），脑子有点痴傻，用村里的话说就是有点儿“彪”。老二小名“全代”（音译），也在战争年代参军走了，据说一直南下至福建，从此杳无音信。盖洪运排行老三，小名“双代”（音译），在战争年代成了烈士。

盖洪运是在 1947 年的第二批大参军运动参军的，到部队后再也没消息。家人都认为他牺牲了。后来，他的二哥“全代”（音译）也报名参军了。

盖善云说，那是 1949 年的夏天，在齐家庄反击战中，盖善云所在的胶东军区南海军分区独立一团奉命追击敌人。战斗间歇，盖善云突然见到了盖洪运二哥，才知他也参军了。盖善云问他：“你弟弟盖洪运在哪支部队？怎么样了？”盖洪运二哥沉重地摇头说，他也不清楚，自从盖洪运参军后，家里就再没他消息。

战场上匆匆一别，直到复员回乡，盖善云再也没见到盖洪运的二哥，更没见过盖洪运。据《莱阳县革命烈士英名录》记载，盖洪运是在渡江战役中牺牲的。他参军时间不过两三年，却先后参加了胶东保卫战、潍县战役、津浦路中段战役、兖州战役、济南战役、淮海战役、渡江战役等战役，真可谓战功赫赫。

盖洪运参军时刚刚新婚不到两个月，妻子粘梅英还没怀孕。牺牲后，粘梅英苦苦在家等候他，等了近十年都没有消息。许多人劝她："盖洪运失踪那么多年，肯定是牺牲了，你年纪轻轻的，早点改嫁吧。"早些年，她总是摇头说："没有洪运牺牲的通知书，洪运就有可能还活着，我要等他。"时间久了，连她也不相信盖洪运还活着了。1956 年，在热心人的介绍下，她改嫁给了同村参加过抗美援朝的老兵张志先。

改嫁到张家后的粘梅英，在张志先的支持下，仍四处打听盖洪运的下落。终于在 1958 年打听到了消息：盖洪运是在渡江战役中失踪的。后来，部队和政府也正式颁发了"革命烈士证明书"。

盖洪运参军时，父母早就不在世了，二哥参军后家中只留下一个痴傻的大哥"德恩"（音译），一辈子没成家，孤独贫困。

从瓦匠工到革命军人

——记盖学仁烈士

口述 / 盖庆群[1] 盖中来[2] 文字 / 李浦松

盖学仁原名盖成群，"盖学仁"是他到部队后改的名字。他家中兄弟

[1] 盖庆群：盖学仁烈士邻居，1931 年出生。

[2] 盖中来：盖学仁烈士侄子，1953 年出生。

盖学仁烈士生前居住过的老屋

5 人，老大和老二已没人能记得了，老三叫盖月群，老四是盖双群，盖学仁排行老五。

据盖月群的儿子盖中回忆，五爹盖学仁年少时曾经读过几年书，参军前尚未结婚成家，其他四个弟兄都没念过书，大都在青岛“揽活”做瓦匠工，只有老四盖双群在家种地。

1945 年 3 月，盖学仁偷偷报名参加了八路军。当时参加八路军必须保密，否则会遭到国民党的打压报复，甚至连家人都会跟着遭殃。这也许是盖学仁参加八路军后改名的原因。

参军后，盖学仁被分配到胶东军区东海军分区独立一团。1945 年 8 月，他所在部队被整编为八路军山东军区第五师第十五团后，盖学仁当上了通信员。其他关于盖学仁的情况，后人已无从知晓。据盖学仁当年的邻居盖庆群回忆，盖学仁参军后从来没有回过家，直到两年后，家里收到通知才知他在 1947 年的青岛莱西院上镇打仗时牺牲了。得知噩耗后，他的几个哥哥到离安里 50 里地的院上，把他的遗骨抬回来。“找到时，大家才发现他是被子弹击中头部牺牲的。”盖庆群老人惋惜地说。

用生命开辟一条血路的爆破手

——记江风世烈士

口述 / 江桂英[1] 盖善云　文字 / 王猛

江风世在家排行老四，上面有 3 个哥哥：大哥江国世、二哥江某世（具体不详）和三哥江明世，下面还有个弟弟江瑞世。1947 年 2 月，江风世告别家人，踏上前线的征途。当时，全家人都有顾虑，劝说道："闺女这么小，你就不要去了。"江风世却说："大家都去前线了，我怎么好意思在家里过安稳日子。"临走之际，江风世来到床前，抱着尚在襁褓中的江桂英，轻轻地抚摸着她的脸蛋，心里虽有些许不舍，却仍旧头也不回地出发了。

江风世来到南海军分区独立第一团一营二连，经过短期训练后，成为班里的爆破手，主要执行敌前沿阵地工事、碉堡爆破任务。1948 年 2 月、3 月，江风世因在战斗中的突出表现，先后被记三等功一次、四等功一次。

1949 年 5 月，这是青即战役最惨烈的时候。5 月 25 日夜，江风世所在的华东军区警备第四旅（加强警五旅十四团）担任东路进攻任务，在完成灵山、林戈庄、上疃三次战斗后，趁着夜色沿盟旺山、莲花山、四社山一线实施战役展开。其中，十一团经四舍山向鳌山卫守敌秘密接近，十团、十二团、十四团 3 个团在撕开守敌第一道防线后，沿盟旺山和莲花山之间向铁骑山和驯虎山方向运动，秘密接敌。该旅十二团插入铁骑山和驯虎山之间，配合我

[1]　江桂英：江风世烈士女儿，1947 年出生。

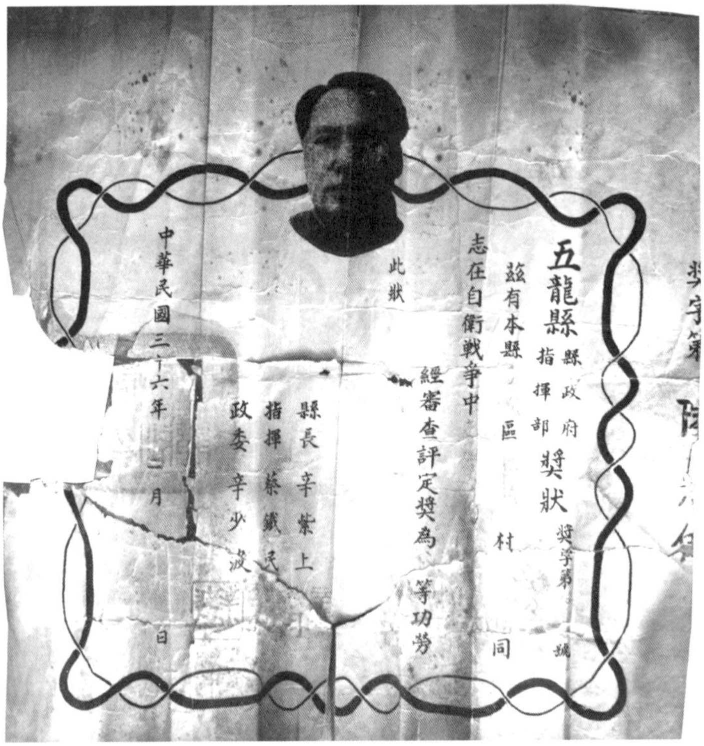

五龍縣 縣政府 指揮部 獎狀 獎字第 號

茲有本縣 區 村 同

志在自衛戰爭中 經審查評定獎為 等功勞

此狀

縣長 辛紫上

指揮 蔡鐵民

政委 辛少波

中華民國三十六年 二月 日

1947 年 2 月，五龙县县政府、指挥部为江风世烈士颁发的二等功奖状

三十二军九十四师二八二团对驯虎山完成合围之势。十团配合十四团于 5 月 26 日拂晓向青岛守敌保安旅一团所设防的铁骑山外围据点窝洛子发起攻击，歼灭其大部，余部溃逃。四旅十一团又乘胜攻打鳌山卫，全歼敌保安旅一大队。至此，铁骑山外围据点守敌已被我军全部扫清。

5 月 28 日晨，江风世所在部队得到命令向铁骑山守敌发起攻击。由于铁骑山守敌兵力及部署均已发生变化，在持续 4 个小时的反复争夺中，我军发起的 3 次成营建制冲锋均受挫，部队伤亡较重。当摸清守敌已由国民党军队二五五师主力替换了青岛守敌保安旅后，我进攻部队随即做了调整，旅长邓龙翔 [1] 调集了全旅及旅直属火炮集中使用，在炮兵火力掩护下，向敌人发起猛攻。

[1] 邓龙翔：江西庐陵（今吉安）人，1929 年参加红军，曾参加平型关战役、胶东保卫战和解放长山列岛等战役，历任胶东军区警备团政治处任主任、长山岛水警区司令员兼党委书记、海军北海舰队副司令员等职，1955 年被授予少将军衔。

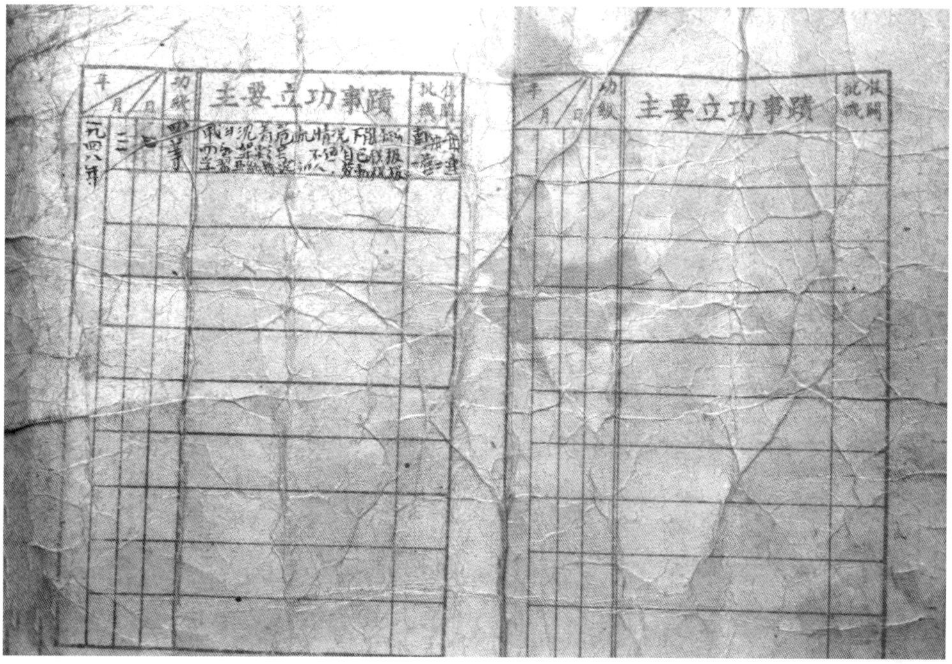

1948年3月，华东军区胶东军区为江风世烈士颁发的四等功劳证的功劳证（上为封面，下为内页）

革命烈士证明书

江风世同志 在解放战争中 壮烈牺牲，经批准为革命烈士，特发此证，以资褒扬。

中华人民共和国民政部
一九八三年八月一日

1983 年 8 月 1 日，民政部给江风世烈士颁发的革命烈士证明书

按照当年编制，每个步兵班配有 3 名爆破手，江风世便是其中之一。为了阻挡我军强有力的进攻，敌人连夜在阵地外围设置了大量的工事防线，并以碉堡作为第二道防线，严重制约了我军攻击的进度。此时，江风世主动请缨，第一个去执行爆破任务。只见他身负炸药包，在战友的掩护下向敌第一道工事弯腰冲去。随着一声巨大的爆炸声，敌工事被炸开一个缺口，为部队进攻打开了一扇至关重要的大门。我军迅速依托有利地形攻破第一道防线，敌人不得不连续后撤。我军将士越战越勇，拼命向前进攻。“哒哒哒……”突然，一连串机枪扫射过来，冲锋在前的战士不幸中弹倒地。“哒哒哒……”又一阵扫射，又有一些战士倒下。原来，敌第二道防线为一个个密集的永久碉堡，一个个手榴弹扔过去也只能从这些钢筋水泥工事上打掉一点碎渣，根本无法破坏整个碉堡。怎么办？眼看我军将士被敌人疯狂的火力网压制在原地无法动弹，江风世再次请缨前去爆破，却意外地被连长拦下。连长说：“你刚刚完成了第一道任务，剩下的该由其他两位爆破手执行。”然而，第二名爆破手在途中就中弹牺牲了，第三名也中弹身负重伤。

一个班就 3 名爆破手，怎么办？这种情况下不可能让部队撤回，否则损失会更大。看着班长、副班长争着要去爆破，看着眼前一个个牺牲的战友，

看着部队被压制无法前进，江风世急了。他喊道："大家不要争了，我懂爆破，让我去！"望着江风世那坚定的目光，班长同意了。鉴于此次爆破难度更大，江风世立即准备了一个近50斤重的炸药包。"注意掩护！"班长一声令下，步枪、机枪像复仇的火舌向敌人扫射。只见江风世用右臂夹着炸药包，匍匐着向敌人碉堡出发了。眼看就要失去阵地的敌人，此时更是像发了疯一样还击，一时间，无数子弹在空中交织。但江风世顾不了这么多了，咬着牙用尽全身的力气向前爬去，不时有子弹打在身旁，飞溅的尘土、石块吹进眼里，打在身上，却无法改变他前进的方向。快了，还有30米、20米……突然，执行掩护任务的机枪手盖善云发现江风世炸药包的导火索在拖行中被地上的一根树枝拉着了，"呲呲"地冒着白烟。"不好！"盖善云心里一惊，立即向江风世大喊："快跑！炸药包要爆炸了。"然而，这种呼喊在震耳的枪炮声中是那么微弱。当江风世反应过来时，已经快来不及了。江风世望着距离只有15米的碉堡，做出了一个让所有人震惊的举动。只见他迅速抱起炸药包，从地上爬起来，朝着碉堡冲刺过去。10米、8米、5米……

"轰"一声巨响，炸药包爆炸了，敌人的碉堡被摧毁了。此情此景，盖善云历历在目：江风世随着爆炸声不见了，只有半截小腿被炸到几十米高空后，缓缓地落在百米开外的山脚下。"杀！"战士们被江风世的壮举感染了，拼命向敌军进攻，敌人被吓破了胆，四下逃窜。是役，我军共歼灭敌军500余人，成功拿下铁骑山。

得知江风世牺牲的消息后，他的妻子不敢相信，望着部队托人捎来的丈夫的遗物，欲哭无泪。由于通讯不便，江风世的烈士通知书迟迟未到，家人无法享受烈属待遇，让这个失去顶梁柱的贫苦家庭日子更加艰难。直到建国后，江风世的亲属经多方打听找到了江风世一位家住高格庄镇鲍村[1]的战友，在他的证明下，江风世终于被认定为革命烈士。

采访中，江桂英回忆起这些往事百感交集，心里的难过与家境的遭遇让泪水肆意滑过脸颊。江风世牺牲后，至今尸骨不存，甚至没有一座入土为安的坟墓，每年清明、春节，江桂英一家只能来到南山前的烈士陵园，朝着那

[1] 鲍村：地名，地处莱阳市高格庄镇政府驻地东3.5公里，距安里约10公里。

尊刻有“人民英雄永垂不朽”的纪念碑烧一刀纸，撒一壶酒，磕上三个头，算是对烈士父亲发自心底的缅怀。

化为泥土护国家

——记盖智生烈士

口述 / 盖善云　文字 / 李浦松

盖智生家里兄弟 4 人，老大盖合云，老二盖立云，老三盖仲云，盖智生排行老四，父亲在他年少时就因病去世了。旧社会的盖智生家里没有地，和那个年代的许多青年一样，只能到城里或地主家“扛活”为生。

1947 年 2 月，盖智生在大参军运动中被分配到胶东军区南海军分区独立第一团一营一连。不到一年时间，他先后参加了沙河战役等大大小小若干次战斗。至于盖智生是怎么打仗的，经历了哪些生死危急……这些记忆已被时间冲淡，无人知晓。和他同一个团的战友盖善云讲述，盖智生是在海阳城围困战中牺牲的。

海阳城位于胶东半岛东南部，东、西、北三面是陆地，南面对着黄海，出了南门便是海滩。城东和城西是平地，北面隔着 7 里远的平地便是山地，这片山地对海阳城形成一道屏障。谁占有这片高地，谁就占有海阳城。所以，耗时一个月的海阳围困战，基本上是围绕这道屏障上展开的。

在这场战斗中，部队无法预设永久工事，部队只能组织官兵临时挖散兵坑，用来做单兵掩护。一天早晨，一连官兵因阵地上的土质太硬，单兵坑迟迟未能挖好，敌人的炸弹却从不远处飞过来了。听到爆炸声，大家被迫先蹲

盖智生烈士生前居住过的老屋

在挖了一半的单兵坑里。个子很高的盖智生头部却隐隐约约露在外面，一发炮弹飞来，刚好落在离盖智生挖的散兵坑附近，年轻的他还来不及喊一声，就当场牺牲。

不久，同村战友盖孟顺写信回村，告诉盖智生家人这个悲痛的消息。当时，盖智生父亲已经不在世了，三哥盖仲云按照母亲的嘱托去部队找盖智生的遗体。到部队后，盖智生的战友带盖仲云来到盖智生牺牲前战斗的现场，他想到参军时年轻力壮的弟弟牺牲后却连全尸都没有，趴在弟弟的坟墓前，放声痛哭。哭完后，他又重新细心地给弟弟的坟墓捧了一把新土，让盖智生在他曾浴血奋战的这片土地上长眠。盖仲云回到家，将这些告诉了母亲。想到小儿子年纪轻轻就战死，甚至都无法魂归故里，母亲天天以泪洗面，以至于眼睛都哭瞎了。

捐躯“黑土地”

——记盖京先烈士

口述 / 盖德志[1]　文字 / 李浦松

1925 年 9 月，盖京先出生在安里村一个较富裕的家庭里。当时，家里大约有 40 多亩地，还有几头牲口。在那个挨冻受饿的年代，相对较富裕的条件让盖京先得以有机会上学读书，从小学一直读到了中学。

1941 年，16 岁的盖京先正在山东莱阳中学读书期间，不幸被赵保原部强行征兵，当了国民党兵。1945 年农历除夕，胶东八路军、民兵万余人发起“讨赵战役”，一举攻克赵部所在地万第及其在莱阳境内全部据点。盖京先和许多战友一样，没有再追随赵保原，而是义无反顾地加入了共产党领导下的八路军。他被编入到胶东军区北海军分区独立团一营三连，从此走上了革命道路。

参加八路军时的盖京先已结婚成家，并有了一个不满 1 岁的儿子盖德志，参军后，家里就再没有他的消息。直到 1947 年，盖京先的家人向他同部队的战友打听消息，才知他失踪了。

1958 年 10 月，盖京先被追认为革命烈士后，家人方知他是在 1947 年的四平攻坚战中牺牲的。至于盖京先在这场战役中是怎样战斗的，如何牺牲的，都已成了迷。从此，他的生命和身影，被岁月久远地尘封，他的遗体与灵魂，也将长眠在他为之战斗的黑土地上。

---

[1]　盖德志：盖京先烈士儿子，1944 年出生。

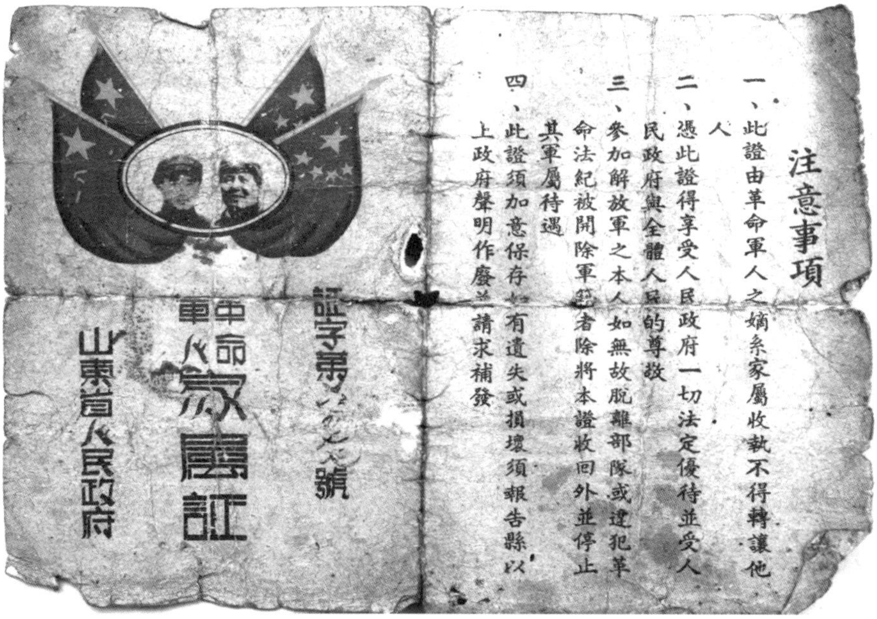
注意事項

一、此證由革命軍人之嫡系家屬收執不得轉讓他人

二、憑此證得享受人民政府一切法定優待並受人民政府與全體人民的尊敬

三、參加解放軍之本人如無故脫離部隊或違犯革命法紀被開除軍籍者除將本證收回外並停止其軍屬待遇

四、此證須加意保存如有遺失或損壞須報告縣以上政府聲明作廢並請求補發

証字第[illegible]號

革命軍人家屬証

山東省人民政府

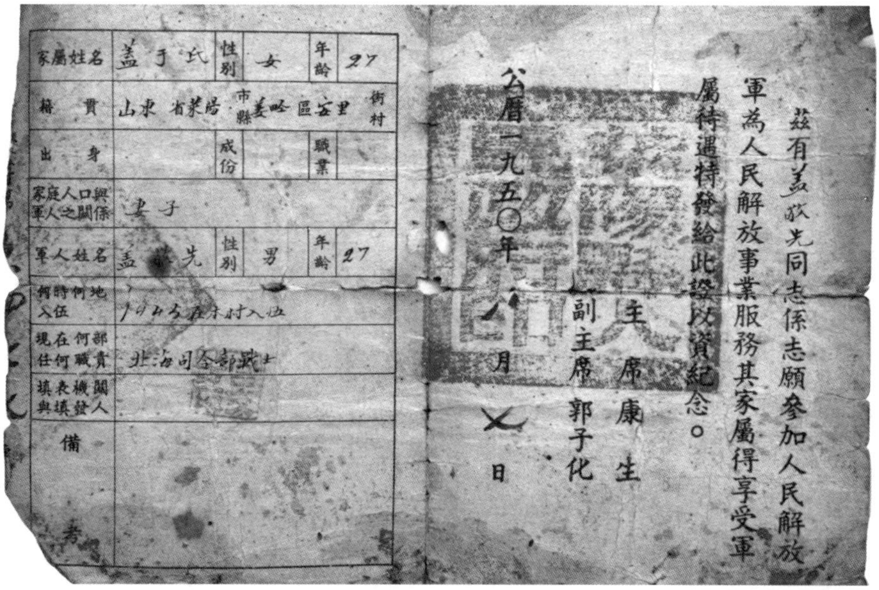

家屬姓名	盖于氏	性別	女	年齡	27
籍貫	山東省萊陽市縣[illegible]區[illegible]里街村				
出身		成份		職業	
家庭人口與軍人之關係	妻子				
軍人姓名	盖[京]先	性別	男	年齡	27
何時何地入伍	1945在本村入伍				
現在何部任何職責	北海司令部戰士				
填表機關與填發人					
備考					

茲有盖[京]先同志係志願參加人民解放軍為人民解放事業服務其家屬得享受軍屬待遇特發給此證以資紀念。

主席 康生

副主席 郭子化

公曆一九五〇年八月七日

1950 年 8 月 7 日，山东省人民政府给盖京先烈士遗孀盖于氏颁发的革命军人家属证（上为封面，下为内页）

书香之家走出来的英勇战士

——记盖中原烈士

口述 / 盖中玉[1]　文字 / 李浦松

盖中原家中有兄弟5人，盖中原排行老三，老大叫盖中周，老二叫盖中南，老四叫盖中玉，老五叫盖中平。盖中原的父亲盖振群曾娶了两房太太，盖中原是父亲的第二个妻子所生。20世纪20年代，毕业于山东济南武术传习所的盖振群，在国民党政府诸城县当县长。当时，本在安里村老家已有妻子的盖振群到诸城当县长后，又娶了诸城县大户人家的女儿杨莲卿。1925年10月，杨莲卿给盖振群生下了一个儿子，取名盖中原。

1927年，蒋介石制造了震惊中外的“四一二”反革命政变。对政治局势感到迷茫的盖振群辞掉了县长职务，带着妻子和两岁的儿子盖中原回到安里村种田。1945年春天，18岁的盖中原正在莱阳姜疃中学读书期间，报名参加了八路军。

盖中原到部队后，首先分配在胶东军区东海军分区独立团，因其读过书有文化，打起仗来机智勇敢，领导就让他当了通信员，参加了胶东保卫战等无数战役，数次成功传送了重要战斗情报。1947年随部队整编后，盖中原被编入华东野战军十三纵三十七师一一〇团继续当通信员。

济南战役中，盖中原所在的十三纵担任攻城总预备队，与兄弟部队一起

[1]　盖中玉：盖中原烈士弟弟，1930年出生。

盖中原烈士生前居住过的老屋

攻占商埠，突破外城，强攻内城。华东野战军经八昼夜激战，以伤亡2万余人的代价，共歼国民党军10万余人，俘虏其高级将领23名，开创了人民解放军夺取国民党军重兵坚守的大城市的先例。中共中央在贺电中指出，济南的攻克“证明人民解放军强大的攻击能力，已经是国民党军队无法抵御的了，任何一个国民党城市都无法抵御人民解放军的攻击了”。

是役，连续激战八昼夜，敌共出动战斗机375架次，轰炸机71架次，战斗轰炸两用机50架次，实行狂轰滥炸。通信员盖中原和第三十七师政治委员徐海珊被敌方轰炸机投下的炸弹击中，一起壮烈牺牲了。

农家虎子

——记张福修烈士及其亲属

文字 / 张正齐[1]

安里上疃小北山南坡，东数第二过道（胡同）最高处一倒一正院落，便是革命烈士张福修的老宅。整个宅院建在麻岩石上。正屋南院墙和南倒屋顺山坡落差很大，之间有二分平地的岩缝里竟挤出一棵片柏，虽然只有碗口粗，却已经历了近百年沧桑，在风风雨雨岁月中，顽强生长，盘旋挺立，连树干都长出了层层翠绿的叶片。

福修的父亲张仕孟，念过几天私塾，算当时有文化的人。他不仅明事理，跟形势，思想开明进步，而且干得一手庄稼活，扶耧点种样样都行，过日子，勤俭持家、精打细算是出了名的。家有山地18亩（老亩），山岚处养一头骡子。土改时，张仕孟理解当时的政策，主动献出家里最好的五亩地，但村干部认为他家地亩数虽多一点，但都是山耩薄地，加之他日常表现好，拥护党的领导和主张，行动积极上进，讨论决定保留他家十八亩地不变。张仕孟很感激，区里和部队上有用牲口出差的，他都抢着去，亲自牵着自家骡子。

张仕孟的命运并不顺畅，长子张学修刚过三十就故去了，一生六个孩子（最小的是一对双胞胎）都没活过一个生日，次子张接修六岁时夭折。1926年2月三子张福修出生，两年后，小女张莲英出生，不到一年妻子位氏撒手

[1] 张正齐：男，安里村人，1944年出生，曾任安里村党支部书记，退休教师。

人寰。张福修出生后，父亲疼爱有加，当时起名时费了不少心思，最后张仕孟拿定主意：老辈住山上，虎是山中王，小名就叫“虎子”吧，大名叫“福修”，一生修福，平安顺当，没祸没灾。虎子从小懂事孝顺，东西拿回家先给父亲和大嫂，从不和父亲顶嘴。一次父亲得病咳喘不止，虎子听说鲶鱼和川贝炖汤治病有效，便约了几个伙伴到南河湾，淘干水，抓了鱼，又去药铺买了川贝，弄好给父亲喝了，自己累得一天没起炕。虎子对妹妹也是呵护有加，什么事都让着妹妹。与同龄人相比，虎子个不高，但长得结实，力气大，腿脚灵活，比摔跤大他一点的都赢不了他，所以虎子自然成了孩子王，大家都听他的。

虎子 13 岁那年，父亲和大嫂商定，给他成家，早日撑起家的顶梁柱。妻子是邻乡光山村[1]人，名叫初德才，大虎子三岁。德才姐妹四个，她是老大。从小死了父亲，母亲身体也不好，生活艰难，能攀上这门亲，全家都高兴！德才十分贤惠，话不多，有眼视，啥活都抢在前头。老公公、大妯娌十分满意，常夸“俺虎子有福，说了个好媳妇”。1943 年，虎子 18 岁，德才为他生了儿子，全家人别提有多乐了，老天爷送来的孩子，小名就叫“爱来”，想到房下那棵片柏，生在石缝中却如此旺盛，大名就叫“树”。山上有树，树林有虎，要多吉利有多吉利。

1945 年，虎子 20 岁，身体棒，人缘好，还识点字，受父亲影响，能说出一些道理，威信高。在村里当选了民兵团团长。民兵团指导员叫盖善云，是村里较早参加革命的共产党员，对虎子的进步影响很大。那时抗日战争已近胜利，但村里仍有一股反动力量暗地里组织“抗八小组”，打村干部办公室和民兵团部的黑石头。虎子和父亲商定，把民兵团部从下疃搬到自家倒屋，地角好，便于防范。民兵团部每次开会，德才都在门口缝补衣服放哨。虎子当团长，热情高，点子多，劲头足，民兵工作开展得有声有色。他和父亲根据当前形势和任务，编口号和歌谣，宣传效果很好。儿童团[2]团部在街上（盖

[1] 光山村：地名，位于莱阳南部 40 公里，团旺镇政府驻地东南 13 公里处，毗邻五龙河，距安里约 10 公里。

[2] 儿童团：指全国解放前中国共产党在革命根据地建立的少年儿童组织，主要担负站岗、放哨、送信等任务。一般以村为单位建立，受党支部或共青团、妇联的领导，儿童团团长由儿童选举产生。

孟章闲屋），是虎子团长光顾最多的地方，教儿童团“红缨枪，亮光光，防敌特，保家乡”，“儿童团，好少年，打敌人，冲在前，今年村头我站岗，长大参军新兵连”，“爬山头，把大门，当八路，拔穷根”等等很多口号。虎子领头，儿童团列队街上喊，全村都听得见！驻村区干部黄炳南在会上表扬虎子是“能说会干的模范青年干部”！

抗日战争胜利后，蒋介石依仗520万正规军和优良的美式装备，甚至收编顽军、土匪还乡团武装等势力，恨不得一下子把共产党和解放军斩尽杀绝，急不可耐地建立蒋家王朝。然而共产党义正道顺，深得民心，尤其是胶东老百姓对共产党和人民子弟兵更是血肉相连鱼水情深。跟共产党走，矢志不渝，对党的号召，响应如潮。1947年1月胶东战事紧迫，我军急需大量增员，胶东大地掀起了大参军运动，参军参战的感人事迹难以计数。安里百姓，对党的召唤总是赶在潮头。在民兵团指导员盖善云带头下，28名民兵光荣入伍，奔赴前线。4月份，第二批扩军运动来了，张福修找到黄炳南说：“这回该

张福修妻子初德才

1999 年 2 月，张福修妻子初德才与儿子张树（后排右）和儿媳盖淑香（后排左）合影

我上了吧。”团长带了头，民兵不落后，广大民兵纷纷报名，要“爬山头，把大门，当英雄”。“共产党待咱不薄，自古男儿当报国！团长嘛，就得领个头。”父亲这样支持他，虎子很高兴。

夜幕笼罩了山庄，远处传来布谷鸟的鸣叫。虎子明天就要入伍了，虎子和德才心情都难平静。柏树下，夜风阵阵，松香沁人心脾。两人雕像似地相对而立，良久，虎子说：“我走了，你要受累了。有事和大嫂商量，伺候好咱爹。也别太慢待（不好好照顾）自己，怀了孩子身子不便，时时小心，当门（将来）不管是男是女都是咱的骨肉，跟爹和大嫂说，别太娇惯爱来，小式子（男孩）太惯大了没出息！”德才沉默了一会，说“你别有那么多心思，只管放心走吧！到队伍听上面话，多长眼视，打完仗能平平安安回来就好，俺娘们在家等你！”虎子顺手摘了片柏叶，插在了德才的发髻上。

部队开拔了，德才没去送，怕止不住眼泪出洋相。还是张仕孟领着孙子张树去送行，只说了句：“家别挂，到队伍好好干，等你立功喜报！”

虎子是民兵团团长，当然走在新兵前头。新兵到达即墨地界，虎子编入南海军分区独立第一团一营二连，和编在三营九连的指导员盖善云又见面了，亲热劲别提了。虎子听说二连是保卫团机关的，都是个顶个选拔的，条件最好的兵，心里很得意：我小子有“时气”（福分）。

战时新兵训练紧贴实战，急用现学。从武器保养使用到刺杀的要领技巧，摸爬滚打更是少不了的，好多新兵招架不了。但虎子行，精神十足，体力好，记得准，学得快，成为新兵的示范。休息间，大家都累趴下了，虎子还敢跟大个子排长掰手腕，拔木厥（两个人斜抱，上拔，先离地为输），还从没输过。新兵连数虎子最活跃，最能干，什么事都要抢在头里。一回，全连奉命去半里外扛木头，团部急用。虎子选了根最粗的足有200斤沉的圆木，一气扛了回来。肩膀破了皮。首长夸他是“小铁汉子”，全班人都服他。后来大家知道他参军前是村民兵团团长，开玩笑说：“人家是团长，咱个大头兵，哪个比得了！”

“他走时，身上就一件衣服”，虎子参军没几天，德才和大妯娌说，“这人能出汗，又排啦（不仔细），连换洗的都没有！”于是妯娌二人忙起来了，晚上不点灯，两架纺车嗡嗡转，没几天纤上机，两人轮流上机昼夜干活。卸下布后，德才浆了浆，只一天赶做出一件小褂，还在衣襟里夹缝了红布条和一片柏叶（据说能保平安）托人捎走了。

5月，攻打上疃[1]在即。保卫团部的二连先拉出来打头阵，大家知道这定是一场恶战。上疃和灵山是即墨城外围，青岛的北大门，扼守铁路线的重地，位置相当重要。国民党高筑碉堡围墙，美式机枪大炮，重兵把守，可谓固若金汤。我独立团深入开展战前动员，召开誓师大会。全军杀敌立功的积极性充分调动起来，虽然手中的套筒、汉阳造和老口捷克式[2]、长把手榴弹武器落后，却有万夫不当之勇，杀声似千钧雷霆，排山倒海向敌阵发起冲锋。虎子怒目喷火，热血上涌，弯腰举枪，冲杀在前。突然一颗罪恶的子弹射中虎子（有人说射在胸部，家人说打在头上），虎子叫了声“爹啊”，便倒地牺牲。这场恶战敌我双方伤亡都很大，属灵山攻坚战的第一回合。后几经拉锯，最后，

[1] 上疃：地名，位于山东省青岛市莱西市夏格庄镇驻地西南3公里处。

[2] 捷克式：即ZB-26轻机枪，是捷克斯洛伐克布尔诺国营兵工厂在20世纪20年代研制的一种轻机枪。

张福修烈士生前居住过的老屋

我军以歼敌 3700 人的战绩攻下灵山，赢得了最后胜利。

5 月 17 日，德才生下一个健康可爱的小女孩，全家欢喜。德才心想：福修知道一定高兴，儿女双全，该是多好的喜事啊！第三天，虎子本家一位奶奶（张仕学母亲）去送米，德才在炕上听见奶奶在正间压低嗓音问大嫂：“虎子牺牲了？”德才顿时五雷轰顶，心如刀绞，这个世上最疼她的人丢下她娘们走了，往后这天塌的日子可怎么过啊！从此两天汤水没进，奶水也骤然少了，孩子狠劲地哭。大嫂强忍悲痛规劝：“妹啊，这不吃不喝哪行，还得养活孩子啊！”在那沉甸甸的日子里，德才天天以泪洗面，却还常常臆想虎子没有死，还能回来，传的话不是真的，虎子会回来的！张仕孟老人白天拼力忙活，强装没事，德才深夜却常听见公公低沉的呜咽。一日，天刚黑，远方传来低沉的雷声，朦胧中，突然听到欢快的锣鼓声由远而近，德才也随人群涌了过去。街上灯火通明，红光闪闪。只见区驻村干部黄炳南牵着一匹高头大白马，边走边喊：“看啊！咱们的英雄回来了！”高高马上，虎子满面春风地骑在上面，军装敞开，露出她亲手缝的小机布褂子，胸前带了一朵大红花，还用翠绿的柏叶作衬，向人们频频招手。德才不顾一切地冲了过去，张大口，说不出音。突然一道白光，屋里一切清清楚楚，接着炸雷巨响，孩子扯开嗓子哭叫。梦醒了，枕头泪湿一片。5月底一天，部队将福修的“光荣通知书”和“小褂”一并寄了回来。几天痛苦的折磨，德才的泪也干了，农家妇女那少有的坚强，在她心里和身上聚集起来：为了儿女，为了这个家，天塌了也要顶着！

接通知，要村里带家人去部队起虎子灵回家。听说上疃掩埋一片烈士坟堆前插着记名的小木牌，大部分被顽皮的孩子换位或拔掉了。张仕孟找了个人，据说此人能认阴阳人之魂，能找准坟里的人，人称“鬼眼”。于是领着四岁的张树去了，新灵接回村，当地风俗不进家门，直接葬入张家老茔[1]。

对张仕孟老人来说，儿子永远走了，女儿张莲英也成人了，别人介绍的富有人家，张仕孟并没看上，而是选了本村副村长盖洪京。他家不算富，但人很正，一心一意跟共产党走，为老百姓工作，张莲英很中意，穿着嫂子为哥做的小褂，用桃红染了染出嫁了。

光阴荏苒，时光流逝。改革开放后，虎子家只有德才和张树及其妻子儿女了，孙子、孙女、外孙、外孙女都有了幸福美满的家庭。

2010年阴历十月，张树患癌症，临终前，嘱咐儿女好好孝敬奶奶。又把妻子叫到眼前，拉着她的手嘱咐：“咱妈一辈子不容易，替我伺候好老人家。百年后，一定要和父亲葬在一起。”原来“文化大革命”期间，村里的坟都平了，村支部决定把所有烈士的遗骨都迁到南山果园，建立一座烈士陵园，并立了石碑，上面刻着“人民英雄永垂不朽”，张福修的坟也迁到了这里。每年清明，村里的小学生都去参加扫墓活动。

2012年农历二月十三日，初德才这位贤惠坚强的农家婆婆去世了。由于她生前和丈夫相处时间太短，经村里同意和虎子葬在一起了，陪伴丈夫相守永远！

农家虎子为国捐躯，永垂不朽！虎子的妻子、老少家人虽然普普通通，却也值得我们永远称颂。

---

[1] 茔：坟墓，坟地。

短暂而又光荣的一生

——张福修烈士孙子的追忆

文字 / 张明云[1]

我的爷爷张福修烈士出生在胶东半岛腹地的一个普通村庄——莱阳市姜疃镇安里村，地处莱阳城南 25 公里处。姜疃镇于明中叶建村，因地势底凹，被喻为江底，取名江疃，后演变为姜疃，以史记本地遍生一种可食用的大姜而得名。

这里山清水秀，风光优美，民风纯朴，宁静安详。且地理环境优越，距烟台、青岛两个海（空）港各 100 公里，毗邻蓝烟铁路干线，距青龙高速团旺入口 10 公里，省级公路莱（阳）高（格庄）路纵贯南北、大 (夼) 郭 (家庄) 路横贯东西，交通运输方便快捷。

1926 年 2 月，我的爷爷张福修就出生在这里。一方水土养育一方人，莱阳，夏时为莱夷地，商时为莱国地，西周时为莱侯国地，东周及秦为齐郡东境，这里自古以来民风既崇文又尚武，作为华夏文化的发源地之一，至今依然遵循着古老的传统。因此，我的爷爷在 20 岁的时候便毅然地加入了中国人民解放军，为了中国的解放离开了家庭，走上了战场。或许，在爷爷走上战场的那一刻他会憧憬当战争结束后的幸福生活；或许，他为了理想忘记了害怕；或许，当他拿起手中的枪的那一刻，便已经想到了万一。但不幸的事还是发

[1] 张明云：张福修烈士孙子，1962 年出生。

生了，1947 年 5 月，爷爷在即墨不幸牺牲，年仅 21 岁。

我的奶奶叫初德才，1923 年 12 月出生于山东省莱阳市团旺镇光山村。爷爷牺牲时奶奶虽然年仅 24 岁，但仍选择挑起上有老人下有儿女的家庭重担。父亲出生于 1943 年 1 月，爷爷牺牲时才刚刚 4 岁，另外还有一个姑姑，现今生活在莱阳市姜疃镇岚子村。为了生计，为了照顾年迈的老人和抚养年幼的儿女，无论刮风下雨还是数九寒天，奶奶在外同男人一样上山下田，回家后要洗衣做饭，真正做到了贤媳良母。由于操劳过度，奶奶过早地衰老，背也驼了。奶奶的一生任劳任怨，勤俭节约，既是普通的一生又是伟大的一生。2012 年 3 月，奶奶去世，享年 90 岁。

爷爷的一生可以说是短暂而不平凡的。如果祖国和民族是一座山，那么烈士便是将鲜血挥洒在这座山上的人，给我们树立了高高的丰碑，给我们留下了美好的生活。

以往一切的浮华此时早已淡出我们的思绪，留下更多的是对自我的反思和对人生的思考。斗转星移，春华秋实，时间是一把无形的刀，会慢慢地消磨人们的记忆，但是，时间的流逝并没有使人们遗忘那些曾经为了祖国解放和人民幸福而撒下殷红鲜血的烈士们，反而由于时间的磨砺使他们更加光芒四射！

机智勇敢的司号员

——记江守德烈士

口述 / 江吉民[1]　文字 / 李浦松

“司号员鼓鼓嘴，千军万马跑断腿。”这句当年在部队流传的顺口溜，形象地说明了司号兵的重要地位。在电影、电视中常能看到这样令人振奋的场景：战斗中，我军取得战场绝对主动权时，司号员站在高处手握军号，吹响鼓舞士气振奋人心的嘹亮冲锋号，我军将士一跃而起，跳出战壕，潮水般冲向敌人阵地。烈士江守德生前在部队就是这样一位担负着重要传令任务的司号员。

江守德，原名江云德，家里兄弟 3 人，他排行老二，老大叫江守朋，老三在很小的时候就夭折了。在 1947 年大参军运动中，家人让老大江守朋报名参军，但体检不合格，未能如愿。历经旧社会无尽苦难的江守德奶奶江宫氏说：“老大不行，老二去！”

1947 年的春天，21 岁还未成家的江守德带着全家人的嘱托，含泪告别亲人，参军来到华东野战军九纵二十五师。由于江守德在村里读过几年书，也算是个懂文化、有知识的人，加上他聪明机智。到部队不久，他就被选调培训成为一名司号员。

开始学吹号后，江守德这才发现，看似简单的军号，其实藏着很多奥秘。

[1]　江吉民：江守德烈士侄子，1952 年出生，姜疃镇兽医站兽医。

司号员，是人民军队序列中的一个兵种，其主要职责就是吹军号。人民军队在初创时期，就有司号兵，连编有司号员，营编有号目，师和团有号长。在解放军通信器材还很原始的战争年代，即使是远隔数里，只要司号员一吹号，是敌是友，当即一清二楚。之所以有如此神奇功效，是因为自军号诞生以来，解放军逐步积累了丰富的战时联络方式，如同军舰的旗语一样，也唯有司号员能破译的"号谱子"。

接过沉甸甸的军号后，江守德开始每天都要进行背诵号谱的训练，什么是冲锋号，什么是集合号，什么是防空号，什么号是在呼叫连长……军营的一日生活和训练、作战基本上要听号音指挥，司号员必须将所有的号谱背得滚瓜烂熟。除了平时的严格培训外，战前均要统一司号联络方式和号谱，各部队的编制与番号，均熟记于江守德等司号员的脑子里。对方是哪个军、哪个师、哪个团，甚至是哪个连等情况，江守德和司号员战友一听，就能辨别出来。军号在传递信息中，除自己人明白的集合号、冲锋号等号谱外，在两支部队相隔一定距离，其他方式一时难以确定对方是敌是友的情况下，司号员脑子里的各种号谱，派上了用场：以本团内部之间的辨识号谱为例，如规定询问对方是否是自己人时，吹早饭号，回答者就吹晚饭号。一问一答对上了，就说明对方是自己人，如对方迟迟答不上来，或所答驴唇不对马嘴，必是敌军。这一独属司号员的"内功"，基于战场保密性，连营长、连长都不知晓。因此，谈及司号员的特殊作用，有些营连的指挥员曾感慨地说："牺牲一个排长，可由班长代理排长，但是，失去一个司号员，我就成了聋子和哑巴了。"

打仗不可能没有牺牲或受伤，为确保司号员牺牲后能够及时补位，团部直属司号排设两个班，一个班是老手，另一个班是新手，平时在一起练习、培训，遇有紧急任务，马上派出去。解放战争时期，我军装备落后，有时只能两个人合用一把，两人彼此换着吹。

出于保密需要，那时的培训格外严格，从不发教材，也不许记笔记，以防丢失或遭窃。所有专业术语和各种号谱，全部靠记忆。经严格培训，直至一百三十多个号谱子，全都对答如流，才够当司号员的资格。作为一个号手，仅会吹号不行，还必须浑身是胆、视死如归。战争年代，司号员是最危险的，我方冲锋号一响，敌人的火力就会被吸引过来，先朝司号员的位置打，因为司号员往往在指挥员身边。

由于战事紧急，许多青年参军后，都是边训练边打仗。江守德和许多战友一样，还来不及穿上军装就走上了枪林弹雨的战场。唯一与他人不同的是，他不是通过打枪直接杀敌，而是通过吹出令人热血沸腾的军号，号召命令全体官兵冲锋陷阵。

1948 年，在淮海战役中，江守德在枪林弹雨中坚挺而立，一次次吹出令人沸腾的军号声，传达着我军指挥员重要作战命令。由于长时间吹号，江守德的嘴唇都磨破了，号嘴往嘴上一放就难免钻心的疼，不等吹一会儿号嘴已经粘在嘴皮上了。战斗结束时，用力把号嘴往外一拉，只见上面血迹斑斑。

1948 年底，淮海战役接近尾声的一天傍晚，我军经过一天的激战，打退了敌人无数次的进攻，逐渐取得战场主动权。“嘀嘀哒嘀嘀嘀……”早已被敌子弹击伤右腿的江守德接到指挥员命令后，拖着流血的双腿，爬向阵地上最高的地方，站在被打塌了的堑壕上，挺起胸膛，用尽力气，吹响了冲锋号。

嘹亮的号声在阵地上空震荡。正准备反扑的敌军，突然停止了射击，被号声吓破了胆，急忙掉转头没命地往后撤退。谁也没想到，一双黑暗的眼睛正悄悄盯紧了正在吹号的江守德。这个埋伏在不远处的敌人，突然投来一颗手榴弹，随着“轰”的一声，冲锋号戛然而止，江守德消失在硝烟中。浓烟散尽，一片狼藉的废墟上，只剩下一把钢号，躺在江守德站过的哨位上……

江守德就这样惨烈地牺牲了，连一具完整的遗体也没有留下。那一刻，大地颤抖，山河呜咽，他的战友悲痛不已。他的亲人得知江守德在战场上惨烈牺牲的噩耗后，长久地朝着淮海方向痛哭。没有遗体，他们只能简单地写一个灵牌，和同村早逝的女子结了“鬼亲”，希望他在没有战火硝烟的天堂，能够平安幸福地生活。

“金九连”里的精英班长

——记盖北烈士

口述 / 盖善云　文字 / 李浦松

上世纪 40 年代，安里村有个壮实的男青年叫盖北，他在兄弟 4 人中排行老三，大哥叫盖西，二哥叫盖南，四弟叫盖东。

1947 年初，21 岁的盖北报名参军了，被分配到胶东军区南海军分区一团三营九连三排八班当战士。据时任八班班长盖善云介绍，由于我军武器弹药不足，每次上战场前只配发少量子弹：排长 7 发、班长 5 发、战士 3 发，每人 3 枚手榴弹。等子弹打完了，就拼刺刀。有时为了吓唬敌人，他们拿高粱秆折成子弹大小，塞满子弹袋中，挂满胸前、背后。可见那时，我军战士是在怎样艰难困苦的条件下去战斗的，都是拿命在拼呀！

一次，在灵山阻击战中，胶东军区南海军分区独立一团成功阻击了敌人，守住了阵地。战后，团长很自豪地向司令员许世友报告：“我们这些新兵都打得很英勇！”许世友回答说：“入伍三天就已经是老兵了，你还好意思跟我说是新兵”。团长一时不知该如何回话，憋得脸红脖子粗。

据称，盖北体格壮实，长得虎背熊腰，表面上看似性格大大咧咧，但作战中却非常机智灵活，而且胆子大，不怕牺牲，每次打仗都是冲锋在前，因此入伍不过三个月他就当了班长。据盖善云介绍，盖北在海阳城玉皇山战斗中一战成名：战斗中，山上有一个排共 30 多个敌人，盖北只带了一个班就英勇地攻了上去，把敌人击败。战后，部队给他记了三等功一次。

1947年7月31日，“八一”灵山保卫战打响。战斗打得天昏地暗，盖北和战友们跳出战壕与敌展开白刃战。经过五六个小时的激战，终于击退了国民党部队的数次进攻，胜利地保卫了灵山，受到胶东军区的通令嘉奖。在这场拉锯战中，九连表现得非常英勇顽强。战前敌人放话称，抓住九连的连长赏50个大洋，排长赏25个大洋，士兵赏10个大洋。由此可见九连的官兵在敌人心目中的分量。于是，部队有了这样的顺口溜：“铁七、钢八、金九连”。而论战斗力，九连就数盖北的八班最强，这个班特能战斗，重大战斗冲锋在前，艰巨任务抢先上。当时部队是这样歌颂表扬八班的：“说八班，道八班，八班个个是好汉，敌人见了就害怕，屁滚尿流往回窜，……”

这样能打仗、善打仗的盖北，却不幸在1948年的即墨城战斗中牺牲了。

当时，九连驻扎在上疃。那天恰逢清明，家家户户包包子，敌人半夜来进攻上疃，九连官兵借着天然河沟掩护，英勇拼杀。激战了几个小时，天亮时终于把敌军击退。为防止敌人反扑，九连留下最善打仗的八班长盖北，让他带领全班战士继续在阵地上警戒放哨，连队其他官兵撤回营地吃饭、休整。警戒时，盖北带着全班战士一直沿着沟底警戒放哨，一上午没有发现敌情。吃完中饭后，九班人过来替换八班人，盖北让副班长带着其他战士先回去吃饭，自己留下和九班长迟作玉交接，并交代提醒要注意的事项。随后，迟作玉提醒盖北说：“你还是要沿着沟里走回去吧，不要着急走梁子，说不定有敌人监视。”大大咧咧的盖北说：“一上午都没发现一个敌人的影子，没事的，我走上面好快点回去吃饭，说不定一会敌人又来进攻了，吃完饭好打仗。”说完，他爬上河岸准备返回，没想到，在上面刚走没两步，就被敌方埋伏的狙击手一枪击中背部，子弹从前胸穿出。

听到枪响，九班的战士知道盖北被敌人击中牺牲了，但没敢上去救他，否则必定会被敌方埋伏的狙击手狙杀。眼看着亲密战友牺牲，自己却爱莫能助，巨大的悲痛，使盖北的战友只能在原地泪流满面。直到晚上，盖善云和战友趁着夜色才把盖北的遗体抬回营地。这时，他们发现盖北被子弹从背后击中心窝而牺牲的，胸前的窟窿大得吓人。由于条件艰苦，他们将遗体简单擦洗下，用高粱秆编成的席子将盖北卷好就地掩埋了。直到解放后，盖北的家人才得以前往即墨灵山，将他的遗骨迁回安里老家安葬。

永远的怀念

——记盖北烈士及其亲属的一些事

文字 / 盖松先 盖柏先[1]

说起来，我和盖北烈士在血缘上还是比较近的，他和我爷爷盖泯是一个老爷爷（曾祖父），即莱阳盖氏十七世盖仁谟公，爷爷辈是亲弟兄，哥四个，分别是隆橘、隆棠、隆柚、隆棣，隆棠公是我爷爷盖泯的爷爷，隆棣公是盖北烈士的爷爷，在胶东农村“五服”以内算本家，到我这一代是六服头上。

小时候听我爷爷盖泯说过盖北烈士的家庭情况，盖北烈士在兄弟中排行老三，大哥盖西，二哥盖南，还有四弟盖东。

盖北烈士幼年时母亲去世，当时他才八岁，还未及成年，父亲盖功福与长兄盖西又因意外事故身亡。说到盖功福、盖西去世的情况大体是这样的：有一年开春时节，盖功福、盖西与乡亲去石羊岭下开地瓜窖取地瓜，那个时候咱这个地方为了防止冻坏地瓜冬天往往把地瓜存放在地瓜窖子里。盖西第一个下窖子，因窖子里缺氧，一头栽倒在地，父亲盖功福救子心切，不计后果冲下地窖，也一头栽倒，不省人事。见此情况，邻居盖晏禄（盖翠兰的父亲、江吉中的姥爷）在腰间缠上绳子让乡亲们帮忙往下松绳子救人，结果刚放到一半，他的头突然耷拉下去，乡亲们一看不好赶紧把他拉上来，过了好一会

---

[1] 盖松先、盖柏先：双胞胎兄弟，盖北烈士族孙，1964 年出生。盖松先现为莱阳一中教务副主任，高级教师；盖柏先现为烟台市中级人民法院政治部副主任，高级法官。

儿他才苏醒过来，捡回了一条命。无奈之下，乡亲们只好从家里搬来风箱往窖子里灌风后下去才将盖功福、盖西父子二人救上来，但是两人因缺氧时间过长而不幸去世。尚未成年的盖北先后失去了双亲与长兄，幸而被二爹盖功禄夫妇（盖淑桂、盖惠的父母）抚养，得以长大成人。

为了了解盖北烈士的情况，我们于 2015 年 5 月底 6 月初两次拜访盖北烈士的叔兄弟、莱阳市公安局退休干部盖惠。以下就是他讲述的故事：

我大妈去世得早，那时她的五个孩子最小的盖东才五岁，我三哥盖北八岁。我大爹和大哥盖西意外去世后，家里的重担全落在我父亲和母亲身上。我父亲盖功禄是一个泥瓦匠，村里有什么建筑活他都领工干，安里学校和姜疃完小的学校建设他都参加过。家里没有建筑活，就去闯关东，解放前在辽宁丹东一带干。当时家里的经济来源全靠父亲在外干瓦工活挣点钱，家里的农活靠二哥盖南、三哥盖北弟兄们干，家里的一切吃穿家务全由母亲承担。我母亲很贤惠，把我大爹、大妈的五个孩子当自己的儿女一样看待，所以我大爹的五个孩子都听她的话，很尊重她。我们姐弟当时还小，我们一大家十五口人住在一起，都很团结和睦。我母亲尽管是农村家庭妇女，没有文化，但思想很开通、很进步，支持我姐姐盖淑桂参加革命，我姐由此走上革命道路。1947 年上级号召大参军，她又送我三哥盖北参加了人民解放军。1948 年三哥在即墨灵山战役牺牲，我母亲知道后非常伤心难过。

二哥盖南、四哥盖东岁数大了，我母亲先后给他们张罗了媳妇，他们得以成家立业。我三爹盖功寿解放前跟我父亲去东北，曾在一家兵工厂里做军鞋。解放后，1950 年三爹从东北回来，我们才知道父亲已经在东北去世了。三爹回来后提议分家，我们这个大家庭才正式分开。二哥盖南、四哥盖东、三爹盖功寿和我们母子分了四家。我母亲拉扯我和我哥盖中，我大姐盖淑桂参加革命在外面。1955 年我姐把我母亲接到济南帮她照看孩子，省下雇保姆的钱供我上学。1961 年我从潍坊电校毕业后被分配到济南黄台电厂工作，1976 年调回莱阳公安局任中荆公社公安特派员，1983 年任高格庄派出所所长，1987 年任莱阳东山派出所所长，1989 年任城厢公安分局教导员，1999 年退休。回头想想，我们这个家庭经历了不少的磨难，也是时代的反映。现在龙云牵头搞这个事情很有意义，正当其时，我支持。如果现在再不搞，再过几年老人们都不在了，就更没法搞了。

从以上的回忆中，我们知道了盖北烈士的家庭生活和成长经历，他的成长也凝聚了盖功禄夫妇的心血。盖北烈士的家庭与普通胶东农村家庭差不多，解放前都是大家庭，男女老少聚族而居，几世同堂。解放后，适应社会的发展变化，家庭逐渐小型化，兄弟们开始分家分户生活。

由此，我们知道了盖北烈士在1947年的大参军运动中，加入了中国人民解放军，成为胶东军区的一名战士，后因作战机智勇敢，被任命为班长。1948年4月在即墨灵山战役中牺牲，年仅22岁。解放后，盖北烈士的遗骨被从即墨灵山迁回老家安葬，据说最初葬在咱疃西小河南岸的桑树地里，后来村里统一迁到南山。

盖北烈士的二哥盖南（盖绍云、盖乐云的父亲）出生于1918年，终生务农，是中共党员，为人本分厚道，德高望重，2010年去世。四弟盖东（盖兆云、盖明云、盖海云的父亲）出生于1928年，是村里有名的泥瓦匠，乡亲们有翻修新盖房子的总是热心帮忙，绝不计较，并带出了不少的徒弟，在街坊邻居中有很高的威望，2013年去世。

盖北烈士的一生坎坷而短暂，但人的价值并不是用生命的长短来衡量的，就像司马迁所说：“人固有一死，或重于泰山，或轻于鸿毛。”盖北烈士为人民解放事业而光荣牺牲，比泰山还重，永远值得我们后人缅怀学习。

盖北烈士永垂不朽！

大嫂

——记盖山云烈士妻子刘淑英

文字 / 盖志云 [1]

大嫂刘淑英

大嫂是安里村四十多位革命烈士遗属之一。

叫她大嫂，是因为100多年前我们都是一家人，上溯到两家的第十六世祖是一个人，第十七世祖分成弟兄两人，到我和大嫂这一辈是第六代，也就是第二十一世。按老家的习俗，五代之内来往较多，五代之外则来往较少，长幼之间的称谓有所不同。比如称呼父辈，五代之内，按照排行，一般称呼大爹、二爹、小爹，大妈、二娘、三娘等，五代之外，则按照排行，一般称呼大爷、大叔、二叔、小叔，大姆、大婶、二婶、三婶等。我家和大嫂家虽然来往很少，但因为住宅相隔不远，在街上经常碰面，我喊她大嫂，因我在家里排行老二，她喊我“二兄弟”。

大嫂的丈夫，也就是山云大哥，新婚不久就参加了中国人民解放军华东野战军第十三纵队。当时是1947年，解放战争爆发的第二年，因为胶东半岛是老解放区，又是连接南北海上通道的重要战略区，国民党部队把它作

[1] 盖志云：男，安里村人，1965年出生，现任中国铝业集团业务经理。

大嫂刘淑英（后排右一）与亲属合影

为重点进攻区，集中优势兵力加紧占领，共产党领导下的胶东军民随即展开了艰苦卓绝的胶东保卫战。在战争达到白热化的时候，安里村的青年们几乎全数上阵。我父亲晚年曾回忆说，在解放军攻打即墨境内一处叫灵山的地方时，政府组织担架队抢救伤员，安里村几乎找不到青壮年担当这一任务，因为之前大都加入了部队。山云大哥就是在这种情况下，毅然告别了过门不久的妻子。可见在那个特殊年代，“妻子送郎上战场”的情景是真实不虚的。第 13 纵队隶属华东野战军东线兵团，著名开国上将许世友任司令员，兵团所属部队除十三纵外，还有第二、七、九纵队，共十多万人。胶东保卫战历时 4 个多月，解放军胜利收复了胶东大部分土地，根本改变了山东战场的形势。十三纵就是今天陆军第三十一集团军的前身。在今天的陆军集团军序列中，有二十七、三十一、四十一三个集团军诞生于胶东大地，胶东军民为全国解放做出了不可磨灭的贡献。

胶东保卫战结束后，华野东线兵团挥师西上，山云大哥随部队又参加了潍县战役、张周战役、济南战役、兖州战役、淮海战役等一系列重大战役，可谓身经百战。1949年，山云大哥参加渡江战役，就在这次彪炳史册的战役中壮烈殉国，牺牲时年仅21岁。渡江之前，同村的战友与他见过面，过江之后，再没相见。山云大哥埋身何处，至今仍无从知晓，所谓“身在生死间，天地一浩然。忠魂何处寻，装点好河山！”

丈夫参军的时候，大嫂已有孕在身。丈夫牺牲的时候，大嫂早已承担起家里的一切。

山云大哥的母亲大约辞世于上世纪40年代初，当时山云大哥只有十五六岁，底下还有两个年幼的妹妹和嗷嗷待哺的小弟弟。山云大哥的牺牲是对家庭的沉重打击，家里的所有重担全都压到了大嫂的肩上，不但要哺乳出生不久的孩子，抚养尚在幼童之年的小叔、小姑，还要伺候好两位公爹，做好这些还不算，还要抽空上山劳动，其生活之艰辛、付出之巨大可想而知！按照当时的社会新风尚，大嫂完全可以再嫁个人，寻个依靠，安安稳稳地过一生，而大嫂却毅然选择了坚守，直到生命的最后一程。从这一点可以看出，大嫂的刚烈程度不亚于为国捐躯的丈夫。我的叔伯大爹盖诚与大嫂是屋前屋后的邻居，比山云大哥早一年上了战场，是在解放战争中幸存下来的老军人，生前曾多次谈到此事，每次都很动容地说：“山云家的可真不容易，当年如果另找个人家走了，整个家庭就算完了！”

小叔子也就是光云二哥在大嫂的呵护下，从上学读书开始，直到参加工作、娶妻生子，一步步走下来，顺风顺水，先后担任过两所中学的教导主任，主持教学管理工作，直到光荣退休。在二哥工作期间，安里村许多优秀的学子在他的关照下，圆满完成了高中阶段的学业，考上了大中专院校，从而获得了不错的人生起点。光云二哥性格忠厚老实，在家敦伦尽分，在外爱岗敬业，从不与人争执，一心一意干好教育工作，不仅育人卓有成效，而且家风和睦，后辈们都在各自的岗位上安分守己、尽职尽责。

大嫂的生活轨迹很是单调狭窄，除了到田地做农活，大都在家里缝补浆洗，煮饭做菜，收拾卫生。她的老宅子前后两院各四间，一正一倒，都是低矮的茅草屋，但里面收拾得很干净。一口老式木橱、两口箱子、一对杯子都是大嫂结婚时的陪嫁，虽然很旧，却都一尘不染，洁净透亮。屋里摆设最多的是大嫂自己用黄黏土打成的土缸，外面简单糊上一层报纸，用来盛米面杂粮。

大嫂一人时，淡白的脸上总是刻着悲凉，但见到人时立刻透出慈光，浮出微笑，嘘寒问暖地聊聊家常，但无论啥场合，从没见她开怀大笑过。

大嫂的无怨无悔，到了中年时期更加让人佩服。二嫂性格泼辣，精明能干，与大嫂的风格多有不同，妯娌之间免不了产生言语上的摩擦。尽管如此，大嫂依然坚守着自己的本分，该干的活照样干，还要帮妯娌带小孩，其家庭顶梁柱角色丝毫没褪，契合了“善始善终、善作善成”的老话。在上世纪的人民公社时代，农村实行集体所有制，全村分为14个生产队，大嫂属于第12队。大嫂白天上山参加集体劳动，晚上回到家里照顾侄儿们，日子过得也算有滋有味。大嫂自己的女儿得到党和政府的关照到城里当了一名工人，成家以后，在一次偶然事件中丧生，让大嫂饱尝了中年丧女之痛。

大嫂的晚年生活是孤单的，甚至是有点凄凉的，两位老公爹先后伺候“走”了，小姑子也早已发送外家了，小叔子一家五口搬到城里了。女儿死后，女婿带着一对双胞胎儿子再婚了。大嫂一人在家没有那么多活儿了，却消瘦了很多，也很少出家门了。但邻居们都爱去她家串门，足见大嫂的人缘一直不错。

我见大嫂的最后一面大约是在1991年夏天。我从外地回到老家度假，大嫂正到我家串门，见我回来，立刻兄弟长、兄弟短地嘘寒问暖，热情招呼人的口气跟我在家的时候完全一样。我知道大嫂的身体已是饱经风霜、风烛残年，就小心地冲了一杯白糖水递到她手里，大嫂一边表示感谢，一边高兴地和我说起话来。看她高兴，我就提议中午一起吃顿茴香饺子。等父亲从院子里割来茴香，我们一起动手，切菜的切菜，和面的和面，不到两个小时，热气腾腾的茴香水饺端上了炕，我和大嫂边吃边聊家常，气氛十分祥和。这种乡土乡情气息可遇而不可求，也算是人生中极难得之事了。

大约是1994年，在一个秋天的夜里，大嫂一人俯在桌子上，悄然离开人世。

家族墓地建在一座叫做“珠顶”的小山上，大嫂与我父母的安息之地相隔四五米，每年清明祭扫父母的时候，我都会情不自禁地把目光停留在大嫂的坟头上，上几炷香，静静地观照着历史的影像。

与大嫂同样任劳任怨的乡亲不乏其人，与我家同在第十生产队的大姆也是一位烈士母亲，我记事时她就五十多岁了，而且守寡。后来我才慢慢知道大姆是烈属家庭，大儿子盖孟章1947年参军，抗美援朝时随部队入朝参战，

1984 年，大嫂刘淑英（前排左）与弟媳于瑞芳（前排右）合影

壮烈殉国。二儿子属于农村里面“缺心眼儿”的一类人，一切都要仰靠老母亲打算，一辈子也娶不上媳妇。大姆的家境就是这样简单而贫乏，唯一的支撑点就是享受烈属待遇。

大姆的老宅子是一排五间低矮的草坯房，东三间住人，西二间存放杂物。院子里长着一棵高大的柿子树，每年柿子成熟的时候，很吸引孩子们的眼球。

大姆是一位心地善良的老人。大约在 1970 年代，我小爹定婚期的时候，女家通过媒人传过话来，一定要我家拿出当时最为流行的平绒布作为彩礼，否则就不过门。当时买布都要用布票，而且这种平绒布极难买到，这件事让我母亲十分为难。然而，就在我母亲不知道该怎么办的时候，大姆拿出了自己保存多年一直舍不得动用的平绒布，解决了我家的燃眉之急。从此以后，我母亲对大姆非常感激，嘱咐我经常到大姆家里走一走，便于两家互相帮助。

大姆大部分时间都是坐在炕上做针线活，只要我进去，就会立刻热情地喊住我说说话，然后从树上勾下一两个柿子，或者从炕角摸出个苹果、梨之类的稀罕水果，甚至没有水果的时候，还会从墙角旮旯掏出一把花生米塞给我。

在生产队时期，大姆因为年龄大而且是烈属的关系而受到照顾，不用上山一起劳动，可以专心在家里做家务，儿子则跟着参加集体劳动，干好干坏一个样，到时候就有粮吃，有衣穿。到了上世纪 80 年代以后，随着土地承包制的实施，家庭生产完全自理，大姆家的生活就有问题了，那时候烈属待遇只能满足基本的开销，要想提高生活档次，还必须靠劳动所得，而大姆家中的唯一劳动力情况又很特殊，跟着别人搭伙干吧，没人要他；不跟别人搭伙吧，自己又不知道该干什么、怎么干。据说大姆辞世后，烈属待遇也停止了，剩下儿子一个人，最后只好靠捡垃圾维生。

大嫂、大姆们长期挣扎在社会的最底层，不屈不挠地支撑着家庭的一切。尽管她们没什么文化，但能始终保持一身正气，坦然面对和接受命运的安排，诚所谓贫而不改其志，困而难动其心矣！从小处讲，燃烧了自己，照亮了他人；从大处讲，则与社会的和谐发展紧密相连，因为社会的和谐起源于家庭的和谐，国家的发展离不开个人的努力。安里村的烈属们不但献出了亲人的生命，而且决不放弃家庭责任和做人本分，这种朴素简单的家国情怀，正是一个家庭、一个民族、一个国家精神传承的最基本元素，中华民族屹立于世界东方，昌盛不已的秘诀大概无过于此。

盖山云、盖渤（北）烈士上溯五代世系表

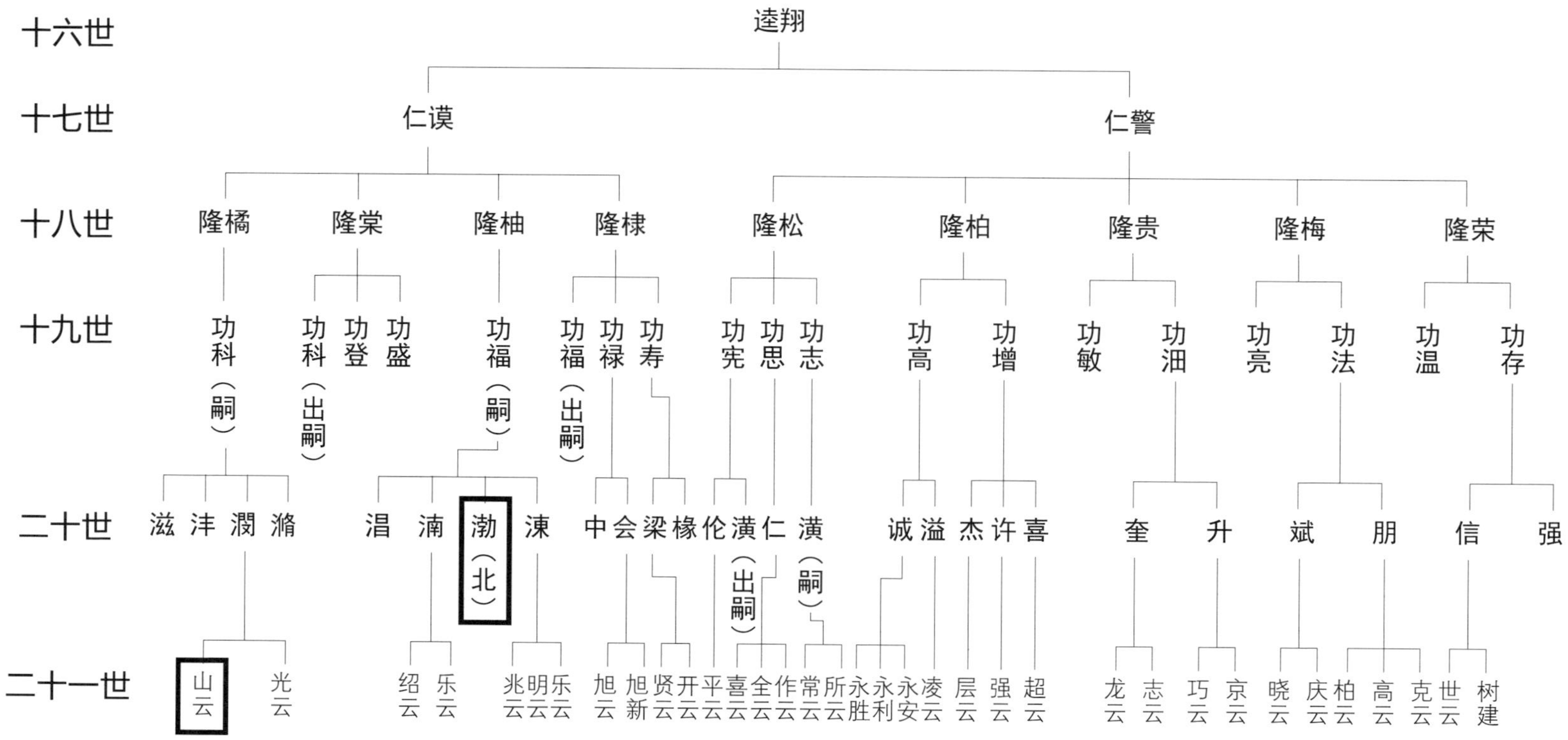

注：一世祖盖演于明洪武初年由山西省洪洞大槐树东迁而来。一世至十六世依次为：演—政—忠—世荣—志得—腾秀—整—昶—志元—尧臣—守典—峻—维经—琭—耀先—逵翔

无尽的思念

——记大爹[1]盖山云烈士和大妈刘淑英

文字 / 盖松先 盖柏先

1947 年，我大爹盖山云作为家中的长子，在大参军运动中光荣地加入到中国人民解放军的行列，成为华东野战军第十三纵队的一名战士。

十三纵队是一支年轻的英雄部队。1947 年 6 月底，人民解放军三路大军挺进中原，揭开了战略反攻的序幕。蒋介石为扭转不利局面，在仓促组织中原防御的同时，于 1947 年 8 月飞往青岛，制定了进攻我胶东解放区的“九月攻势”计划（村里老人称之为“1947 年秋天敌人进攻”）：国民党军以六个整编师及整编第七十四师的一部等共 20 个旅，组成第一兵团，又称“胶东兵团”，以陆军副总司令范汉杰为司令官，采取锥形突进，分段攻击，并在海空军支援下，企图一举占领胶东战略要地，摧毁我胶东解放区，封锁渤海港口，断绝华东野战军的后方接济和联系东北、华北地区的海上通道。

在国民党军重兵压境，胶东解放区处于生死存亡的严峻形势下，1947 年 8 月 18 日，华东野战军第十三纵队在山东省招远县夏甸以北的留仙庄正式成立。纵队司令员周志坚，胶东军区政治委员林浩兼任纵队政治委员（后由廖海光任纵队政治委员），副司令员滕海清，副政治委员兼政治部主任陈华

[1] 大爹：即大伯的意思，属胶东地区方言。“五服”之内，父亲的兄弟按年龄大小依次称呼大爹、二爹、三爹等。

堂，参谋长李继开。以原胶东军区前线指挥部、政治部和后勤部及兵站一部为基础组成纵队司令部、政治部和后勤部，所辖第三十七、三十八、三十九师，分别由原胶东军区新编第五、六、七师改编。大爹盖山云编在第三十九师一一五团三营九连。

尽管第十三纵队的领导都是身经百战的老红军，又都有治军带兵的丰富经验，但毕竟第十三纵队是一支刚刚组建的新军，基础十分薄弱。所属三个师也都是刚组建不久，时间长的7个月，时间短的第三十九师连同其前身新编第七师，前后历时不到10天。纵队及师、团的领导尚未配齐，机关也不健全，武器装备差，兵员成分新，尤其缺乏战斗经验。但是，严峻的斗争形势不允许这支新军从从容容地开展组建的各项工作，也不允许等待部队一切走上正轨后再投入战斗。周志坚、廖海光等纵队首长，就是在这样的形势下，带领着这支刚组建的、缺少作战经验的胶东子弟兵，加入到中国人民解放军华东野战军的战斗序列，并把年轻的十三纵队带成一支能征善战、威震敌胆的具有“甲等战斗力”的劲旅。

大爹作为这支英雄部队的一员，转战南北，在战斗中成长为一名优秀的机枪手。

机枪一般由军士或上等兵掌握，一个很重要的条件就是必须不怕死。据村里参战老兵讲，那时候，机枪手的伤亡率大概在百分之八十左右。因为在战场上，机枪手是敌方狙击手和追击炮瞄准的优先目标。即使在战场上幸运活下来，机枪手还可能留下耳朵听力障碍的后遗症。

大爹曾在战斗中负伤，在家养伤不到三个月，又毅然返回部队参加战斗。我们家中至今还珍藏着一封部队寄给爷爷盖泯（潤）的信函，内有大爹荣立三等功的喜报一份和奖状一张，奖状上的内容：“兹有盖山云同志于四月二十七日苍古屯战斗中非常勇敢，为人民创立了功劳事迹，业经评定为三等功，特给此状。副团长吴永安、副参谋长宋忠贤、副政委徐彬、副主任周振祥，中华民国卅七年五月”。经查证，苍古屯是青岛胶州市胶莱镇的一个村庄。

大爹最终还是没能挺过战争结束活着回来。1949年新中国建立后，莱阳市民政区为我们家颁发了革命烈士证书。当时国家还给我们家颁发了由山东省人民政府主席康生、副主席郭子化签发的革命军人家属证书，证号为

6460。

在大爹短暂的军旅生涯中，先后参加了沙河追击战、胶济路东段战役、太保庄战斗、胶东保卫战、潍县战役、津浦路中段战役、济南战役、淮海战役等。据烈士证记载，大爹是在1948年11月淮海战役第一阶段的战斗中牺牲的，但也有本村老兵回来说在渡江战役前还看到过他，渡江战役以后就再也没有他的消息，所以大爹也很有可能是在渡江战役中牺牲的。在那个战火纷飞的年代，有时候有的情况不一定那么准确，有多少烈士牺牲后连名字都没有留下。但我们还是相信政府颁发的烈士证书，相信大爹是牺牲在淮海战场上的。大爹牺牲的时候刚刚二十出头，是那么的年轻。尤其令人唏嘘的是，大爹转战南北，他唯一的女儿——我大姐盖福荣是在大爹牺牲后出生的，他们父女阴阳两隔，始终未曾见过一面。这是一件多么令人遗憾的事情啊！大爹牺牲至今，他的尸骨埋葬在什么地方，家里人也无从知晓。真可谓“青山处处埋忠骨，何须马革裹尸还”！

我大妈刘淑英是大夼镇南汪格庄村人，生于1925年农历八月二十八日，大概在1943年前后嫁给我大爹的。他们婚后一年多，我奶奶因患痞疾不幸去世，此时我父亲盖光云还不到四岁，我大姑、二姑也分别只有10岁、7岁。奶奶的去世使我们全家陷入绝望和无助的境地，上有两个公公，下有三个年幼的小姑子小叔子，年轻的大妈料理完婆婆的后事，立时就成了家中的顶梁柱，无反顾地承担起照顾公公和小姑小叔的责任。1947年大爹参军后，大妈的担子更重了，每天起早贪黑，浆洗缝补，一天到晚里里外外忙个不停，以致到了晚年她的两只手因劳作过度都已经变形了，关节又粗又硬，看了叫人心痛。

在确定我大爹牺牲时，大妈只有二十四五岁，正值美好年华。据说我大爷爷曾对我大妈说，实在不行就走吧，意思是大妈可以改嫁。面对上有老下有小的一家人，大妈没有抛下他们，选择了留下，选择了坚守。此后几十年，大妈任劳任怨地承担起照顾这个家庭的责任，直到生命的终点。我们长大后，不止一次听邻居长辈说起大妈，都说如果当时大妈改嫁走了，这个家就完了。是啊，多亏了大妈里里外外操持，孝老爱幼，这个家才像个家样，大妈先后让我两个姑姑风风光光出嫁，又帮我父母顺顺利利结婚成家。我两个姑姑都善良朴实，知书达理，勤劳能干，都做得一手好针线活，在各自的婆婆家赢得全家老少的尊敬，这都是大妈培养教育的结果。大妈还将一辈子没有结婚的大爷爷悉心照顾，养老送终。我们隐约记得大爷爷是在睡梦中去世的，也算是安享晚年。大妈牺牲了个人的幸福，无私地奉献了一生，挽救了这个家庭。都说“长嫂比母”，大妈当之无愧！大妈的任劳任怨和无私奉献赢得了父亲和两位姑姑的尊敬和爱戴，也得到了街坊邻居的赞誉。

我们哥俩出生后，因为是双胞胎兄弟，又是出生在中华民族的传统节日——万家团圆的中秋节，全家人非常欢喜，听说大爷爷尤其高兴，说咱家可是有了下一代（指男孩子）了，邻里亲朋也纷纷送来祝福。大妈对我们更是视为己出，疼爱有加，不辞辛苦，帮助父亲母亲一把屎一把尿拉扯我们。我们兄弟俩从小就和大妈十分亲近，甚至分不清大妈和亲妈的亲疏，只知道我们有两个母亲，一个“南屋母亲”，一个“北屋母亲”。记得小时候，街坊邻居的奶奶、大妈、大婶经常逗我们兄弟俩，问我们哪个是亲妈，我们还真是懵懵懂懂说不清楚。我们兄弟俩天天跟着大妈吃、住、睡，那情形和亲妈没有任何区别，也许是母亲对我们要求更严厉一些的原因，我们日常中感觉和大妈更亲近些、也更依赖她，我们兄弟俩和大妈结下了深厚的母子情谊。大妈在我们兄弟的幼年阶段扮演了母亲和祖母的双重角色，真是恩重如山，情深似海！

大妈大爹唯一的女儿盖福荣大姐出生于 1948 年底。为了纪念大爹牺牲在淮海战场，爷爷给她取乳名“大海”，以示怀念。大姐从小受到两位爷爷和姑姑叔叔全家人的疼爱，幸福地成长，没有受过什么委屈，但也养成了任性的脾气，这为日后的不幸埋下了祸根。上世纪 60 年代末，当时国家照顾烈士子女，县里给大姐安排了工作，大姐被分配到莱阳织布厂上班，从此离开了农村老家，成为一名纺织工人。大姐很珍惜这次机会，工作上进，成绩突出，曾被评为织布能手，受到表彰。上世纪 70 年代初，福荣大姐结婚有了孩子，大妈要到莱阳城里帮她照看孩子，因为担心我们兄弟俩哭闹，舍不得她离开，大妈只得天不亮就悄悄起来走了。早晨醒来，我们兄弟俩找不见大妈的身影，失声痛哭，嚷嚷着找“北屋母亲”，那种失落和痛苦至今难以忘怀。后来听说大妈也是哭着离开老家、离开我们兄弟的，她也是两难啊！大妈这一去就是十年，虽然我们偶尔能和大妈相见，但毕竟不是朝夕相处，更不能冬天为

盖山云烈士女儿盖福荣(左二)

大妈暖和被窝、暖和双脚。

1982 年秋天，福荣大姐不幸去世了。大妈年轻丧夫，年老丧女，这些人生悲剧让大妈经历了太多的磨难和痛苦。沉重的打击使大妈一下子苍老了很多,不到六十岁看上去就像一个七十多岁的老人,我们也是看在眼里痛在心里。大姐死后，姐夫很快再婚，大妈又回到了阔别十年的老屋，过着孤单的日子。大妈曾说，早知道你大姐这样，她就不该去城里给她看孩子。大妈说的是气话，也是真话。当时父亲在外教学，我们兄妹四人分别在外读中学和师范学校，差不多一个月才能回家一趟。母亲和爷爷、姥爷住在村南的新房里，大妈一个人住在老屋里，他们过早地成了空巢老人。母亲告诫我们兄弟每次回家先不要回自己家，一定要先去看望大妈。每当看到我们兄弟俩，大妈都是那样地高兴，拉着我们的手左看看右看看，一会看看这个一会又看看那个，仔细端详着我们的面容，看看我们是不是瘦了，有什么变化没有。我们兄弟俩长得像，邻里亲朋包括我爷爷有时都分不清谁是谁，而大妈总是能分清，一看就知道这个是松先、那个是柏先，然后大妈总想找点或做点什么好吃的给我们。其实，当时我们也不是什么小孩子了，但大妈总是把我们当成孩子看待，嘘寒问暖，无微不至，浓浓的慈母之情始终包裹着我们兄弟。

1995年，盖松先（左一）及妻子盛海波（左二）、盖柏先（右一）及妻子原丰华（右二）与父亲盖光云（后中）、母亲于瑞芳（前中）合影

80年代中期，我们兄弟俩先后到济南上大学，离家更远了，只有在学校放寒假暑假的时候才能回家，对大妈的牵挂只能放在心里。每到放假回家的时候，我们兄弟俩仍然都是先去大妈家看望大妈，然后再回自己家。这时候，大妈总是那么的高兴，拉着我们的手，问长问短，疼爱之情溢于言表。每一次相见，都是那么地亲切自然，都有说不完的话，我们始终都能感受到大妈浓浓的亲情和深深的关爱。假期中，我们也时不时地到大妈家，和她一起吃住，拉拉家常，帮她干些家务活。

80年代末，我们兄弟俩都从学校毕业，走上了工作岗位。每当回家都照例先去看望大妈，捎点东西给她，有时给她点钱，这时大妈都嗔怪我们，说她什么都有，什么也不缺，告诉我们不要乱花钱，要学会过日子。我们知道大妈经历过苦日子，也过惯了苦日子，日常生活特别节俭，剩饭剩菜也舍不得扔。长期不健康的饮食习惯损害了大妈的身体，她经常闹肠胃病，尽管我们兄弟俩经常劝她说现在条件好了不要太节俭了，要注意身体，吃点好的，但是长期养成的习惯一时半会也改不了，大妈可能也没想着要改。记得有一次到大妈家，看到大妈将过期的月饼放在窗外的箅子上晾晒，我们兄弟俩要给她扔掉，不让她吃过期的食品，大妈坚决不让扔，嗔怪我们浪费，说没事，扔了浪费太可惜，我们劝了她半天都没有用。大妈就是这样永远过着节俭的生活，她的身体日渐衰老，健康状况一天不如一天。

90 年代初，我们兄弟俩相继结婚，大妈看到我们兄弟俩都成家了，非常高兴。其实，对我们兄弟俩的婚事，大妈一直十分关心，只要见到我们，就问我们有没有对象了，什么时候能结婚？说不要太挑剔了，差不多就行了。我们结婚后，大妈就盼望着什么时候能抱上孙子，看到街坊邻居家的小孩，大妈就说你们什么时候能有孩子能当上父亲啊？我说很快会有的，等有了孩子还要让她帮着照看孩子呢，大妈高兴地答应了，连声说好好，一定帮我们好好看孩子。其实我想着等有了房子、有了孩子和大妈一起生活，能让她老人家享受到天伦之乐啊！大妈和我们的这个美好的愿望终究没能实现，我们没有料到的事情发生了，1994 年农历十月十四日，大妈因突发急性肠胃炎去世了，一个人就这么静悄悄地孤独地离开了人世，离开了我们，没有留下一句话。这是我们兄弟俩万万没有想到的，给我们兄弟留下了终生的遗憾，遗憾没有能为大妈尽一尽我们的孝心，哪怕是给她老人家喂一口饭、吃一口药、端一次水也行！正所谓“子欲孝而亲不待”，人世间竟就是这样的残酷。

大妈的去世没有一点征兆。头一天大妈还到邻居家串门，帮着人家摘花生，晚上突然发病。当天上午 8 点多，盖发云家大姆上大妈家串门，见大门从里面反锁，怎么叫也没人应答。照往常这个点，大妈早就起来了，大姆觉得不对劲，赶忙到街口叫人。恰遇族侄盖德福走了过来，大姆连忙告知异常，然后两人一起拍门喊叫，仍没人回应。无奈，德福翻墙进去，透过窗户上的玻璃，隐约看到大妈躺在炕上，一动不动。德福打开窗户进入房间，看到大妈呕吐了一地，弄脏了被褥，大妈已经没有气息了。住在疃南的母亲接到消息，急忙赶来，抱着大妈连连哭叫“大嫂、大嫂……”。大妈永远地去了。

接到大妈去世的消息，我们也顾不得请假，就匆匆赶到车站坐上汽车往老家赶。回到家中，大妈已被安放在明堂的正中。我们跪倒在地，匍匐向前，抚摸着大妈已经冰冷的遗体，泪眼中看着她那熟悉亲切而安详的面容，禁不住号啕大哭，那哭声真是撕心裂肺，叫人肝肠寸断。大妈，您能听见我们对您的声声呼唤吗？您也不和我们说一声就这么走了，我们怎么能接受啊！回想大妈这一生，年轻丧夫，年老丧女，不到 70 岁，突然离世，没有一点预兆，没给家人添一丁点麻烦，真让人无法接受！大姑、二姑、父亲、母亲都哭的那么地伤心，舍不得他们如母亲般的大嫂，晚辈们更是一整夜守在大妈的遗体旁不愿离开，不时地烧着纸钱，哭声一整夜都没有间断过。从小到大，我们也经历了不少的悲欢离合、生离死别，但没有哪一件事能让我们如此地痛苦、如此地追悔莫及，对大妈的那种难以割舍的情感始终萦绕在心头，久久难以忘怀……

大妈悲苦的一生是整个20世纪中国社会的缩影。20世纪的中国社会经历了大动荡、大战乱、大变革，既波澜壮阔，又多灾多难。外敌入侵、战乱频繁，社会动荡、生灵涂炭，党派纷争、政权更迭。普通老百姓被裹挟在其中，身不由己，听天由命，许多家庭颠沛流离，妻离子散，许多人随波逐流，无法主宰自己的命运，中国老百姓经历了太多的这样那样的苦难。

改革开放后，中国社会发生了根本的变化，社会稳定，百业俱兴，百姓安居乐业，人民生活幸福，长期遭受压抑的积极性、创造性被调动起来，百姓们的生活也一天天地改善，终于过上了安稳富足的日子。对此，大妈也是满心欢喜，经常说现在这个社会真好，赶上好时代了，要好好地多活几年，享享福。本来应该好好享受一下改革开放的成果和国家对烈军属的优抚政策关爱，享受一下晚辈的孝顺服侍，好好安享晚年，病魔却无情地夺去了大妈的生命，大妈这个朴素的愿望竟再也无法实现！

大妈离开我们已经二十多年了，都说时间可以改变一切，可以冲淡一切，但是我们兄弟对大妈的感情一点也没有改变，更没有变淡，反而随着岁月的流逝而愈加浓烈，大妈的音容笑貌时常浮现在我的脑海中，宛在眼前，是那样地清晰、那样地慈祥。清明节放假，我们兄妹四人年年一起来到大妈的坟前，为大妈上上坟、培培土、磕个头、烧烧纸钱，然后再好好地哭一场，倾诉一下自己的感情，以怀念我们亲爱的大妈，我们是多么想您呀，大妈！如果大妈地下有知，您一定会感受到我们兄弟姊妹对您老人家的思念吧！大妈，您永远活在我们的心中，我们永远怀念您！愿您老人家在天堂里安好，不要再受人间的苦和累。但愿大妈经历的悲剧苦难不要再重演，让人世间永远充满着吉祥、平安、幸福、美满！

大妈安息！大爹安息！

英灵不死

——记张维江烈士

口述 / 盖善云　文字 / 王猛

张维江出生在一个普通的农民家庭，家里共有 8 口人，爷爷奶奶、父亲母亲、一个弟弟和两个妹妹，相比其他街坊来说，他家的生活还算过得去，甚至还曾念过几年书，这在村里还是很少见的。自幼，张维江经常到大人堆里聆听清王朝腐败统治下农民的悲惨遭遇，批判国民党反动派欺压百姓的丑恶嘴脸。每每听到这些，他便咬牙切齿，恨不得立刻冲上前线，消灭这些敌人。1947 年 4 月，安里村大参军运动来了，张维江在家人的支持下积极报了名，顺利通过体检后，成为南海军分区独立第二团的一名战士。

后来的日子，张维江与“老八路”盖善云等人虽然不在同一个团，但经历却是一样的：他们来到部队后，匆匆训练 3 天，便从新兵变成了老兵，直接上了前线。战火的硝烟让张维江从一名普通的庄稼人变成了骁勇善战的勇士，无数次冲锋在战斗的最前线，无数次端起那老旧的步枪射向敌方。

1948 年 5 月，为适应解放战争形势发展的需要，华东军区将胶东军区南海、西海、北海军分区各一个独立团组成第六师，归胶东前线指挥部指挥，张维江由此成为胶东军区六师十六团的一名战士。史料记载，当年 12 月，张维江所在部队对从青岛、即墨出犯的国民党军予以反击，歼其一个团大部。1949 年 2 月，根据中央军委命令，胶东军区前线指挥部改编为中国人民解放军第三十二军。从此，张维江也就从地方部队改编到了主力野战部队，成为第九十四师的一名战士。

为迫使驻青岛美军和国民党军迅速撤走，促使解放军尽快解放青岛，防止国民党军破坏，山东军区决定以第三十二军和警备第四、五旅等部共12个步兵团、1个炮兵团，发起对青岛守军的威胁性进攻。整个军事行动由山东军区第一副司令员许世友指挥。

5月4日，青岛上疃，正值“五四运动”30周年，人民解放军第三十二军向上疃国民党守军发起进攻。九十四师负责主攻。战斗开始，九十四师将士猛攻上疃据点，国民党军队惊恐万状，纠集了外围的兵力，分几路向我阵地骚扰。国民党三十二军二五五师一个营，从盟旺山[1]出发，企图支援上疃国民党守军，被我警备四旅截击在演泉歼灭。

采访中，“老八路”盖善云说：“我打了大大小小近百场战斗，上疃最难打！”上疃是灵山至即墨城一线的要冲，青即外围的战略要地。国民党部队下了血本疯狂加固工事。用高达4米、厚达1米多的城墙将上疃据点团团护住，采用土、石、麦糠夯实建成，城墙上每隔1.5米有一个射击口，远远看去，一排排的射击口让人怵头。驻守在此的敌人凭借坚固的防御工事和凶猛的火力，依靠明碉暗堡负隅顽抗，加上三面国民党军队增援，让九十四师将士吃尽了苦头。回忆到这里，盖善云说：“千万不要相信电视里拍的国民党部队那么弱，那么不堪一击，他们的火力强大得很，解放军伤亡更严重。”冲锋中，敌人用尽浑身解数，用各种轻、重机枪对我阵地进行火力封锁，张维江和战友被压得抬不起头，只得匍匐着一点一点向前进攻。在离城墙大概80米左右的位置时，敌人发现我军已兵临城下，火力愈发猛烈，子弹不停地朝着张维江和同村的班长张维成方向扑来，张维成嘶哑着嗓子叮嘱张维江：“小心点，注意隐蔽。”谁知，话音未落，一梭子子弹直接朝着张维江打来，躲闪不及的他不幸身中数枪，当场壮烈牺牲。

这场仗打得昏天动地，耗时整整两天一夜。次日拂晓，敌军又组织了四个团的兵力，从即墨城东南方向，分两路向解放军反扑，企图营救被解放军包围在上疃的国民党守军，又遭到解放军东路大军奋勇狙击，激战5小时，

---

[1] 盟旺山：地名，位于青岛市即墨经济开发区的东部，海拔200米左右。

张维江烈士生前居住过的老屋

国民党军队被击溃。

半月有余，部队的烈士阵亡通知书被送到了张维江家中，爷爷、奶奶哭孙子，父亲、母亲喊儿子，白发人送黑发人，这是何等的悲伤。两个月后，父亲张京云听闻张维江被埋葬在一个叫木村的地方，便带着张维江的二爹张兆云和四叔张同云一同前往寻找。张京云一行三人到达木村后，部队的人带着他们来到烈士墓地，由于坟墓上刻有烈士姓名的牌子丢失，一时间无法确认哪一个是张维江的坟墓，部队领导建议一个个挖起来查看。考虑到这样做会打扰到刚刚入土不久的烈士英魂，张京云连忙回绝了这一提议，当日就返回了安里。

回来后，张京云打算带13岁女儿，也就是张维江的妹妹张桂花一同前往。为何让一个小姑娘去呢？回忆起这段历史，安里的老人都说很离奇。张桂花是村里有名的“鬼眼”[1]，从小便可以看到人的魂魄。不管这种说法是否科学，但当时的人们还是深信不疑的。数日，四人再次来到木村，寻找张维江的遗

[1] 鬼眼：民间有人认为有能通过天眼看到灵魂的人，又称“阴阳眼”。

体。张桂花先让人给烈士们烧了一刀黄纸，随后便抬起头望着那片墓地，来到一座坟墓前说道：“哥哥在这里。”张京云与两个弟弟赶紧一阵忙活，将烈士遗体挖出来，先看了面相，又掰开嘴巴，看到了张维江小时候因与小伙伴张维喜玩耍时被磕掉的半颗牙齿，便确定了这就是烈士张维江。这一幕让在一旁的部队领导大吃一惊，直叹神奇。当天，他们便将张维江的遗体安放在独轮车一侧，另一侧则坐着年少的张桂花，兄弟三人轮流推车、走走停停，整整走了一天才到达安里。回来那日，不少父老乡亲、街坊邻居自发来到村口迎接烈士的归来，现场寂静而又庄重。当日，他们便将张维江安葬在村东的张氏家族祖坟，随后迁至南山前的烈士陵园。

肉搏英雄

——记盖才宾烈士

口述 / 盖善云　文字 / 李浦松

1947 年秋天，即墨灵山战役后，南海军分区独立第一团三营九连一排盖才宾牺牲时的惨烈情景，让人不忍睹视：他身中七刀，两只手握着，掰都掰不开，愤怒而痛苦的眼睛死死地睁着，身下那块麦田里，有近两分地被他和敌人在扭打肉搏中全压平了。同村战友盖善云简单擦洗一下盖才宾的血肉遗体，裹上席子就地掩埋了。想起昨天还神气飞扬的壮小伙子，转眼间变成了一个小小的坟堆，纵然见惯了生离死别，但盖善云还是无法控制内心的悲痛，在坟前泪水长流，回忆着盖才宾短暂而悲壮的一生。

盖才宾还未成年时，父亲因整日劳作积劳成疾而去世了，留下他和不到十岁的妹妹与母亲相依为命。作为家中唯一的男丁，年少的盖才宾自然就成了家里的顶梁柱，用稚嫩的肩膀担起一家人的生计，他每天到地主家“扛活”，像一头老黄牛，起早贪黑，勤勤恳恳，不知疲倦。后来，盖才宾参加了民兵队和“农救会”，积极参与抗日斗争、减租减息、反霸斗争、生产运动，久经各种斗争活动的考验。1946 年初，组织完成了对盖才宾的入党考察，批准他加入党组织。至此，盖才宾开始了秘密联络、宣传发动的地下工作。

1947 年 2 月，战场形势变化很快，我军急需扩充兵员，地下党员盖才宾为带动青年村民参军，申请结束地下工作，积极报名参军，被分配到胶东军区南海军分区独立第一团三营九连一排。由于政治思想成熟，且有战斗经验，盖才宾很快当了班长。牺牲前的半年里，他每次在战斗中都带头冲锋陷阵，不畏生死。

1947 年 8 月，灵山保卫战打响。当时，盖善云是机枪班班长，其所在的机枪班配置在盖才宾后方约 50 米处，以便有效发挥火力掩护。因此，对于盖才宾牺牲的情景，他看得一清二楚。那天，国民党范汉杰部集结 1 个师、2 个旅共 8 个团进攻灵山，他俩所在的九连负责担负灵山左翼的阻击任务。战斗前，团里提出“忍受艰苦克服困难，誓与阵地共存亡”的紧急动员口号。时间紧张，他们边行军边动员，有几个人就动员几个人，有一分钟就讲一分钟。大家心急火燎地往前线跑，连长就在旁边一边跟着跑，一边嘶哑着嗓子下达战斗任务，反复讲上级的指示意图。经过鏖战，他们在灵山脚下成功阻击了敌人，子弹快打光了，手榴弹也扔光了。弹药耗尽了，接下来的战斗只能靠大家捏紧拳头与敌人肉搏了。

为了防止敌人反扑，连长根据上级指示组织战士们撤下阵地，并安排机枪班实施掩护。撤退过程中，幸亏机枪班的战士枪法准，打得敌人一时不敢冲上来，否则很有可能全军覆没。正在这时，队尾负责掩护队伍的盖才宾看见一个敌人冲上来准备朝我军扫射。情急之下，他急忙还击并冲跑过去，把敌人按倒在地。由于两人距离太近，来不及上刺刀就直接滚打在一起。

正当身体强壮的盖才宾逐渐占了上风时，从不远处又冲上来一个敌人。正所谓“双拳难敌四手”，盖才宾一人要同时对付两个人，慢慢地有些体力不支，但他仍坚持着，舍命为连队撤退争取了时间。虽然才入伍半年，但他已历经了不少战火，深知即使牺牲也不能让敌人得逞。最终，身心俱疲的盖才宾被两个敌人残忍地刺了七刀，光荣地牺牲了。盖善云远远看着，却无法使用帮助他，心里干着急。盖才宾牺牲时，双手因疼痛死死地抠进，鲜血迸溅，染红了身下的黄土地。人们无法想象他身中七刀时忍受的巨大痛苦，这炼狱般的疼和对亲人的不舍，让他死后也不肯合上双眼。

得知盖才宾牺牲的噩耗后，母亲悲痛地几次哭晕过去，但柔弱的她却没有能力长途跋涉到灵山把儿子的遗体接回来。夜里，邻居经常听到盖才宾的母亲整夜撕心痛哭，无不动容。

“白发人送黑发人”的悲苦，让盖才宾的母亲过早地衰老了。从那以后，安里村的人们老远就看见，她常常背着柴草，缓缓走在村路上，满头白发如风中的衰草，让人不禁心生怜悯。

冒死送信的侦察班长

——记盖世胜烈士

口述 / 盖善云　文字 / 盖艾玲 李浦松

盖世胜家中共兄弟 4 人，大哥叫盖世相，二哥叫盖世勉，还有一个弟弟叫盖世华，他排行老三，高挑身材，浓眉大眼，很是帅气。抗日战争时期，共产党领导了许多群众组织，号召广大群众积极参加革命。在当时，男青年一般都加入“青抗先”（青年抗日救国先锋队），盖世胜就是安里村“青抗先”队员。

1947 年，盖世胜在大参军运动中义无反顾地上了前线。当时，不少人来到部队后，军装没穿几天，枪也没打几下，就上战场了。由于盖世胜机警干练，英勇过人，很快就当上了侦察班副班长。根据《莱阳县革命烈士英名录》记载，盖世胜是 1947 年 12 月在莱西水沟头战役中牺牲的。

水沟头在今天的莱西市境内，是通往莱阳的必经之路，是一片百米宽的河滩，地形开阔便于防守。当攻打莱阳城的城隍庙战斗正酣之际，国民党的援军第一梯队 4 个旅向我二纵阻击阵地水沟头发起攻击，攻城与打援的战斗，分别在莱阳城与水沟头激烈进行着。水沟头一战，华东野战军二纵在阻击战中共歼灭国民党军 3000 余人，顺利完成阻击任务。

据“老八路”盖善云回忆，盖世胜在部队表现很好，打起仗来有勇有谋，很快当上了副班长，后调到营部干特勤，本来已经准备提拔侦察排长，由于战争形势变化，只等他战斗结束后再任命。然而，水沟头战斗实在凶险，传送紧急情报的战士始终没能通过敌人封锁线，一个接一个地牺牲了。这时，盖世胜找到营长主动请缨，说：“让我送！”营长犹豫了一下，说：“你不能上，你马上就担任侦察排长了。”但在盖世胜一再请求下，营长终于同意了。只见盖世胜冒着呼啸的子弹消失在战壕那头了，成功地把情报送了出去。然而，就在返回的途中，盖善云亲眼看到盖世胜不幸被流弹击中，一头扎倒在距离他们不到 20 米的位置，壮烈牺牲了。

盖世胜牺牲半年后，家人却始终没有收到消息，最后还是被他家邻居无意中发现了他的坟墓，才告知他家人的。那是 1948 年的一天，邻居在莱西水沟头临近的一个村庄里当雇工时，去一块地里解手，途中发现地头旁是一片新坟，每一处新坟前都立着一块木牌，上面写着部队番号、籍贯和姓名，有的木牌已经倒了，有的埋的土很浅，几乎能见到未涂色的薄薄的木质棺材，显然是战役结束后匆匆草葬在这里的。说来也巧，当他返身离开时，发现一块倒在地上的木牌，捡起来一看，上面写着：胶东军区南海一团三营盖世胜，五龙县姜疃安里村人。邻居当时就想：可能老家还不知道盖世胜已经牺牲的消息，于是，他就对着土坟鞠了一躬，心里默念道：“你先在这歇着，俺这就回家把你牺牲的这件事带回安里。”

当邻居将这一不幸的消息告诉盖世胜的母亲时。老人不仅没有哭，反而大骂起来：“王巴羔子蒋匪帮，你以为我死了一个儿子再就没有儿子了？我四个儿子不怕你呢。”果然，不过3天，盖世胜的母亲就领着二哥盖世勉来到了区公所，说：“又给你们送来一个”。于是，盖世勉离开了安里，走上了战场，3个月后光荣负伤，被评定为三等甲级残废军人。

盖世勉到部队后，盖世胜的母亲马上组织几位乡邻亲友奔赴莱西，将他接回安里村安葬。撬开木棺，盖世胜的遗体还算完整，只是半个脑壳用棉花和纱布塞进去，补填出人头的轮廓。一路上，十几个精壮小伙子轮换着用肩膀把棺材抬回了安里，再装进一口漆着金粉彩绘的朱红色大棺里下了葬。

半年后，上级下来了阵亡通知书和“革命烈士证书”，部队的同志沉痛地对盖世胜母亲说：“老人家，你把儿子交给了党和人民，他死得光荣。不过我们还没有找到他的遗体，感到非常遗憾，等找到后，我们再通知您。”老人平静地说：“不用找了，他早就回家了。”

“失踪”多年 终得安息

——记盖万孝烈士

口述/盖月凤[1] 文字/李浦松

盖万孝家中兄弟两人，他大哥叫盖万中。1944年，父母先后患病去世了，留下兄弟两人相依相命。1946年3月，刚满18岁的盖万孝报名参加了解放军，被分配到胶东军区南海军分区独立团。这一去，就再也没能回来。一年后，哥哥盖万中在弟弟盖万孝的鼓励下也参军了。

---

[1] 盖月凤：盖万孝烈士侄子，1930年出生。

1946年9月，盖万孝所在的南海军分区独立团与北海军分区独立团、胶东军区第六师第九团组建成立了胶东军区警备第三旅，1947年2月编入华东野战军第九纵队为第二十七师。据史料记载，该师在解放战争中先后参加了胶东保卫战、胶高追击战、莱阳保卫战、周村战役、潍县战役、济南战役、淮海战役、渡江战役和上海战役等。

直到1953年，盖万中复员回到安里村时，满心以为弟弟盖万孝会在家等着他。他多少次在战场上坚强地活下来，唯一的念想就是回家同弟弟团聚，重建家园，娶妻生子，延续香火。然而，百般打听后却始终没有任何关于弟弟的消息，从战火硝烟出来的他，深知战场上的残酷，一种不祥的预感一直涌在他的心头。他猜想，建国好几年了，盖万孝还没有来信，很有可能是牺牲了。

此后几年，盖万中坚持到地方民政部门和部队打听弟弟的下落，一直找不到，只得到答复：盖万孝失踪了！

1958年，盖万中经过多方调查和咨询，最终证实弟弟盖万孝在战争中牺牲了。1958年10月，莱阳县民政局正式颁发了盖万孝的“革命烈士证书”。

骑上骡子参军去

——记张畔烈士

口述 / 张玉才[1] 文字 / 王猛

对于张畔的记忆，村里多数老人们大都已经不熟悉了，只有 86 岁的张玉才老先生尚且能够回忆起他当年一些生活片段。断断续续的回忆，让烈士张畔的往事逐渐清晰起来。张畔与张玉才从小玩到大的“发小”，张畔比张玉才大 2 岁。3 岁那年，张畔的母亲因病离开了人世，是父亲张维义（音译）又当爹又当妈将张畔兄妹四人拉扯成人。张畔在家中排行老四，上面一个哥哥和两个姐姐。或许因为在家里年纪最小的原因，父亲对他格外疼爱，即使家中生活已经非常困难，仍然省吃俭用送张畔去念书。当时的学校就是村里的安里学校，在这里张畔度过了 3 年快乐的求学生涯。随后他又回到家里踏踏实实当了农民，帮助父亲种田。

时间一晃就到了 1946 年。这年 6 月，蒋介石调集 10 万兵力进攻胶东解放区。为了保卫胶东解放区，烟台市各县响应上级“积极参军参战，支援前线”的号召，发动青年踊跃参军。在动员工作中，最惹人注目、成绩最显著的还要数“妇救会”[2] 了。无论是本家的还是外家的大妈、大婶、嫂子们齐上阵，

[1] 张玉才：男，安里村人，1929 年出生。

[2] 妇救会：是“妇女救国会”的简称。在中国抗日救亡运动的高潮中，全国各地的妇女纷纷组织成立妇救会。妇女救国会在当时的主要任务是组织妇女为中国共产党领导的军队准备军鞋、军粮等军需物资，照顾伤病员，并以隐蔽的身份参加各种爱国活动。

张畔烈士生前居住过的老屋

挨家挨户作动员。当时18岁的张畔也被她们动员时的热情感染了，当场便报了名。这可把大家高兴坏了，又是帮他烧火，又是帮他收拾院子。与他一同报名的还有张玉才、盖洪修、盖某某（具体不详）等三个伙伴儿。临行前的那个夜晚，张畔早早地躺在床上，一想到自己马上就要上前线杀敌既紧张又兴奋，辗转反侧，一夜无眠。第二天一大早，天蒙蒙亮，“妇救会”的大婶大妈们早早就来了。她们热情地帮张畔收拾着简陋的行装，又是拿鞋子，又是递毛巾和碗筷，这让张畔深感有些受宠若惊。

临出门之际，大婶儿们帮张畔整理好衣服后，把一朵大红花挂在他的胸前，“护送”他来到了村老戏台的广场上参加庆功大会。说到庆功大会不得不提一下，在参军运动中，凡是积极报名参军的区里都会给记功，因此庆功会成为每名参军青年经历的第一次隆重仪式。现在看来则更像是一场欢送会。只见张畔等参军青年昂首挺胸站在台上，接受大家的祝福和鼓励。初春的阳光洒在胸前大红花上，分外鲜艳。大会结束后，大婶儿们纷纷将拴在老戏台一侧的大骡子牵过来，张畔等人在乡亲们的簇拥下，跨上鞍子，向大家道别后便出发了。一般来说欢送参军青年时都喜欢用高头大马，但由于那时候村里太穷，根本找不到马，只能用骡子代替，村民将提前制作好的大红花绑在骡子头上，煞是威风。大婶儿们一路牵着骡子，欢欢喜喜地将这些年轻人送往 15 里外的塔南泊村。一路上，威风的骡子、帅气的小伙儿、喜庆的大婶儿成为一道靓丽的风景线，不时有人停下来注目相送。不到半天工夫，他们便到达了目的地。

望着离开的大婶儿们，这些年轻人突然有了些许不舍与忐忑，不知道战场上究竟是个什么样子。按照规定，他们要在塔南泊住几日，进行必要的体检和审查。这期间或许是他们最难熬的时候了，谁也不知道自己是否能顺利通过体检。很快结果就出来了，出人意料的是张玉才、盖洪修因身体条件不合格未能通过体检，无奈返回。4 个伙伴中只有张畔和盖某某则顺利通过，被分配至南海军分区独立第一团，成为一名解放军战士。

回忆至此，故事戛然而止。由于张畔参军时间较早，哥哥姐姐早已过世，同村战友盖某某早已病故，他打了哪些仗、如何牺牲等细节，均不得而知。他的事迹仅仅留存在《莱阳县革命烈士英名录》中那简单的文字记载：张畔于 1947 年 8 月在即墨灵山战斗中壮烈牺牲，再无其他记载。时隔半年后，烈士通知书送到了安里，但由于路途遥远，父亲身体年迈体衰，不得不放弃了为张畔“起灵”的念头。

时至今日，张畔葬在何处，一直是个谜，但英雄的壮举却永驻人们的心间。

有文采的英雄战士

——记张本修烈士

口述/张同云[1] 盖丛云[2] 盖连[3] 盖德章[4] 盖善云 张玉才 文字/李浦松

张本修出生在一个还算富足的农民家庭，共有十多亩（老亩）地，加上家中人口少，父亲张思学干活麻利，人很勤快，生活比较殷实。1936年，张本修的母亲因病去世，他父亲拉扯他和姐姐过日子。几年后，他父亲给两个孩子找了一个继母，四口之家过得倒也和睦。

在张本修的童年记忆中，九一八事变后，日军侵占东北三省，接着华北告危，各地战火纷起，硝烟弥漫，民不聊生。张本修印象最深的，便是驻万第的赵保原部队时不时来村里征粮、抓壮丁，让百姓苦不堪言。有些地主豪绅和高利贷者，则加重地租，高利盘剥，逼得穷人背井离乡，或饿死于路旁。这样的乱世下，张本修发奋刻苦读书，从安里小学一直读到了莱西中学。他深知，唯有学习更多的知识，将来才能改变命运。

在莱西读中学的张本修，接受了抗日进步思想，和学校的一批知识青年一起进行宣传鼓动，发动群众起来闹革命。1943年，姐姐出嫁到距安里村不远的大夼镇，而15岁的张本修经老师推荐成为一名地下共产党员。

[1] 张同云：男，安里村人，1924年出生。

[2] 盖丛云：男，安里村人，1932年出生。

[3] 盖连：男，安里村人，1924年出生。

[4] 盖德章：男，安里村人，1945年出生。

1947 年 7 月，为推翻腐败的国民党政权，拯救劳苦大众，19 岁的张本修毅然携笔从戎，成为华野九纵二十五师七十五团三营七连的一名战士。从九纵的战史中可知，张本修参军后和战友们一直转战在各个战场，冲锋在枪林弹雨，时刻在生死边缘激荡，但他早已把个人生死置之度外。虽然入伍才一年多，但战场上腥风血雨，早已把原本的白净书生锤炼洗礼成了英勇顽强的血性战士。

11 月初，张本修随九纵离开山东南下，经过秋粮丰收的老区时，村村载歌载舞，欢送将士出征，而和部队并列前进的则是放眼望不到尽头的支前民工。行军途中，中央军委发出了“我军愈坚决，愈大胆，就愈能胜利”的指示，华野前委发出总动员令，要求全军不怕疲劳，不怕困难，不怕伤亡，不怕打乱建制，不畏河流所阻，敌人跑到哪里，坚决追到哪里，全歼黄兵团，活捉黄伯韬。开进中的部队，有时 20 多个小时都不能埋锅造饭。时间紧、路程远、任务艰巨，但军委的指示和前委的动员令，却深深地鼓舞着张本修勇敢地追击敌人。

作为连队宣传员的张本修为做好沿途的鼓动工作，亮开嗓子唱起一段快板书：“这次行军不一般，过沟涉水走平原，真金不怕火来练，战胜困难做模范，行军为了打胜仗，猛追猛插把敌歼！”他一次又一次地大声唱，嗓子都唱得沙哑了。官兵虽然饿肚子行军，但士气大振，队伍中除了宣传员的鼓动声，就是沙沙的脚步声。

渡运河时，九纵命令张本修所在的二十五师筹措船只，寻选渡河点，抢渡运河，二十六师、纵直、二十七师随后跟进。在部队没有装备渡河器材的条件下，克服水障是个难题。因沿河找不到船只，部队折向南抵皂河镇，延至 11 月 10 日拂晓，张本修和战友才利用少量木船和就便器材渡过运河，至 11 日上午全纵队包括火炮、后勤车辆物资渡河完毕。渡河耽搁的时间必须抢回来！部队过河后即昼夜兼程追击，张本修和战友们不顾敌机与地面散兵的袭扰，一天行程 60 多公里。

追击途中，他们收到了华野的动员令，大意是号召参战部队飞兵前进，穷追猛打，不要怕疲劳，不要怕伤亡，团结协力，歼灭七兵团，活捉黄百韬。同时不断传来兄弟纵队的胜利消息，连队宣传员张本修协助纵队政治部同志

张本修烈士生前居住的老屋

将动员令和胜利消息，用油印小报和传单的形式，及时分发部队，极大地鼓舞了部队的士气，增添了胜利的信心。

淮海战役1948年11月6日开始，1949年1月10日结束，耗时66天。是役，徐州剿匪总司令部刘峙指挥的国民党军队五个兵团部、22个军部、56个师及一个绥靖区共55.5万人被消灭及改编，解放军总共伤亡13.4万人。这13.4万名烈士中就包括安里人民的英雄儿女——张本修。他和他的战友们执行任务勇挑重担，在强敌面前敢打敢拼，用鲜血与生命写下了光辉的战斗历史，铸造了不朽的丰碑！

1957年，张本修的继母病故，30年后，他的父亲也去世了。前几年，外嫁的姐姐也离开了人世。安里村老人谈起此事纷纷叹息道："可惜了，这么好的一家人，断了香火，没了后人。"

战场狙击手

——记盖洪中烈士

口述 / 盖洪文[1] 盖善云　文字 / 李浦松

村里的老人说，盖洪中年纪轻轻就上了战场，也没个后人，要想了解他的故事，只能去问他当年的邻居盖洪文。盖洪文是盖洪中同族的堂弟，曾是解放战争时期的担架队队员，也是解放后的抗美援朝预备队老兵。由于年代已久，盖洪文拼命回忆也只能零星地讲述盖洪中部分故事片段。

抗日战争时期，年纪虽小、但聪明机灵的盖洪中就参加了“青救会”，主要当交通情报员，负责传递情报。1954 年上映的影片《鸡毛信》和 2011 年电视剧《小小飞虎队》，讲述的就是抗日时期一群孩子为当地抗日武装传递情报的故事。影片中那些坚强、机智、勇敢的抗日小英雄身上，就有少年盖洪中的影子。

传递情报的工作都是绝密的，保密就是保生命、保胜利。一是身份要保密，甚至连盖洪文的家人都不知道他走上了革命道路，一直到日本投降，大家才知道；二是行动要保密，他的行动主要靠地下党、八路军情报人员指挥，其他人一概不知，传送情报一直是独来独往；三是传递的情报内容要保密，连自己不能拆、不能看要传送的情报，这是一项铁的纪律。凭着勇敢、机警和沉着，盖洪中一次又一次地化险为夷，顺利躲过了敌人的盘查，把情报安全地送到

[1] 盖洪文：盖洪中烈士堂弟，1922 年出生。

盖洪中烈士生前居住过的老屋

目的地，确保了我军对敌人情况的了解，对取得胜利发挥了不小的作用。

在各种斗争活动的考验中，盖洪中也逐渐完成了从一个普通群众到一个共产党员的转变。1946 年初，组织通过了对盖洪中的入党考察，年仅 18 岁的他被批准加入党组织，继续着他的革命之路。

盖洪中原本弟兄三个，二哥在幼年时就夭折了，母亲早些年病逝了。参军前，家里只剩下父亲和大哥盖洪方，但盖洪方已结婚成家。1947 年春的大参军运动中，19 岁的盖洪中积极报名参加了解放军，被分配到胶东军区南海军分区独立一团三营九连。走的那天，全村人敲锣打鼓，热烈欢送参军青年，有的抬轿子，有的骑骡子，参军青年个个兴高采烈。盖洪中骑着骡子，胸前戴着大红花，心里的兴奋劲儿写满脸上。久经考验的他，或许早就做好面对残酷战场和勇于牺牲的准备。

盖洪中在村口挥手告别父老乡亲就走了，是留在盖洪文最后的印象。此后，当盖洪文再次听到就是盖洪中牺牲了的消息。

据“老八路”盖善云回忆，盖洪中在九连任三排八班副班长。灵山战役中，由于盖洪中枪法很准，部队让他担负狙击任务。战斗中，盖洪中孤独而沉着地埋伏在事先踩点的位置，对敌人的重要目标进行火力狙击。随着他扣下扳机，一个个敌人应声而倒，敌机枪手损失尤为惨重。

后来，敌军发现了盖洪中的存在，便安排一名狙击手迂回到侧面的另一个山头，打中了盖洪中。灵山战斗结束后，部队清扫战场时，发现盖洪中牺牲时还紧紧地抱着枪，怎么也掰不开。

后来，盖善云把盖洪中牺牲的消息告诉同村战友盖孟顺，让他写信给盖洪中的家人，安里百姓这才知道盖洪中牺牲在战场上了。

为报党恩英勇杀敌

——记盖洪庆烈士

口述 / 盖焕群[1]　文字 / 李浦松

盖洪庆家里兄妹 4 个，他排行老二，老大叫盖洪加，他下面还有一个弟弟和一个妹妹。解放前，普通农村百姓家中普遍只有几间简陋的土坯房，里面要挤下祖孙三代几口人，甚至十几口人，吃穿就更差了。盖洪庆自幼家里很穷，没有土地，养家糊口基本上靠父亲给地主打活换些粮食。没过几年，父亲累倒了，没过几日便去世了。当时，盖洪庆和弟弟妹妹年纪还很小，母亲体弱多病，没有人招她去干活，家里便断了粮。为了活下去，母亲只好带

[1]　盖焕群：盖洪庆烈士侄子，1949 年出生，原姜疃公社拖拉机站驾驶员。

上4个孩子风餐露宿，流离失所，四处讨饭，吃了上顿没下顿。

盖洪庆不到10岁就开始跟着要饭了，懂事的他每次都会先把要来的饭给母亲和弟弟妹妹吃。或许只有经历过旧社会的老人才体会过饥饿的痛苦滋味。讨饭时，盖洪庆被国民党的军警殴打过，也被街上的流氓地痞欺负过，唯独只有八路军会给他们吃的。有一次，一位八路军连长给了盖洪庆一个玉米饼子，他舍不得吃，就装起来准备拿回家给母亲和弟弟妹妹吃。连长看到后感到他很可怜，便又给了一个让他当场吃完。这些，在少年盖洪庆的心里认定八路军是好人。

后来，盖洪庆和大哥盖洪加为了生计谎报了年龄到地主家“扛活”，而母亲仍旧带着不到10岁的妹妹和三弟到处讨饭。那一年，母亲和弟弟妹妹三人到海阳城马石店讨饭，饥寒交迫，母亲和弟弟病死在路上。妹妹独自一人哭着跑回家，把噩耗告诉了两个哥哥。两个尚未成年的少年忍着痛苦带着妹妹去把母亲和弟弟的遗体背回村里安葬。此后，一个家只剩下兄妹三人在悲凉中相依为命。一直到1945年安里解放了，贫苦百姓有了自己的土地了，他们得从水深火热的生活中感受到日子有了盼头，打心眼儿里感谢共产党，感谢八路军。

1945年6月，17岁的盖洪庆听从上级的召唤毅然报名参加了八路军，从此便离开了安里，走上了枪林弹雨的硝烟战场，就再也没能回来。1947年，哥哥盖洪加也参加了解放军，常年转战各地，不停地打仗，在一次战役中右前胸中弹负伤，无奈返乡务农。

回到安里后的盖洪加拖着伤残身体，四处打听弟弟的消息。1949年，莱阳市民政局口头告知盖洪庆牺牲了，但革命烈士证书一直没有发下来。盖洪加仍旧抱着一丝希望：弟弟还活着！1959年的一天，政府来人终于把盖洪庆的烈士证书送来了。当时，盖洪加正在院子里劈木头，他接过证书一看，脸色顿时就变得很凝重。一旁，10岁的儿子盖焕群好奇地问他：“这是啥？”盖洪加说：“小孩子问什么问，没你的事！”说完把斧头一扔就跑回屋躺炕上了，一天不吃不喝。

直到那时，大家才知道，盖洪庆是华东野战军九纵二十五师七十五团三营七连的一名排长，是在1948年11月的淮海战役中牺牲的，时年20岁。

盖洪庆所在的华东野战军九纵，是一支素以敢打能打硬仗著称的英雄部队。1948 年 10 月 23 日，他们接到向南进军的命令，盖洪庆和战友们，告别山东父老，一腔热血奔赴淮海战场。在这场震惊中外的淮海大决战中，久经沙场的盖洪庆壮烈牺牲了。

苦寻 10 年，终于等来了弟弟的消息，由于路途遥远，盖洪加一直没能去寻找到盖洪庆的坟墓。无法让弟弟魂归故里，成了盖洪加一辈子无法释怀的心病。

1979 年，盖洪加让在公社开拖拉机的儿子盖焕群顺路到淮海打听弟弟盖洪庆的消息。盖焕群到了徐州烈士陵园后，在烈士碑前一遍遍寻找，仍然没有找到盖洪庆的名字，甚至有的墓碑只刻着“战士”或“排长”，连个名字都没有。2013 年，年迈的盖洪加更加思念牺牲的弟弟，对盖焕群说：“你再去找找你二爹！”盖焕群带着老人的嘱托，到盖洪庆生前所在部队和曾战斗

盖洪庆烈士生前居住过的老屋

过的地方到处打听，仍然没有一丝线索。盖洪庆就像那些无名烈士一样，不知埋葬在祖国的哪一片土地上了。2015 年，盖洪加带着没能找到弟弟的遗憾去世了。或许，兄弟俩会在另一个世界里重逢，共诉当年英勇杀敌报国的峥嵘豪情。

不怕死的军号手

——记张维胜烈士

口述 / 盖善云　张同云　张玉才　盖丛云　盖连　盖德章　文字 / 李浦松

在风雨如晦的旧中国，千家万户啼饥号寒，流离失所。烈士张维胜自幼丧父，由母亲拉扯他和哥哥张维贤长大，从小尝尽了挨饿受冻的悲苦滋味。幸运的是，他从小便备受母亲和哥哥的疼爱，不仅没有挨饿受冻，还在村里的学校里读了三四年书。后来，张维胜跟着哥哥到地主家“扛活”换些口粮，受尽苦难，一天到晚劳作的他们，也只能够填饱肚子而已。由于没有土地，已 20 多岁的哥哥一直未能娶亲。面对这一切，年少的张维胜就似乎看透了未来：和村上许多人一样，在地主家当牛做马劳作一辈子，困苦一生。

1947 年的大参军运动中，不愿向命运低头的张维胜坚决听从毛主席“反蒋救国 ”的召唤，告别母亲和哥哥，参军来到胶东军区南海军分区独立一团。由于以前读过书，有文化，打起仗来机智勇敢，便被选去学习吹军号。经过两个月的培训之后，张维胜被分配到二营营部当司号员。

起初，张维胜打算参军后扛枪打仗，到战斗一线奋勇杀敌，因此，当被组织指派去学号的时候，他心里还有些失落。但他很快就认识到无论在什么

张维胜烈士生前居住过的老屋

岗位都是战位，于是便认真背谱，努力学习军号。

“小小军号学问大，战场指挥全靠它”。战场上，军号就是最好的命令，更是战场指挥的重要工具。起床号、休息号、吃饭号、冲锋号、疏散号、集合号……每一种号谱的音律、曲调，都必须牢牢刻进脑子里。一本厚厚号本子，看起来都要花上好多长时，几百种号，全要记得很熟。当时没有电话，更没有网络，几个连分散在好几个山头上，只能全靠号来指挥。号兵要有娴熟的司号技能，更要有不怕牺牲的精神。枪林弹雨中，胆小或紧张的司号员一旦吹错了，就会给部队带来重大的损失。

1949 年 6 月，解放青岛的战斗即将打响。一开战，敌人的子弹、炮弹狂风骤雨般扑面而来，打在脚下，沙石飞溅，但张维胜和各连的司号员仍在各自的阵地上随时待命。鏖战中，几名司号员陆续中弹牺牲了。作为营里最后一个还没牺牲的号手，张维胜深知只有保全自己的性命，才能确保指挥命令及时传达，于是想了一个办法——躺在地瓜沟里，两侧的垄形成了天然的掩体，军号放在嘴上朝着天空吹军号，号声依旧响亮贯耳。

战斗打得很惨烈，我军逐渐抢占上风。看着阵亡和受伤的战士越来越多，看着离预计战斗时限越来越近，营长命令张维胜立即吹响冲锋号，一鼓作气打败敌人。“嘀嘀哒……哒嘀”伴随着嘹亮的冲锋号，战士们潮水般扑向敌军。突然，一个炮弹飞来落在了张维胜隐蔽的附近。顿时，血流如注，号声戛然而止，张维胜身负重伤。战斗结束后，担架队迅速将张维胜转移至后方医院抢救。离开时，张维胜把军号郑重地交到同村的战友张宾手上，说：“人倒号不断，我受伤了，就把号交给你了，等伤好后，再给你写信。”说完，就晕死过去了。不幸的是，还未到达医院，张维胜就失血过多壮烈地牺牲了。

张维胜牺牲的这些情景是张宾1955年回安里时讲给大家听的。半个月后，张维胜牺牲的消息传回老家，哥哥张维贤悲痛之下，几次申请参军，想为弟弟报仇，但由于身体原因未能如愿。新中国成立后，张维贤娶了一个媳妇，日子逐渐稳定下来。好景不长，妻子嫌他驼背干活不便，离家走了。后来，母亲也去世了，孤独困苦的张维贤没过多久也去世了。从此，张维胜一家便逐渐被人们淡忘了。

二爹，永远定格在 17 岁

——记盖洪田烈士

文字 / 盖建军 [1]

盖洪田是我从未谋面的二爹，对他的印象是从父亲盖洪所和姑姑们的诉说和回忆里知道的。

爷爷叫盖世柏，是一位老实巴交的普通农民。真应了那句俗话，穷人孩子多。爷爷奶奶一共 9 个孩子，前面 7 个全是女孩，有 4 个生下来不久就因为饥饿或疾病夭折了。父亲盖洪所是爷爷的第八个孩子，也是第一个男孩。旧社会讲究传宗接代，父亲的出生使家里终于有了男孩，爷爷奶奶特别高兴。为此，爷爷特地备了礼品到村里算命先生家里给父亲批了八字，讨了乳名。算命先生告诉爷爷，家里添了一个读书识字的洋学生，爷爷听了特别高兴。父亲到了上学的年龄后，爷爷奶奶省吃俭用千方百计想办法让父亲读书。父亲也确实不负爷爷奶奶的期望，一直读完了高小，成绩优异。后来因为家里实在太穷了，没钱再继续供父亲上学，在爷爷、奶奶的支持下，父亲参加了革命工作，加入了中国共产党，先是教书，当过小学校长、中学校长。后来，父亲调到政府部门工作，先后担任过县政府办公室秘书、教育组（教育局前身）副组长、民政局副局长、卫生局副局长等职务，1983 年退居二线，1987 年正式离休。

---

[1] 盖建军：盖洪田烈士侄子，1958 年出生，莱阳市中医医院消防供氧科职工。

盖洪田烈士生前居住过的老屋

二爹盖洪田是爷爷最小的孩子，从小受到全家人的喜爱和疼爱。因为家里孩子多、生活困难，二爹没上过一天学，但他从小就头脑活、胆子大，是村里小伙伴们的“孩子王”。二爹聪明、勇敢、懂事，七八岁就给人放羊、放牛，十一二岁就跟着爷爷下地干活，帮家里拾柴打草。哥哥姐姐们都特别喜欢这个活泼懂事的小弟弟。二爹从小就显示出较强的组织和领导能力，经常利用闲暇时间组织小伙伴们进行一些捉迷藏、打角之类的游戏，每次分组的时候小伙伴们都争着和他一组，因为他领的一组总能赢。有一次，在双方的嬉闹中他假装负伤，让四个小伙伴用自制的担架抬着他跑。儿时的二爹就立志长大后参军当兵上前线，做一个对国家有用的人。

1947 年，解放战争进入最残酷、最关键的时刻，上级号召适龄青年大参军支援前线。爷爷兄弟 4 个都积极送孩子参军上前线，二爷爷盖世厚把两个儿子盖洪加、盖洪庆送到了前线。老大盖洪加在部队作战英勇，光荣负伤，复员回到家乡后，不吃老本再立新功，人民公社时期一直是生产队的带头人。老二盖洪庆作战勇敢，成为人民解放军的一名排长，在淮海战役中光荣牺牲。爷爷当时本打算送父亲盖洪所去参军，二爹知道后，偷偷找到父亲说：“哥，父母年龄都大了，又有病，家里不能没有你，上前线打仗的事交给我，我的梦想就是长大后当一名战士，到前线与敌人真刀真枪地干，你就让我实现这个梦想吧！”父亲当时不同意，说“你才十七岁，还不够当兵的年龄呢！”可刚十七岁的二爹瞒着家人虚报年龄参加了人民解放军。参军后，尽管他年龄小、个子矮，但每次战斗他总是冲在前面，非常勇敢。1947 年 8 月，参军不到一年的二爹在即墨灵山战役中不幸牺牲。父亲常说，二爹如果不是那么早牺牲，一定是一个优秀的军人。

我为有这样一位英雄的二爹而感到自豪。他在战争年代的那种不怕牺牲、勇往直前的精神，成为我们后人勤奋工作、积极进取的宝贵财富，激励我们不断克服人生道路中遇到的各种困难，去取得一个又一个胜利。

长眠朝鲜

——记盖孟章烈士

口述 / 盖孟起[1] 盖善云 文字 / 李浦松

1947 年 4 月，盖孟章刚结婚不久就参军入伍了，由于父亲很早就病故了，家里只剩下母亲、妻子和 4 个弟弟妹妹。当时，盖孟章是家里顶梁柱，他的参军必然会让家里的生活更加窘迫，但在母亲和妻子的支持下，他还是毅然离开了安里。

到部队后，盖孟章被分配到胶东军区南海军分区独立第二团，后随部队

[1] 盖孟起：盖孟章烈士堂弟，1935 年出生。

编入新组建的华东野战军第九纵队第二十五师。1949 年 1 月，他所在部队改编为中国人民解放军第三野战军第二十七军七十九师。1950 年 11 月，第三野战军第二十七军编入志愿军序列，辖盖孟章所在的第七十九师同第八十师、第八十一师及第九十四师，隶属第九兵团。该军于 1950 年 11 月 12 日由吉林临江入朝，参加了抗美援朝战争第二、五次战役和 1951 年夏秋防御战役等一系列战役战斗，共歼敌 2.1 万余人。

盖孟章所在的七十九师，是一支以红军游击队为基础发展而来的英雄部队。解放战争时期该师是第三野战军的主力师，以攻坚能力超群闻名全军，创造了中国人民解放军军史中的许多第一，先后参加了莱芜战役、孟良崮战役、南麻临朐战役、胶东保卫战、周村战役、潍县战役、济南战役、淮海战役、渡江战役等重要战役。

1950 年 11 月，盖孟章随第二十七军入朝作战，参加了第二、第五次战役，在长津湖地区给美军陆战第一师以沉重打击。期间，盖孟章挺过了最惨烈的长津湖战役。

众所周知，从 1950 年 11 月 27 日至 12 月 11 日，共 14 天的长津湖战役，在零下 40 度的严寒天气下进行，打得极其惨烈。当时，由二十军、二十六军和二十七军组成的志愿军九兵团，面对的是强大的“联合国军”，美军海军陆战队第一师和步七师，还编有英国、土耳其各一个旅，共约 9 万余人。而美军海军陆战一师是美国海军陆战队中历史最长、参战最多的一支“王牌”。二战中，它是美军太平洋战场历次登陆战的开路先锋，被誉为“美利坚之剑”。

11 月 21 日，二十军隐蔽进入柳塘里西南，盖孟章所在的二十七军潜入柳塘里和新兴里北部，二十六军作为预备队，由厚昌地区向长津湖靠近。这一地区是朝鲜北部最为苦寒的地区，海拔在 1000—2000 米之间，林木茂密，道路狭小，人烟稀少，夜间最低温度接近零下 40 摄氏度，当年又是五十年不遇的严冬。志愿军士兵穿着都是华东温带的冬季服装，团以上干部的棉衣还没有发放。原准备在辽阳、沈阳等地稍事休息并换装，但由于朝鲜战况紧急，志愿军的列车开进山海关时，总参谋部派高级参谋拦住列车，宣读了中央军委“紧急入朝”的命令。十几列火车只在沈阳稍停片刻，就继续火速开进。

停车的时候，东北边防部队看见入朝部队如此单薄的衣装，大吃一惊，立即动员干部战士脱下身上的衣帽换给这些部队，但数量极少，而且部队停车时间极短，连当时脱下的衣服很多来不及送上列车。

虽然被冻得瑟瑟发抖，但盖孟章和战友们依旧士气高昂，雄赳赳、气昂昂地跨过了鸭绿江，隐没在朝鲜冰雪皑皑的群山中。因为美军的空中优势，我志愿军白天无法行动，只能在夜间行军赶路。当地朝鲜人冬季晚上都不到户外的，而志愿军则要雪夜行军。在第一天行军中，就冻伤了700余人。当时，每个班只有1—2床棉被，休息时，战士们只能将其铺在雪地上，大家挤在一起，只是保持不被冻僵，根本谈不上取暖。白天美军掌握着制空权，导致志愿军辎重装备无法运送，所有重型装备都被留在后方，部队只能轻装携轻便火炮徒步行军。直到战斗打响前这些部队少则2天，多则9天已经没有吃上一口热饭，有的只能靠冻死的马匹和牲畜填肚子，靠吃冰雪解渴。

11月27日，长津湖一带开始普降大雪，气温到了零下40多摄氏度。气候严寒给作战和弹药补给都带来了极大困难，但是为了抓住美军兵力分散、尚未发现志愿军集结的有利时机，第九兵团果断决定发动进攻。黄昏，在冰天雪地里已经隐蔽守候了6天，而且又冻又饿的战士们义无反顾地向“联合

盖孟章烈士生前居住过的老屋

国军”发起了猛烈突袭。两支王牌军在冰天雪地中，展开了人类历史上罕见的惨烈交锋。

当冲锋号吹响时，被冻得快神志不清的盖孟章和他的战友们，立即从雪地爬起来，用肉体和简陋武器去拼杀被钢铁武装起来的美陆战第一师和美步兵第七师这久经沙场的王牌劲旅部队。二十七军军史记载了志愿军战士们是在如何残酷的条件下作战的：食物和居住设施不足，士兵忍受不住寒冷，非战斗减员达1万人以上，武器也不能够有效使用。战斗中，士兵在积雪地面野营，脚、袜子和手等冻得像雪团一样白，连手榴弹的弦也拉不出来，引信也不发火，迫击炮的身管因为寒冷收缩而无法射击，士兵们的手与炮弹炮身都粘在一起了……期间，有一个连队奉命截击敌军，官兵经远程奔袭，进入战位，零下三四十度的严寒冬日里，官兵们身上是湿透的单衣，身下是刺骨的冰雪，他们一动不动地埋伏着。后来，美军经过时，被眼前的一幕惊呆了：100多个中国军人的脸上凝成厚霜，单衣上已经结满厚厚的冰凌，全部呈作战姿势冻死在阵地上，人、枪、阵地，组成一座静谧的冰雕！

血火战场已沧海桑田，尸骨遍地已城乡沃野，每一处皆是忠骨墓地。在这种恶劣的条件下，从小在北方长大的盖孟章顽强挺过冰雪严寒，幸运躲过敌人炮火，活了下来，取得了一次又一次的胜利。

1951年夏秋防御战役拉开序幕，我军大获全胜，迫使美方不得不恢复停战谈判，并放弃其原来的无理要求，而盖孟章却在这场战役中牺牲了。翻开《抗美援朝战争史》，书中这样描述：朝鲜战役中，志愿军官兵在危急时刻拉毅然响手雷、手榴弹、爆破筒、炸药包与敌人同归于尽，舍身炸敌地堡，堵敌枪眼等成为普遍现象。或许，盖孟章就是在这种“普遍现象”中壮烈牺牲的吧。

盖孟章牺牲后，同村战友张维成第一时间写信回安里村，告知盖孟章的家人这个不幸的消息。参军5年没有来一点音讯，如今却牺牲在异国他乡，苦苦思盼了多年的母亲和妻子悲痛欲绝，抱头痛哭，感觉天都塌了。两三年过去了，盖孟章的妻子才逐渐从悲痛中走出来，后改嫁到高格庄。

战争胜利后，张志先、张维先等人都活着回到了安里，而盖孟章却成了安里村唯一一个牺牲在抗美援朝战场上的烈士。也许在另一个世界，盖孟章会孤独凄凉地站在异国他乡，永远朝着家乡的方向回望，吟唱铁血英雄的惆怅。

隐蔽战线上的反特英雄

——记韩钦烈士

口述 / 韩仁贵　文字 / 李浦松

韩钦家里共有兄弟 3 人，老大叫韩铜（音译），老二是韩钦，老三叫韩敬。在风雨飘摇的旧社会，韩钦像许多同时代的贫困青年一样，到处“扛活”为生，像牛马一样劳碌，直到 30 岁还未成家立业。

1943 年，年已 31 岁的韩钦被国民党驻万第的赵保原部队强征入伍。1945 年的除夕，韩钦在万第战役中却始终无法用枪瞄准家乡的兄弟姐妹，趁乱跑回了家。此时，安里已经获得解放，政府还给家里分了田地，大哥在家安心种地，弟弟去外地“揽活”谋生。此情此景，让韩钦深切地感受到，中国共产党才是拯救老百姓的政党，八路军才是真正的子弟兵，自己岂能在家过安逸的日子，应该为解放事业出力。1946 年初，韩钦又报名参加了解放军，被分配到胶东军区南海军分区独立第一团。

参军数年里，韩钦身经数战，冲锋陷阵，出生入死。由于他机智英勇，战术过硬，深得部队领导赞赏，他在部队具体担任过什么职务，我们不得而知。只知道，他在建国后到即墨县（现县级市）粮食局当局长。后来人们才知道搞情报反特务才是他真正的任务，粮食局的工作不过是掩人耳目的职务。

此时，已经年近中年的韩钦在组织的帮助下娶妻生子，成家立业了，虽说表面过着事业有成、和谐幸福的生活，但在隐蔽战线上却经历着心惊肉跳、暗潮涌动的恶战。

韩钦烈士生前居住过的老屋

1955年，韩钦不幸被敌特下毒杀害，壮烈牺牲了，留下年轻的妻子和刚满一岁的儿子韩仁祥，生活过得很艰难。1959年至1961年的三年困难时期中，粮食极度缺乏。1961年，韩仁祥的母亲感到生活困难得实在无法坚持下去了，无奈将7岁的韩仁祥送到民政部门，请求政府为这个烈士后代寻条活路。她自己则忍着骨肉分离的痛苦，去了东北谋生。随后，村里又将韩仁祥送到他的三叔韩敬家，立好字据，让其负责抚养。

1973年，韩仁祥的母亲给儿子韩仁祥寄来封信，韩仁祥便到东北与母亲团聚了，后改名韩新华。

木匠出身的优秀战士

——记盖尚宾烈士

口述 / 盖元亮[1] 文字 / 王猛

盖尚宾出生于1915年，在家中排行老二，上面有个哥哥盖树宾，下面有两个弟弟盖广宾、盖玉宾。或许是因为名字中带了个“尚”字，让盖尚宾从小便有着崇文尚武的理想抱负。年幼时读过几年书后，便跟着一位木匠师傅学习木工。由于天资聪颖，掌握本领很快，加上他学习刻苦，上手很快，不过数年便成了村里有名的木匠师傅。抗战期间，村里凡是有手艺的青壮年大都积极响应上级号召，加入了“职工抗日救国会”，奔波于各地开展抗日活动。盖尚宾也不例外，他与同村盖建云一同前往青岛打工，开始在日本人眼皮子下从事地下工作。据村里的老人回忆，两人在青岛打工期间还有一段小插曲：盖建云性格较为急躁，干起活来经常是满头大汗，而盖尚宾却表现得沉稳了很多，不紧不慢，思路清晰，手艺也愈发熟练。

1946年至1947年，因战场形势需要，胶东军区野战医院二分所、三分所分别进驻安里村，驻地为安里学校。前线战斗日趋激烈，大批伤员纷纷送到安里村进行救治，因人手紧张，部队找到村里打算在村里招一批民工协助运送、救护伤员。1946年的一天，正在青岛做工的盖尚宾得知部队需要人手后，心中那从军报国的星星之火开始在这个憨厚的汉子胸膛熊熊燃烧起来，当即

[1] 盖元亮：盖尚宾烈士儿子，1942年出生。

辞去工作连夜返回安里。

前方激战正酣，后方医院伤病员逐日增加，大量危重伤员因落后的医疗技术不幸牺牲。为了让这些烈士能够入土为安，更好地安抚英烈灵魂，医院决定在附近村庄招收一批木匠为烈士打制棺材。盖尚宾当然不会错过这样的机会，自告奋勇来到了医院，发挥专长给烈士做棺材。画线、锯木、刨制、安装，每一个流程他都尽心尽力。炎炎夏日身上的衣物湿了干、干了湿，每块棺木上都留下了道道汗水。为了加快进度，他丝毫不敢懈怠，“一天当成两天干、晚上当成白天干、雨天当成晴天干”，按时赶制了一大批棺材。期间，盖尚宾养成了一个习惯，每当赶制一口棺材，他都要向旁人询问这个烈士的战斗经历，一个个鲜活的英雄形象在他的脑海中一遍又一遍地浮现，一个个英雄事迹让这个30多岁的汉子无比动容。

1947年2月，驻扎在安里学校的野战医院因战争形势变化需跟随部队转移。在旁人看来，盖尚宾的任务算是完成了，但他却有着自己的打算：跟随部队上前线！在说服了妻儿后，他毅然跟随大部队朝着前线的方向出发。

这一走就是7个春秋，安里人再也没能得到盖尚宾在部队的消息，甚至连家人都不知盖尚宾是死是活。在盖元亮提供的其父亲盖尚宾干部履历表中，木匠盖尚宾的7年从军路逐渐清晰起来：

1947年2月，胶东军区南海军分区野战医院二所，木匠。

1947年8月，胶东军区野战兵站医院，炊事员。

1947年11月，华东野战军野战医院，粮米上士。

1948年6月，华东野战军后方医院一所，粮米上士。

1949年5月，第二野战军后方医院一所，粮米上士。

1950年5月，山东军区[1]后勤部会训队，采员上士。

---

[1] 山东军区：1942年1月，山东纵队司政机关改为山东军区司政机关，八路军一一五师统一指挥山东军区所属部队。3月，山东纵队司令部与一一五师司令部合署办公。8月1日，山东纵队正式改用山东军区名义。1943年3月，中共中央军委决定成立新的山东军区，司令员兼政委罗荣桓，副政委黎玉，参谋长陈士榘，政治部主任肖华。

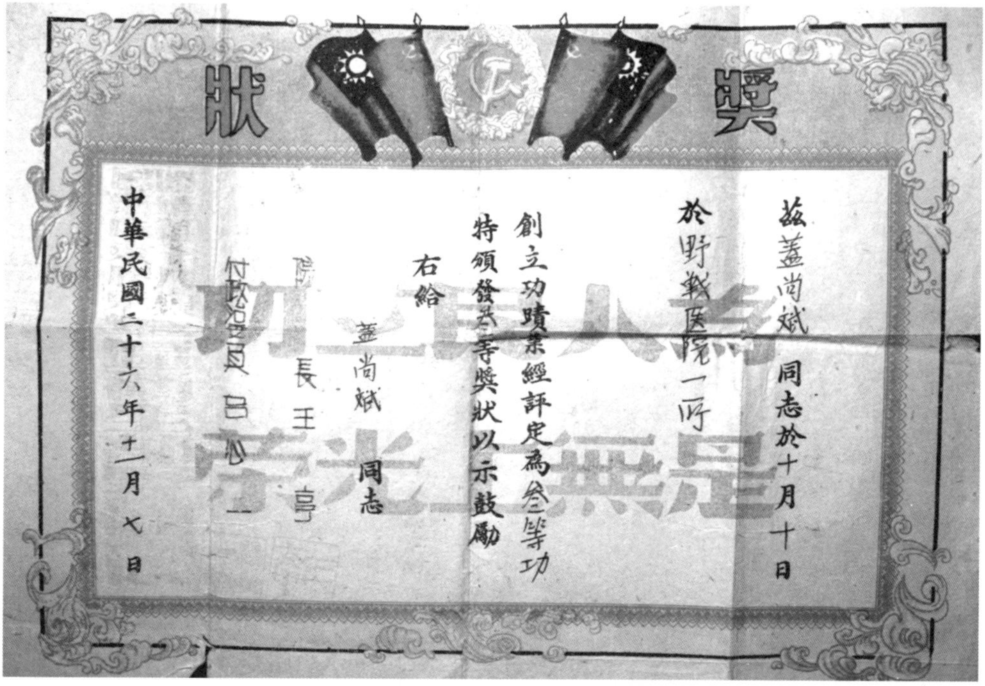
奬狀

茲蓋尚斌同志於十月十日
於野戰医院一所
創立功績業經評定為叁等功
特頒發叁等奬狀以示鼓勵
右給
蓋尚斌同志
院長王亭
付政治委員呂心一
中華民國三十六年十一月七日

1947 年，华东野战医院一所为盖尚宾烈士颁发的三等功奖状

奬狀

茲蓋尚濱同志於一月三日
於野戰医院一所
创立功績卅經評定為三等功
特頒發三等奬狀以示鼓勵
院長王亭
副院長程思餘
副政委兼主任呂心一
副主任程義樓
中華民國三十七年二月廿日

1948 年 2 月，华东野战医院一所为盖尚宾烈士颁发的三等功奖状

三等功奬狀

第参拾壹號

華東軍區司令部 政治部

立功事實簡述

1、本奬狀交立功人存執，如有失落，應向上級報告存案。

2、本奬狀在立功人調動時應交組織部門參考審閱。

3、本奬狀立功人如光榮犧牲病殁時，應交立功人之至親家屬收存，各級部隊政府機關對持有本奬狀之家屬應特別照顧。

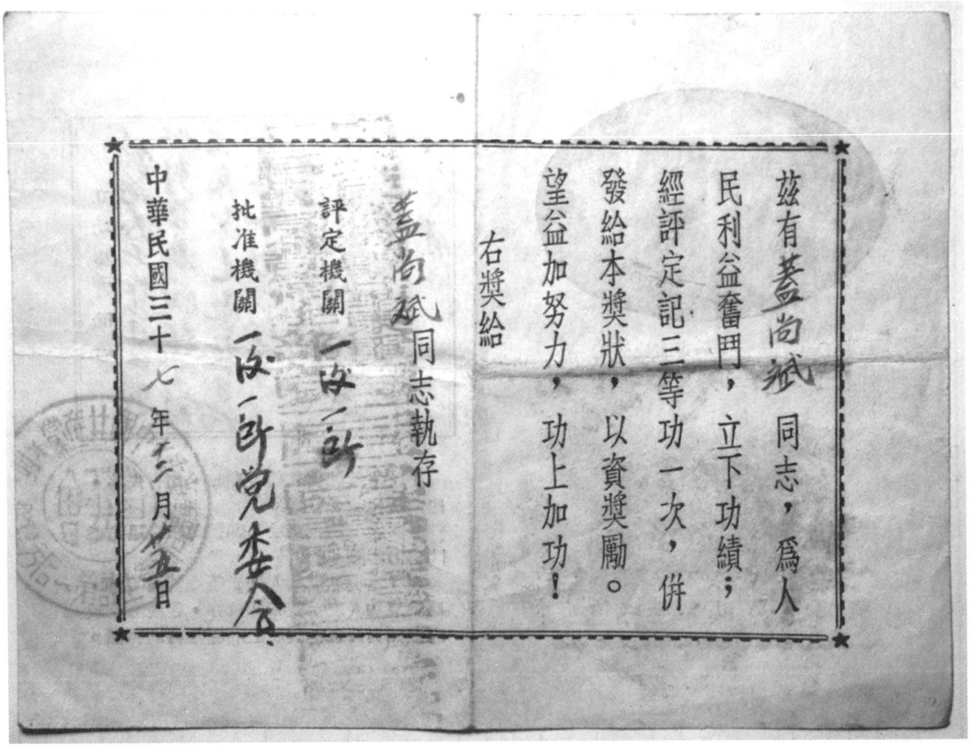
茲有蓋尚斌同志，爲人民利益奮鬥，立下功績；經評定記三等功一次，併發給本奬狀，以資奬勵。望益加努力，功上加功！

右奬給

蓋尚斌同志執存

評定機關

批准機關

中華民國三十七年十二月廿五日

1948 年 12 月，华东军区司令部、政治部为盖尚宾烈士颁发的三等功奖状（上为封面，下为内页）

1950 年 11 月，西南军区[1]炮兵第 4 团后勤处，出纳。

1951 年 1 月，西南军区高炮第 1 团后勤处，出纳。

1951 年 4 月，炮兵第 22 师 205 团后勤处，出纳。

1952 年 5 月，炮兵第 22 师干部转训队，学员。

1953 年 2 月，华东军区[2]训练二团一营一连，学员。

1954 年 1 月，山东军区第二干部文化学校，学员。

翻看烈士当年保留至今的各类证章证书得知，7 年间，盖尚宾先后被记三等功 4 次，并被提拔为干部。1954 年，已被提拔为排级干部的盖尚宾与同村战友盖洪平幸运地被推荐至山东军区第二干部文化学校学习，成为该校二中队的一名学员干部。这次学习对于盖尚宾来说是难得的机会，让他这个从贫苦农村出来的木匠有了再次学习文化知识的机会。想到这里，他拿出了战争年代的劲头，加班加点恶补理论知识，成绩始终名列前茅。然而，随着年龄的增长，一股思念之情不断涌上心头：家里怎么样了，妻儿如今生活得可好？寂静的夜晚，思念愈发强烈。不久，盖尚宾终于利用假期回到了阔别已久的安里。据盖元亮回忆，父亲在家里待了不过数日便要返回部队，由于部队上保密需要，他没有过多讲述自己的经历，只是告诉家人他在部队负责后勤工作。临走之际他饱含深情地说："我在部队一切安好，你们不要牵挂。"孰料，这竟成为盖尚宾永远的告别。

1954 年，盖尚宾脱下了军装，转业到济南市木材公司工作。他决心一定要继续发扬革命精神，在地方干出一番事业。然而，天妒英才，正当盖尚宾准备大干一场时，他却病倒了。经诊断，盖尚宾患有急性脑部疾病，且病情发展很快，经过数次抢救却无力回天。经鉴定，盖尚宾的脑部疾病为战争年代遗留下来的，是一名光荣的革命烈士。

[1] 西南军区：1950 年 2 月 9 日，由第二野战军领导机关与率领第十八兵团入川的西北军区机关一部于重庆合并组成，贺龙任司令员，邓小平任政治委员，陈赓、周士第、李达任副司令员，下辖第三、第四、第五、第十八兵团以及川东、川南、川西、川北、西康、贵州军区和 4 月成立的云南军区。

[2] 华东军区：1947 年 1 月 23 日，山东军区与华中军区合并，成立华东军区，陈毅任司令员。下辖胶东、鲁中、鲁南、渤海、苏中、苏北军区、滨海军分区和两广纵队，共约 30 万人。1955 年 4 月，改编为南京军区。

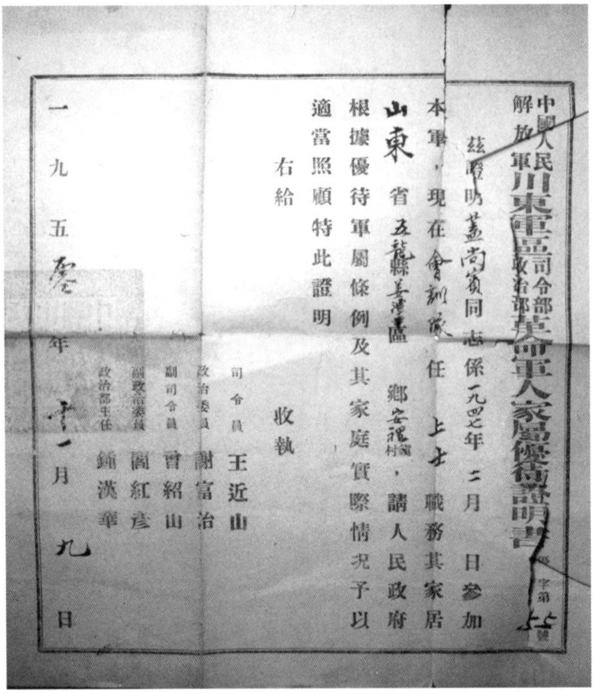

中國人民解放軍川東軍區司令部政治部革命軍人家屬優待證明書

字第　號

兹證明盖尚賓同志係一九四七年二月　日參加本軍，現在會訓隊任上士職務其家居山東省五龍縣姜港區　鄉安禮村，請人民政府根據優待軍屬條例及其家庭實際情況予以適當照顧特此證明

右給　收執

司令員　王近山
政治委員　謝富治
副司令員　曾紹山
副政治委員　閻紅彥
政治部主任　鍾漢華

一九五零年十一月九日

1950 年 11 月，川东军区为盖尚宾烈士颁发的革命军人家属优待证明书

革命軍人證明書

軍證字第 16229 號

盖尚賓同志係一九四九年二月參加我軍現在砲兵第三師二十五团工作其家屬得按革命軍人家屬享受優待此證

司令員　陳錫聯
政治委員
副司令員　蘇進
副政治委員　彭嘉慶
中國人民解放軍砲兵

一九五一年　月　日

1951 年 10 月，中国人民解放军炮兵政治部为盖尚宾烈士颁发的革命军人证明书

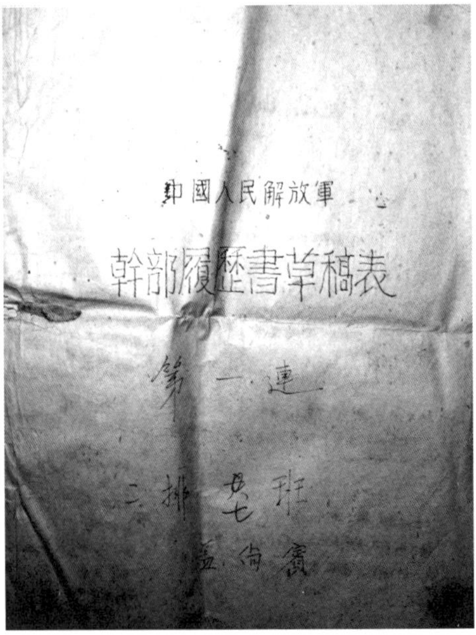

中國人民解放軍
幹部履歷書草稿表
第一連
二排七班
盖尚賓

盖尚宾烈士当年的干部履历草稿表

浑身是伤的英雄战士

——记张维先烈士

口述 / 盖国菊[1] 文字 / 李浦松

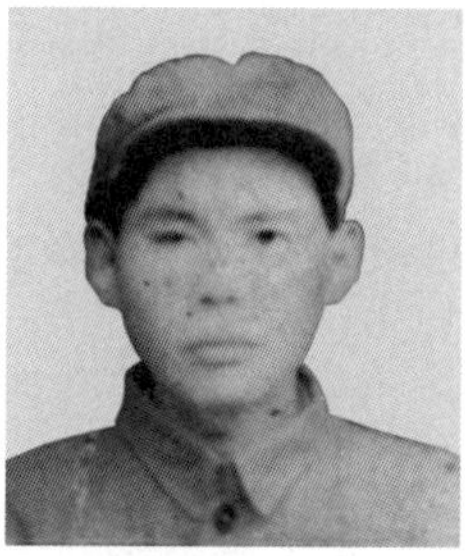
张维先烈士

初见到张维先遗孀盖国菊时，老人正和两位邻居坐在树底下乘凉。一谈起丈夫，老人的眼泪就情不自禁地流了下来，说："张维先只比我大一岁，但不到45岁就去世了，留下我和6个孩子。"在老人断断续续的讲述中，张维先烈士的形象在大家的脑海中清晰起来。

据盖国菊老人回忆，张维先16岁时，父亲就去世了，他20岁参军那年，家里只有母亲和一个姐姐。儿行千里母担忧。张维先走后两年一点消息也没有，大家都以为他牺牲了，母亲整日以泪洗面，直到1950年，张维先复员回家，母亲才发现儿子还活着。但残酷的战争让张维先失去了一只眼睛，身上还留下了多块弹片。平日里，张维先只要一想起那些牺牲的战友，他的心就在滴血，因此，他从不愿跟别人讲打仗的事。好在，长期的共同生活让盖国菊多少还是知道丈夫当年参战的片段。

1947年初，20岁的张维先在大参军运动中加入了

[1] 盖国菊：张维先烈士妻子，1928年出生。

人民解放军，被分配到华东野战军第九纵队二十六师七十六团七连，1948年7月在大汶口战役负伤。

大汶口战役是济南战役的序幕，打得非常激烈。战斗中，张维先被敌人炮弹碎片打伤一只眼后，仍带伤坚持战斗。后来，敌人的一个手榴弹在他不远处爆炸了，他被强大的气流震晕过去，身负重伤。等醒来时，他已躺在救护医院的病床。

经过很长一段时间的治疗，张维先总算幸运地捡回了一条命，却永远失去了一只眼球，肺部留下了多块弹片。由于医疗条件有限，直至去世这些弹片也没能取出来，给他日后的生活带来了莫大的痛苦，也让他壮年时就失去了生命。

出院后，被鉴定为二等甲级残废的张维先已不再适合在部队了，便于1950年回到安里村。两年后，逐渐从伤病中走出来的张维先与姜疃村姑娘盖国菊结婚成了家。虽然张维先是个残疾人，但盖国菊却一点都不嫌弃，觉得他是为新中国建立出过力的大英雄。婚后，夫妻二人生下了6个女儿，张维先在村里当起了大队会计，日子还算美满。然而好景不长，工作中的张维先

张维先烈士妻子盖国菊（右二）讲述烈士往事

张维先烈士生前居住过的老屋

开始咳嗽不止，有时还会咯血，但要强的他从不告诉别人自己身上留有弹片，每次都是吃点中药扛一扛就接着下地干活了。盖国菊也没想那么多，以为他只是普通的感冒而已。直到1970年5月的一天，张维先正在林业队干活，突然咳嗽加重，大口大口地吐血。盖国菊这才发现不对劲，赶紧让17岁的大女儿张玉华陪张维先去青岛的大医院检查。检查中，医生竟然发现他肺部有很多块弹片，并多处钙化，严重影响到了呼吸，如果不取出来，就可能因呼吸衰竭而死亡。事已至此，张维先只能同意做手术了。当医生打开张维先的胸部时发现，张维先的整个肺都基本烂完了。术后，张维先整整昏迷了20多天才醒过来，但肺功能仍然难以恢复。随后不久，他的病又发展成了肺水肿、胸腔积液，只能进行第二次手术。但这次，他再也没能醒过来。盖国菊得知消息后，赶紧把家里的几个孩子寄放在邻居家里，赶去见张维先最后一面。挣扎在死亡线上的张维先，在妻子急切的呼唤声中醒了过来，无力地拉着盖国菊的手说："你还年轻，我走后你要再找个人过日子，一起把孩子养大！"盖国菊流着泪说："你放心，我就是要饭也要把孩子拉扯大！"听到妻子的这句话后，张维先永远地合上了双眼，留下6个未成年的孩子，大的18岁，小的才1岁。盖国菊顾不上沉浸在悲痛里，抹干眼泪，一个人既当娘又当爹，坚强地撑起了整个家。

70年代时，烈属一个月的抚恤金才4块钱，盖国菊只能没日没夜地拼命干活，努力抚养6个孩子。有时，孩子出去玩，村里有些不懂事的小孩嘲笑她们没有爹，孩子回家就伤心地哭。每当这时，她就把伤心的泪咽进肚子，安慰孩子们说："你们没有爹，但有妈，你们什么都不要怕！"1971年5月，18岁大女儿张玉华高中毕业了，在政府优抚政策的帮助下在莱阳动力机械厂参加了工作，盖国菊的日子总算轻松一些了。

积劳成疾的好干部

——记盖中军烈士

文字 / 盖中仁[1]

盖中军烈士

记得小时候，我家和对门大奶奶家的门楣上都挂着一块"光荣烈属"的红木牌，每到过年的时候，母亲总是把牌子擦得干干净净，在新帖的对联和"天张"的映衬下，既鲜艳又明亮。这时，孩子们的心都活跃起来，巴不得新年快来到，穿上母亲在灯影下缝制的新衣服新鞋子，走过铺满谷秸的小巷，到大街上尽情地玩耍嬉闹。

听父母说，大奶奶家的烈属牌是秀才的孙子盖洪社

[1] 盖中仁：盖中军烈士弟弟，1941年出生，原北京国营七六一厂电子工艺工程师。

参军牺牲后挂上的，我家的牌子是我大哥盖中军在革命队伍积劳成疾病逝后政府给挂上的。

关于我大哥的革命事迹，只能从父母当年的诉说中，在记忆的深处搜寻出点点滴滴。

大哥从小就懂事，十几岁就主动帮家里干活，推磨、种地、拾草、挖菜，各种家里家外活样样干得好。1947 年，农村进行土地改革，我家被错划成份，被抄家，生活艰难，年少的大哥便挑起家庭的重担，做火烧到集市上去卖。十口之家便靠做火烧的辅料，掺着地瓜叶、野菜糊口，街坊邻居和亲戚都夸大哥是个“孝子”。

1948 年大哥在父母亲的支持下报名参加中国人民解放军，从此离开家乡走上了革命道路。1949 年，毛主席发出“向全国进军”、“解放全中国”的号召，人民解放军百万雄师过大江，大哥随军南征。从家信的地址看，大哥在蚌埠、芜湖等地活动过，从内容看，他是在做粮食供应的保卫工作。1949 年 4 月 23 日，南京解放，但潜伏的国民党残余、特务不断捣乱破坏，粮食运输的安全是一项重要工作。听爸妈说过，有一次大哥和通讯员在护送粮食的过程中遭到敌特袭击差一点牺牲。

1958 年，我在南京上学，家族中的四姐盖淑德说，我大哥刚参军时是文艺兵，演戏时总是被安排演“小鬼”（通讯员），他很不乐意，央求四姐给调换工作。这使我想起 1951 年大哥回家探亲时，在院子里教我父亲唱《歌唱祖国》，那甜美透亮的男高音真是美极了，我也情不自禁地跟着学。六十多年过去了，回想起来那情景如在眼前，那声音犹在耳边回响。

大哥那次回家后，到青岛办理出口印度的粮食事宜，洗澡时感觉身体不适，腹部疼痛不已。大哥忍着疼痛回到合肥在东大医院检查，发现患的是肠癌。手术前想念父母，我父亲在年前去合肥看望大哥。1952 年春天，病情复发，母亲不远千里又去合肥探视。不幸的是，这一次竟是母子永别。大哥一病不起，献出了宝贵而又年轻的生命。大哥去世后，母亲含悲返乡。走到即墨店集，大哥的两个勤务兵小张和小赵租了辆独轮车把我母亲送回家。母亲带回大哥去世的消息后，全家人陷入了万分悲痛之中。大哥的去世，使家里失去了一位亲人，父母失去了一个好儿子，祖国失去了一名忠诚的战士。

至死不悔军旅梦

——记盖世英烈士

口述 / 盖淑兰[1]　文字 / 王猛

盖世英烈士

沿着崎岖的山路，朝着安里村往南走 3 里地，盖氏祖坟——珠顶便坐落在这里。放眼望去，田野中金灿灿的麦子散发出阵阵沁人心脾的麦香，珠顶一角那座孤零零的坟墓格外惹人注意。安里村 42 名烈士中唯一一名和平年代的烈士盖世英就埋葬在这里。

1953 年，盖世英出生在安里村一个普通的农民家庭。据盖世英的妹妹盖淑兰回忆说："哥哥自幼聪颖过人，学东西上手很快，学习成绩也好。"盖世英的牺牲既让人悲痛，又让人惋惜。16 岁时，盖世英以优异成绩从姜疃人民公社姜疃联中[2]毕业。家里打算继续让他读高中，但他考虑到妹妹盖淑兰也在读书，家里的负担着实不轻，便打起了退堂鼓。其实，对于从小成长在安里村这个英

[1] 盖淑兰：盖世英烈士妹妹，1957 年出生，莱阳水泥厂退休职工。

[2] 姜疃联中：始建于公元 1936 年，初名凤山小学。1960 年晋为莱阳十中，后由姜疃人民公社牵头，安里、上夼、姜疃、大庄、东庄、宋格庄、火山口等村共同集资兴办，改称姜疃人民公社姜疃联中，简称"联中"。1990 年改为姜疃初级中学，2001 年裁撤，并入丰台中学。2010 年重建后称鲁花中心小学。

烈辈出氛围中的盖世英，他的心中始终有一个念头，那就是参军报国。刚开始，他担心父亲的责骂不敢将这个念头说出来，但考虑再三后，他将放弃读书准备参军入伍的念头告诉了父亲。本以为会被骂个狗血淋头，孰料得到了父亲的大力支持。深明大义的父亲盖玉柱告诉他："好男儿志在军营，难得你有这份儿心，全家都支持你。"

当年，盖世英在父亲的陪伴下，顺利通过政审、体检等环节，被分配在济南军区某部。经历 3 个月的新兵训练，盖世英终于从一名普通地方青年成长为一名人民解放军战士。下连分配时，他被分到了 9661 部队司机训练大队。

70 年代的中国，自行车是只有富裕人家才有的奢侈品，更何况是汽车，而对于一个农村娃来说，盖世英压根儿就从来没见过汽车长什么样子，更谈不上开汽车了。刚到部队后，单位组织新兵参观车库，他终于见到了向往已久的解放车[1]。这天，他围着这个"大家伙"转了一圈又一圈，摸了一遍又一遍，心里禁不住想：要是开上这辆车该多么威风啊！参观活动很快结束，但早已入迷的盖世英始终挪不开步，直到战友喊他才回过神来。临走时，盖世英便下定决心：一定要好好训练，争取早日开上车。

训练的日子是枯燥的。被选取为汽车兵后，盖世英深感自己知识的匮乏，他便利用课余时间，刻苦自学，勤奋努力，把所有心血都倾注到驾驶专业上。别人训练时，他仔细观察，虚心请教，取人之长，补己之短；别人休息时，他加班加点，反复训练，精益求精；别人进入梦乡时，他翻开笔记本，记下学习心得，反复领悟动作要领。最终，他以优异的成绩通过结业考核，顺利成为一名合格的汽车驾驶员。

根据任务需要，部队打算安排他担任教练班长。得知消息后，他的工作劲头更足了。他在笔记本上曾经写下这样一句话：对待新同志，多加鼓励远好于一味批评。要让他们看到自己的不足，但是更重要的是要让他们看到自己的长处，努力帮助他们挖掘自己的潜能！工作中他是这样说的，也是这样做的。许多战士基础科目练不好、理论学习基础不牢，特别是一到实车训练

[1] 解放牌汽车（FAW），是一款中华人民共和国的汽车品牌，是首个国产品牌汽车，终结了中国没有国产车的历史。1956 年 7 月 13 日第一批解放牌汽车在长春第一汽车制造厂试制成功，毛主席为新车起了个品牌名叫"解放"。

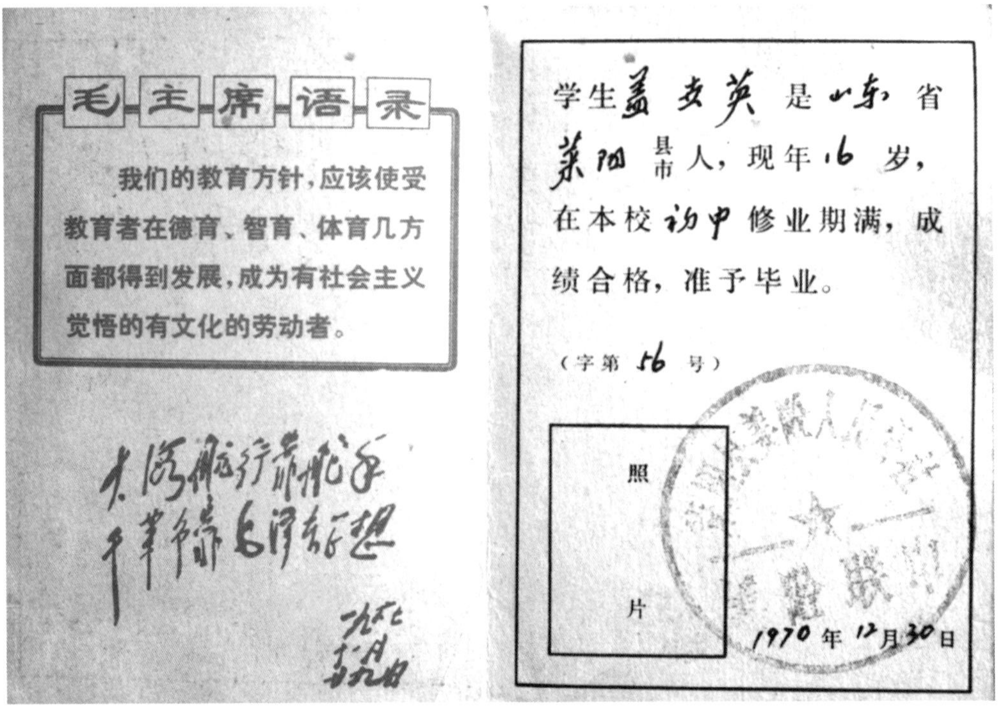
毛主席语录

我们的教育方针，应该使受教育者在德育、智育、体育几方面都得到发展，成为有社会主义觉悟的有文化的劳动者。

大海航行靠舵手
干革命靠毛泽东思想
林彪

学生盖世英是山东省莱阳县人，现年16岁，在本校初中修业期满，成绩合格，准予毕业。

（字第56号）

照片

1970年12月30日

1970 年 12 月 30 日，莱阳县姜疃人民公社姜疃联中为盖世英烈士颁发的初中毕业证书

就紧张。对此，盖世英主动找到学兵们谈心，并鼓励道：“别灰心，我刚开车时还不如你们呢。”随后，盖世英主动放弃休息时间给大家开小灶，不厌其烦地讲解基础知识和驾驶要领。最终，他带的这批学兵以过硬的素质顺利结业，并在部队各类比武和演习中崭露头角。

好景不长，1974 年初的一天，父亲盖玉柱收到了盖世英的来信。信中他透露出一个不好的消息：自己经常感觉腹部不适，夜里经常会疼醒，经过医院诊断是肝部疾病。得知这一情况后，父亲盖玉柱连夜坐车前往盖世英所在部队医院看望他，才知道他的病已经很严重了。采访中，盖淑兰重复最多的一句话便是：“哥哥是一个很要强的人。”住院期间，盖世英半夜经常因肝病疼醒，但始终没喊过疼，连医院的医护人员都说，很少能见到这么能忍的战士。经过长时间住院治疗后，盖世英的病情逐渐稳定，父亲盖玉柱也返回了安里。

1974 年秋，本以为盖世英病情好转的家人突然接到部队消息：盖世英病

情加重，请家属即刻前往医院。焦急如焚的父亲带着盖淑兰坐上了前往部队驻地的火车，经过一夜的颠簸后终于到了医院。轻轻地推开病房的房门，盖淑兰终于见到了离家多年的哥哥。

说到这里，盖淑兰开始泛起泪花，哽咽着继续讲述哥哥的故事。此时此刻，躺在病床上的盖世英再也不是当年入伍时意气风发的壮小伙儿，脸色煞白，看不出一点血色。盖淑兰走上前，轻轻地呼唤着："哥，我来看你了。"盖世英轻轻地睁开双眼，虚弱地说不出一句话，眼泪却早已从脸颊滑过，沾湿了枕巾。

是的，他不想就这样离开自己的亲人，更不想这么快离开这个火热的军营。父亲望着被疾病折磨的儿子，再也忍不住痛哭起来。谁都没想到盖世英的病情发展地那么快，不过几日便离开了这个世界。当天，许多战友自发来到医院为他送行，他们都说："世英是我们的好兄弟。"部队领导紧紧地拉着盖玉柱的手，深情地说："盖世英是个好战士，如果不是因为这场变故，他很快就提干了，谢谢你为我们部队培养了这样一个好兵！"说话间，无数人眼眶红了，擦拭着那不争气的泪水。

盖世英的骨灰被安放在莱阳市红土崖烈士陵园[1]。随着时间的流逝，上了年纪的父亲盖玉柱对儿子的思念愈加强烈。2000 年，盖淑兰一家来到烈士陵园将盖世英的骨灰迁回安里，重新安葬在盖氏祖坟。

[1] 红土崖烈士陵园：位于莱阳市市区东南方、五龙河畔，1953 年 9 月建成，园内安葬革命烈士 2526 名，其中有名烈士 548 名，无名烈士 1978 名。

第二部分

光荣的老兵

GUANGRONG DE LAOBING

部分参战老兵简介

（按出生时间排序）

盖文庆

盖文庆（盖氏第二十四世），男，1902 年出生，1946 年参军，南海军分区独立团战士，中共党员，历经即墨灵山战役、孟良崮战役等，荣立三等功 1 次、四等功 2 次。1952 年 10 月返乡务农，1978 年病故。

盖儒之

盖儒之（盖氏第二十一世），男，1903 年出生。1944 年参军，历经莱阳战役等，多次立功。1948 年返乡务农，1961 年 7 月病故。

盖月梅

盖月梅（盖氏第二十三世），男，1906 年出生，1947 年 2 月参军，南海军分区独立第一团战士，1948 年即墨灵山战役中负伤。伤好后返乡务农，三等伤残军人，1965 年病故。

盖　云

盖　云（盖氏第二十世），男，1907年生，安里村的老“民先”，1943年参军，具体参战经历不详。1945年返乡务农，1976年3月病故。

盖福云

盖福云（盖氏第二十一世），男，1908年1月出生，1945年参军，中共党员，南海军分区独立第一团战士，后编入华东野战军第九纵队，历经即墨灵山战役、孟良崮战役、淮海战役等，荣立三等功2次，淮海战役中负伤。伤好后返乡务农，1992年病故。

盖贤生

盖贤生（盖氏第二十二世），男，1910年出生，1945年参军，山东解放军野战兵团南海支队战士，历经胶州战役、潍县战役、烟台战役、解放青岛等。后返乡务农，1958年10月病故。

盖永地

盖永地（盖氏第二十二世），男，1910年出生，1945年参军，部队番号不详，因作战立功，提拔为排长。1956年转业至姜疃饭店工作，1960年迁至东北生活。

盖会群

盖会群（盖氏第二十二世），男，1911年6月出生，1947年2月参军，南海独立团一团战士，历经即墨灵山战役、孟良崮战役等。1949年返乡务农，1976年4月病故。

盖万福

盖万福（盖氏第二十一世），男，1912年4月出生，1947年参军，南海独立团二团战士、炊事员，历经即墨灵山战役等。1950年返乡务农，1993年5月病故。

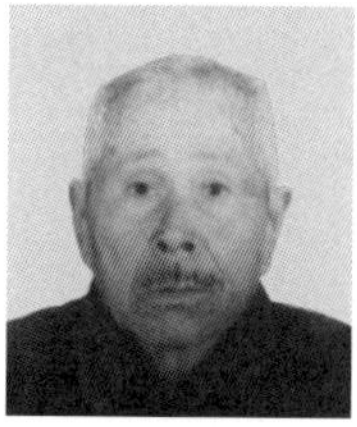
盖福升

盖福升（盖氏第二十二世），男，1912年出生，中共党员，1946年在支前胶高县新谭战役中被炸伤，三等甲级伤残军人。伤好后返乡务农，2001年8月病故。

盖冠智

盖冠智（盖氏第二十三世），男，1912年出生，1947年参军，南海独立团战士，历经即墨灵山战役等，三等甲级伤残军人。1948年返乡务农，1985年2月病故。

盖冠凤

盖冠凤（盖氏第二十三世），男，1912年10月出生，1943年在胶东军区后方勤务部新华总厂入伍，负责枪械制造与维修工作，中共党员。1953年转业至烟台械器农具修配厂工作，先后任班（组）长、车间主任。1964年退休，2004年8月病故。

盖言占

盖言占（盖氏第二十二世），男，1913年出生，1947年参军，南海军分区独立团战士，中共党员，历经即墨灵山战役、孟良崮战役、淮海战役、渡江战役等，荣立三等功1次、四等功1次。1953年复员返乡务农，1990年4月病故。

宫寿喜

宫寿喜（宫氏第二十九世），男，1913年12月出生，1947年参军，南海军分区独立团战士，炊事员，历经即墨灵山战役等。1950年返乡务农，1988年6月病故。

江守堂

江守堂（江氏第二十二世），男，1914年出生，1945年参军入伍，一直从事后勤供给工作。1948年返乡务农，1956年4月病故。

盖冠麟

盖冠麟（盖氏第二十三世），男，1916年10月生，1946年2月在胶东牙前县参军，1949年1月在三十二军后勤部修械所加入中国共产党，荣立三等功、四等功各1次。1952年转业，先后在山东省转运供应站、青岛市建筑公司等工作。1975年7月离休，1999年12月病故。

盖孟全

盖孟全（盖氏第二十一世），男，1916年出生，1947年参军，华东野战军第九纵队战士，历经潍县战役等，1948年战斗中失踪。

盖维先

盖维先（盖氏第二十二世），男，1917年4月出生，中共党员，1947年参军，南海军分区独立团战士，历经莱阳战役、灵山战役等，荣立三等功1次。1953年复员返乡务农，2005年病故。

盖仲民

盖仲民（原名宋仲民，莱阳市大夼镇西诸麓村人，其母亲为安里村人，因参加革命需要改随母姓，曾在安里村生活，盖氏第二十三世），男，1917 年 11 月出生，中共党员，1938 年 2 月参加革命，先后在山东抗日联军第三军九大队、山东纵队五支队、南海军分区独立团、胶东军区六师、华东野战军七纵、二十五军七十三师、七十五师等部工作，历任队长、政治指导员、政治委员、团长、师参谋长、师长等，历经平度城主攻战、莱芜战役、孟良崮战役以及淮海战役、渡江战役等。1952 年 9 月赴朝作战，于 1953 年取得平康前线 381 东北无名高地与美三师战斗的胜利，并在夏季反击战役中表现优异，1955 年 10 月回国。1960 年 3 月转业至化工部矿山司工作，后任矿山局局长。80 年代离休，1992 年 5 月病故。

盖孟文

盖孟文（盖氏第二十一世），男，1918 年出生，1945 年参军，人民解放军第四野战军某部战士，历经辽沈战役、平津战役等。建国后转业至大连市新金县任组织部部长，1957 年调至沈阳新民县任县委副书记，1958 年任新民县县委书记兼大民屯公社党委书记，1962 年任辉山畜牧场党委书记，1979 年调至沈阳市气象局任副局长。1980 年离休，1993 年 11 月病故。

盖洪春

盖洪春（盖氏第二十一世），男，1918 年 3 月出生，1947 年 2 月参军，南海军分区独立团战士，历经即墨灵山战役等，战斗中负伤，后返乡务农，三等伤残军人，1966 年 10 月病故。

盖洪修

盖洪修（盖氏第二十一世），男，1918 年 5 月出生，1947 年参军，华东野战军第九纵队战士，历经即墨灵山战役、孟良崮战役等。孟良崮战役中负伤，二等丙级伤残，荣立三等功 2 次，提任排长。1952 年转业至福建省晋江市看守所任所长。1961 年返乡务农，1981 年 8 月病故。

盖小太

盖小太（曾用名盖泰，盖氏第二十世），男，1918 年 5 月出生，1947 年参军，部队番号不详，历经解放战争、抗美援朝。1957 年复员返乡务农，1995 年 5 月病逝。

盖万中

盖万中（盖氏第二十一世），男，1918 年 6 月出生，1947 年 3 月参军，南海军分区独立团战士，历经即墨灵山战役、孟良崮战役、淮海战役等，荣立三等功 2 次、四等功 1 次。1953 年复员返乡务农，“文化大革命”前病故。

盖英杰

盖英杰（盖氏第二十世），女，1918 年出生，莱阳县早期“民先”，1937 年参加了八路军，1945 年后任华野九纵某独立营教导员。建国后转业至青岛国棉一厂工作，1962 年病故。

蓝庆斋

蓝庆斋（蓝氏第二十世），男，1919 年 6 月出生，1943 年 4 月参军，五龙县警卫营战士，历经即墨灵山战役、辽沈战役、平津战役等，多次立功受奖，并提拔为干部。1955 年转业至广州，1988 年病故。

盖智法

盖智法（盖氏第二十二世），男，1919 年 11 月生，1945 年参军，南海军分区独立团战士，历经灵山战役、孟良崮战役、淮海战役等，荣立三等功 3 次。1953 年复员返乡务农，1982 年 10 月去世。

潘世卿

潘世卿（潘氏第十七世），男，1919 年出生， 1946 年参军，五龙县警卫营战士，后编入南海军分区独立团，历经灵山战役、夏格庄战斗、莲花山战斗等，荣立三等功 2 次，并提为排长、政治指导员。转业后到姜疃供销社工作，后返乡务农。

张维岗

张维岗（张氏第二十一世），男，1919 年出生，中共党员，1946 年担任村“青救会”会长，1947 年参军，五龙县“特等扩军模范”，南海军分区武装部干事，1947 年在灵山战役中负伤，三等甲级伤残军人。伤好后转业至姜疃供销社任主任，1963 年返乡务农，担任安里大队副业主任，1966 年 3 月病故。

盖冠春

盖冠春（盖氏第二十三世），男，1920 年 10 月生，早期参加革命，参军时间不详。抗美援朝期间，曾以工人代表团成员身份到朝鲜慰问过志愿军战士，后在七机部第九研究所离休，2013 年病故。

盖玉彬

盖玉彬（盖氏第二十二世），男，1920 年出生，1947 年 4 月参军，华东野战军后勤卫生部第一后方医院战士，历经淮海战役、渡江战役、西南战役等，荣立三等功 3 次。1950 年因病转业，中苏友好协会会员，1960 年病故。

江振世

江振世（江氏第二十一世），男，1921 年出生，1945 年 7 月参军，部队番号不详，军医。建国后转业至穴坊公社卫生院任院长，后调至团旺公社卫生院任司药员，1982 年到羊郡公社卫生院任司药员，1993 年病故。

盖元德

盖元德（盖氏第二十三世），男，1921 年出生，1945 年参加八路军，胶东军区战士，作战经历不详。1946 年返乡务农，2015 年 4 月病故。

盖桂云

盖桂云（盖氏第二十一世），男，1921 年 9 月出生，中共党员，1949 年参军，部队番号不详，历经渡江战役等。1952 年复员返乡务农，1999 年 6 月病故。

盖振海

盖振海（盖氏第二十二世），男，1921 年 9 月出生，中共党员，1947 年参军，南海军分区独立第一团战士，历经即墨灵山战役、解放青岛等，战斗中负伤，三等乙级伤残军人，荣立三等功 1 次、四等功 2 次。伤好后返乡务农，1995 年 12 月病故。

盖万龙

盖万龙（盖氏第二十一世），男，1922 年 2 月出生，1947 年参军，南海军分区独立团战士，夏格庄战斗右臂中弹负伤，二等乙级伤残军人。伤好后返乡务农，2011 年 1 月病故。

盖淑润

盖淑润（盖氏第二十三世），女，1922 年 6 月出生，中共党员。1945 年 3 月任团旺区民兵自卫团副团长，1946 年 5 月任团旺区委宣传干部。1948 年随军南下，历任四川省秀山县一区妇联主任、酉阳县医药公司经理、党支部书记等职，2012 年病故。

盖言升

盖言升（盖氏第二十二世），男，1922 年 10 月出生，1943 年参军，海阳县区中队战士，先后在胶东军区独立一营、青岛公安大队、烟台公安大队工作，作战经历不详。1958 年转业至港务局工作，2001 年 2 月病故。

盖瑞之

盖瑞之（盖氏第二十一世），男，1919 年出生，1947 年参军，历经淮海战役、渡江战役等，1951 年入朝作战。1954 年转业至辽宁工作，1969 年病故。

盖　康

盖　康（盖氏第二十世），男，1923 年出生，中共党员，1946 年参军，在五龙县公安大队工作，后调即墨公安大队，先后担任即墨公安局局长等职务，2010 年 4 月病故。

张　法

张　法（曾用名：张玉发，张氏第二十二世），男，1923年2月出生，中共党员，1947年参军，华东野战军九纵战士，作战经历不详，后因病返乡务农，2004年1月病故。

盖洪京

盖洪京（盖氏第二十一世），男，1923年5月出生，1945年参军，胶东军区独立团战士，即墨灵山战役中负伤，三等乙级伤残军人。1948年返乡务农，1975年7月病故。

盖合成

盖合成（盖氏第二十四世），男，1923年7月出生，中共党员，1947年参军，南海军分区独立第一团三营九连战士，历经即墨灵山战役等，荣立三等功2次。1953年10月复员返乡务农，1975年6月病故。

江平世

江平世（江氏第二十一世），男，1923年8月出生，中共党员，1947年4月参军，南海军分区独立团第一团一营一连四排战士，历经即墨灵山战役、潍县战役、长山列岛战役等，先后提任班长、排长，荣立三等功1次。1954年转业到禹城盐业批发处，后调至德州国棉一厂、穴坊税务所等单位工作，1983年离休。

盖从先

盖从先（曾用名：盖文忠，盖氏第二十二世），男，1923年12月出生，1947年参军，南海军分区战士，历经即墨灵山战役、解放青岛等，荣立三等功1次、四等功3次。1952年复员返乡务农，2015年3月病故。

张太云

张太云（张氏第二十世），男，1924年4月出生，1947年参军，华东野战军九纵战士，历经孟良崮战役、淮海战役、渡江战役等，战斗中负伤，荣立三等功1次。1954年10月复员返乡务农，2004年7月病故。

盖世勉

盖世勉（盖氏第二十世），男，1924年5月出生，中共党员，1945年4月参军，胶东独立团战士，历经即墨灵山战斗、淮海战役等，荣立三等功1次，三等甲级伤残军人。1948年返乡务农，1989年6月病故。

盖洪平

盖洪平（盖氏第二十一世），男，1924年7月出生，中共党员，1945年参军，胶东独立团战士。即墨灵山战役中负伤，三等乙级伤残军人，荣立三等功1次。1948年返乡务农，1997年病故。

江守正

江守正（江氏第二十二世），男，1924年出生，1945年3月参军，部队番号不详，历经潍县战役、解放青岛战役等。1949年返乡务农，2011年2月病故。

盖子升

盖子升（盖氏第二十二世），男，1924年出生，1947年参军，东北野战军第十一纵队战士，历经辽沈战役、淮海战役、渡江战役等。1955年复员返乡务农，2008年病故。

盖 俊

盖　俊（盖氏第二十世），男，1924年出生，1947年参军，华东野战军第七纵队战士，历经孟良崮战役、淮海战役、渡江战役等，荣立二等功1次、三等功2次。1950年返乡务农，1960年病故。

盖英宾

盖英宾（盖氏第二十二世），男，1924年12月出生，1942年被征入国民党暂编第十二师，万第战役后参加八路军在胶东五旅十三团青年营，历任战士、班长、机枪排排长，历经马石山战斗、莱西日庄、南岚战斗、万第战役、平度战役等，三等乙级伤残军人。1946年返乡务农，2013年1月病故。

张玉友

张玉友（曾用名：张友，张氏第二十二世），男，1925年8月出生，中共党员，1947年参军，南海军分区独立第一团三营九连一排一班班长，历经夏格庄战斗、即墨灵山战役等，三等甲级伤残军人。伤好后返乡务农，1980年3月病故。

张维成

张维成（张氏第二十一世），男，1925年9月出生，中共党员，1946年入伍，华东野战军某部战士、机枪排长，历经孟良崮战役、淮海战役、渡江战役等，1951年入朝作战。1953年复员返乡务农，1983年11月病故。

盖维先

盖维先（曾用名：盖先，盖氏第二十世），男，1925年11月出生，中共党员，1945年1月参军，部队番号不详，历任战士、排长、连指导员、营指导员，团政治处主任，历经辽沈战役、平津战役、淮海战役、渡江战役，荣立二等功2次、三等功4次。1966年转业，历任海南岛八所港务局党委书记、海口港务局副局长、广州海运局湛江办事处主任、广州海运局副局长。1984年离休，2007年病故。

盖洪加

盖洪加（盖氏第二十一世），男，1925年12月出生，1947年参军，五龙县“特等扩军模范”，南海军分区独立团战士，即墨灵山战役中负伤，二等乙级伤残军人。伤好后返乡务农，2015年3月病故。

盖吉先

盖吉先（盖氏第二十二世），男，1925年12月出生，1947年参军，华东解放军第七纵队侦察兵，历经孟良崮战役等，荣立四等功1次。1949年返乡务农，1988年4月病故。

盖聚成

盖聚成（盖氏第二十一世），男，1925年出生，中共党员，1947年参军，南海军分区独立团战士，历任连司务长、连长、营长，历经即墨灵山战役、孟良崮战役、淮海战役、渡江战役等。1950年转业至福建省麻风病防治所，后调至莱阳县第一人民医院任总务科长，2002年病故。

盖风学

盖风学（盖氏第二十二世），男，1925 年出生，1947 年参军，部队番号不详，历经即墨灵山战役、淮海战役、渡江战役等，1951 年入朝作战。1955 年转业至江西上饶市茶厂任党委书记，1995 年病故。

张志先

张志先（张氏第二十一世），男，1925 年出生，1947 年参军，历经即墨灵山战役、沧海战役等，1950 年，第一批入朝作战。1953 年返乡务农，2011 年 3 月病故。

盖　诚

盖　诚（盖氏第二十世），男，1925 年出生，中共党员，1947 年参军，南海军分区独立第一团三营九连战士，历任班长、排长、连长、营长等，历经夏格庄战斗、即墨灵山战役等。1949 年调入青岛某海军学校，1950 年转业至潍坊兵役局。1960 年转业到淄博市，历任博山、张店等区武装部长，70 年代末调入淄博军分区，1984 年离休，2009 年 9 月病故。

张正山

张正山（曾用名：张本贵，张氏第二十世），男，1925 年出生，中共党员，1945 年参军，东北民主联军战士，历经辽沈战役、平津战役等，荣立三次功 1 次。“文化大革命”前转业至绥中百货公司任党委书记，1986 年离休。

盖仁花

盖仁花（盖氏第二十二世），男，1926 年 3 月出生，中共党员，1945 年 5 月参军，南海军分区独立第一团战士，历经灵山战役、孟良崮战役等，二等甲级伤残军人，荣立三等功 2 次。1947 年返乡务农，2009 年 6 月病故。

江安世

江安世（江氏第二十一世），男，1926 年 5 月出生，中共党员，1945 年参军，胶东军区战士，后编入解放军第三十二军，作战经历不详。后转业至东北黑龙江省方正县林业局保兴林场工作，2005 年病故。

张维汉

张维汉（张氏第二十一世），男，1926 年 5 月出生，中共党员，1947 年参军，华东野战军第九纵队战士，历经孟良崮战役、即墨灵山战役等，二等甲级伤残军人，荣立三等功 1 次。1949 年返乡务农，1976 年病故。

盖正群

盖正群（盖氏第二十二世），男，1926 年 8 月出生，1947 年 2 月参军，部队番号不详，历经即墨灵山战役等。1947 年 12 月返乡务农，2002 年 7 月病故。

蓝振芳

蓝振芳（蓝氏第二十一世），男，1926 年 8 月出生，中共党员，1945 年 2 月参军，南海军分区骑兵大队战士、排长，历经即墨灵山战役等。1952 年因病复员返乡务农，2005 年 8 月病故。

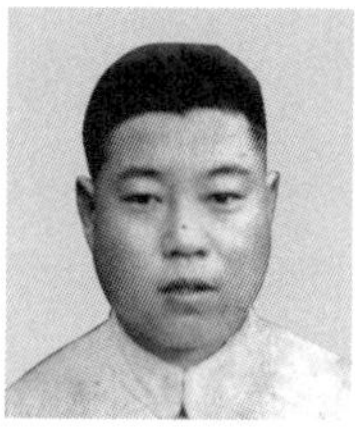
盖善云

盖善云（盖氏第二十一世），男，1926 年 11 月出生，中共党员，1947 年参军，五龙县“特等扩军模范”。南海军分区独立第一团三营九连班长，历经齐家反击战、即墨灵山战役等，荣立三等功 2 次。1955 年复员返乡务农。

蓝保坤

蓝保坤（蓝氏第二十一世），男，1926 年 12 月出生，1945 年 1 月参军，烟台警备区战士，历任班长、排长、连指导员，历经烟台战役等，三等甲级伤残军人，荣立三等功 1 次。伤好后返乡务农，2002 年 12 月病故。

盖洪国

盖洪国（盖氏第二十一世），男，1926 年出生，1947 年参军，南海军分区独立团战士，历经即墨灵山战役、淮海战役、渡江战役等。建国后转业至福建省龙岩市供销系统工作，1988 年 6 月病故。

徐学仁

徐学仁（族中辈分不详），男，1926 年出生，1945 年参军，南海军分区独立团战士，历经孟良崮战役、淮海战役、渡江战役等。1954 年转业至浙江工作。

盖保田

盖保田（曾用名：盖福兴，盖氏第二十三世），男，1926 年出生，1946 年参军，1947 年至华东医科大学学习，后分配至华东野战军第九纵队，1950 年入朝作战。1953 年转业至石油部门工作，2006 年病故。

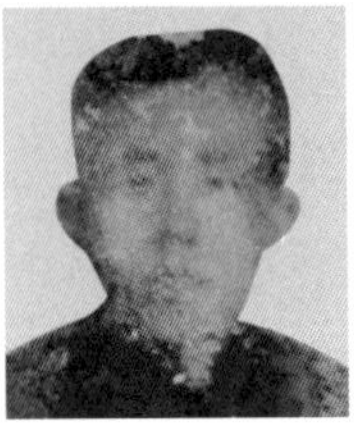

盖先云

盖先云（盖氏第二十一世），男，1926 年出生，中共党员，1947 年参军，华东野战军十三纵三十八师一一二团战士，历任战士、班长、排长、指导员等，历经淮海战役、渡江战役等，先后立功 5 次，建国后转业至福建省龙岩市工作。

盖丙云

盖丙云（盖氏第二十一世），男，1926年出生，中共党员，1946年参军，在五龙县公安大队工作，后调即墨公安大队、即墨店集派出所所长。

盖洪双

盖洪双（盖氏第二十一世），男，1927年1月出生，1947年参军，南海军分区独立第一团三营九连三排战士，历经即墨灵山战役等，三等乙级伤残军人。1947年底返乡务农，2010年4月病故。

盖万凤

盖万凤（盖氏第二十一世），男，1927年3月出生，中共党员，1945年参军，部队番号不详，历任班长、排长、连长、营长，作战经历不详。建国后转业至即墨县人民武装部任部长，后任外贸局局长等职，1985年离休。

张维斌

张维斌（张氏第二十一世），男，1927年5月出生，中共党员，1945年6月参军，东海军分区独立第一团二营五连二排五班战士，历任战士、副班长、班长、副排长、排长、团军需助理员历经莱阳战役、淮海战役、渡江战役等，多次立功。1955年11月转业，历任安徽普济圩农场一分场十队管教干事，安徽省东流县文化馆馆长，安庆市交通局车辆厂副厂长，安庆市粮食局大观区粮油管理站分站长，安庆市粮食局粮油制品厂副厂长，安庆市粮食局大观区粮油管理站副站长、站长，1981年11月离休。

盖中南

盖中南（盖氏第二十三世），男，1927年7月出生，1947年2月参军，中共党员，南海军分区独立团军医，历经灵山战役、孟良崮战役、淮海战役等，荣立三等功1次。1951年4月返乡务农，2010年9月去世。

江守仙

江守仙（江氏第二十二世），男，1927年8月出生，1947年参军，历经辽沈战役、平津战役、济南战役等，1950年入朝作战，任运输连驾驶员。1954年复员返乡务农，1998年10月病故。

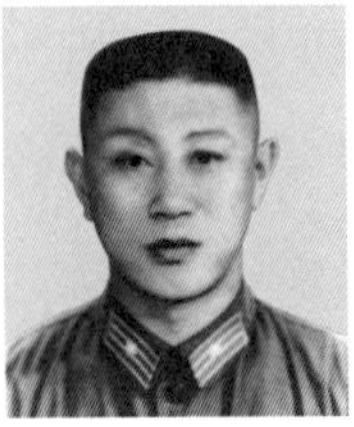

盖孟顺

盖孟顺（盖氏第二十一世），男，1927年8月出生，中共党员，1947年参军，先后在南海军分区独立第一团，华东警备四旅一〇团，解放军第八十九医院等任职，历任战士、班长、排长、连长、教导员、政治处主任等职，历经即墨灵山战役、解放青岛等，荣立二等功1次、三等功3次。1983年离休，2007年4月病故。

盖秀山

盖秀山（盖氏第二十二世），男，1927年出生，1946年从海阳发城中学参军，参战经历不详。建国后调入空军大连土城子场站工作，1973年调至河南南阳机场工作，1976年4月病故。

盖风鸣

盖风鸣（盖氏第二十二世），男，1927年出生，1945年参军，胶东军区第十三团战士，历经烟台战役、潍县战役、胶州战役、孟良崮战役等，三等甲级伤残军人。1948年返乡务农，1992 年 10 月病故。

盖元之

盖元之（盖氏第二十一世），男，1927 年出生，1945 年参军，曾任山东军区政治部主任肖华警卫员，后随部队进军东北至南满军区，历经辽沈战役、平津战役等。1950 年入朝作战。1953 年复员返乡务农，2000 年病故。

盖德贵

盖德贵（盖氏第二十三世），男，1927 年出生，1947 年参军，南海军分区独立第一团三营九连战士，历经即墨灵山战役等，荣立三等功 1 次。1954 年复员返乡务农，1999 年 7 月病故。

蓝保信

蓝保信（蓝氏第二十一世），男，1928 年 4 月生，中共党员，1945 年参军，部队番号不详，历经辽沈战役、平津战役、淮海战役、渡江战役等，多次立功受奖，2012 年病故。

江守快

江守快（江氏第二十二世），男，1928 年 5 月出生，中共党员，1946 年参军，山东野战军某部战士，历经即墨灵山战役、孟良崮战役、淮海战役、渡江战役等，荣立三等功 1 次。1957 年复员返乡务农，2013 年 5 月病故。

盖月春

盖月春（曾用名：盖悦春，盖氏第二十三世），男，1928年11月出生，中共党员，1946年7月参军，历任莱东县警卫连战士、南海军分区警卫连通讯员、胶东军区警卫营通讯员，1949年2月到华东军政管理委员会（简称“军管会”）公安部工作，随调入上海市公安局预审科、预审处工作，1962年2月返乡务农。

盖淑桂

盖淑桂（盖氏第二十世），女，1928年11月28日生，中共党员，安里村“青救会”委员，1945年1月任安里村“妇救会”会长，1946年调至发城胶东公学任分会主任，1947年3月参军，先后在华东电话总局黄海大队、华东工商干校等任职。建国后转业至鲁中电力局人事股、省电力局材料站和省电力局送变电公司工作，1983年8月离休。

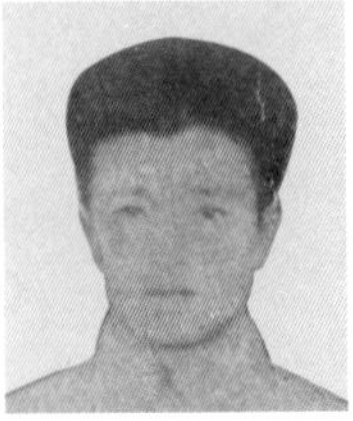
江守福

江守福（江氏第二十二世），男，1928年12月出生，中共党员，1947年参军，南海军分区独立团战士，历经即墨灵山战役、孟良崮战役、淮海战役、渡江战役等，荣立三等功2次，1950年入朝作战。1954年复员返乡务农，2012年病故。

盖光地

盖光地（曾用名：盖平忠，盖氏第二十二世），男，1928年出生，1947年2月参军，胶东军区第十六团战士，历经淮海战役、渡江战役等。1950年入朝作战，负伤后随医院回国至山东淄博周村野战医院（现中国人民解放军第一四八医院）工作。1958年复员返乡务农，1999年12月病故。

盖志宾

盖志宾（盖氏第二十二世），男，1928年出生，1947年2月参军，南海军分区独立团战士，历经即墨灵山战役等，三等乙级伤残军人。伤好后返乡务农，2008年病故。

张维业

张维业（张氏第二十一世），男，1928年出生，中共党员，1944年任安里村儿童团团长，1946年参军，抗日军政大学无线电报务专业，华东军区海军成立后，任司令部报务员，历经豫东战役、淮海战役、渡江战役、炮击金门等，后调至厦门海军基地。1961年转业至广西南宁扶绥县农业银行工作，1990年离休。

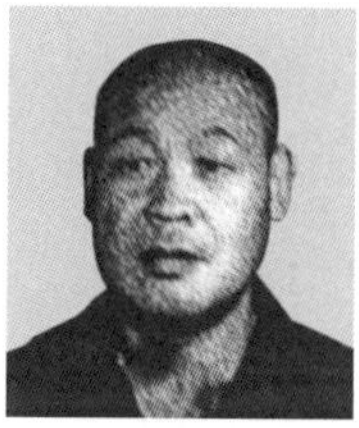
盖汝柱

盖汝柱（盖氏第十九世），男，1929年5月出生，1947年参军，南海军分区独立团第一团一营一连战士，历经即墨灵山战役、孟良崮战役等，荣立三等功1次。1953年转业至莱阳水泥厂工作，2000年2月病故。

蓝保堂

蓝保堂（蓝氏第二十一世），男，1929年10月出生，中共党员，1947年2月参军，南海军分区独立团战士，历经即墨灵山战役等，荣立三等功1次、四等功2次。建国后转业至青岛建筑公司工作，2011年12月病故。

盖洪山

盖洪山（盖氏第二十一世），男，1929年出生，中共党员，1947年3月参军，南海军分区独立团战士，历经即墨灵山战役等，历任战士，华东军区司令部管理科干事，山东军区后勤营房处管理员，济南军区后勤营管处助理、营房科科长，1995 年被授予“三级解放勋章”。1981 年离休，2009 年 8 月病故。

盖元福

盖元福（盖氏第二十三世），男，1929 年出生，1951 年参军，加入抗美援朝的预备队，后编入了铁道兵部队，入朝作战时负责修理和维护交通线路。1954 年复员返乡务农，2013 年病故。

盖洪言

盖洪言（盖氏第二十一世），男，1929 年出生，中共党员，1947 年参军，南海军分区独立第一团二营战士，历经即墨灵山战役等，三等乙级伤残军人。1950 年返乡务农，2010 年病故。

盖永合

盖永合（曾用名：盖寿卿，盖氏第二十二世），男，1929 年出生，1947 年 2 月参军，南海军分区独立团战士，后被推荐至华东医科大学学习，1947 年 8 月分配至山东国际和平医院工作。在即墨金口北战斗中负伤住院，伤好后返乡务农。

盖文德

盖文德（盖氏第二十三世），男，汉族，1930 年 1 月出生， 1947 年 5 月参军，在山东省胶东军区后勤被服厂工作。1954 年 8 月任华东军区生产管理局一〇七厂保密员、人事干事，1960 年 6 月转业至济南明水铁厂、山东省交通厅、山东省公路管理局、山东省公路管理局史志办等单位任职。1990 年 11 月离休，2005 年 2 月病故。

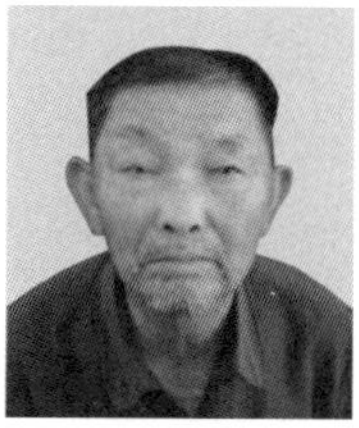

蓝保民

蓝保民（蓝氏第二十一世），男，1930 年 2 月出生，1946 年参军，南海军分区独立第一团一营一连一班战士，历经即墨灵山战役等，三等乙级伤残军人。1953 年复员返乡务农，2014 年 12 月病故。

张培云

张培云（张氏第二十世），男，1930 年 8 月出生，中共党员，1947 年参军，南海军分区独立团战士，历经即墨灵山战役等，历任班长、排长，荣立三等功 3 次、四等功 2 次。1957 年因病复员返乡务农，2001 年 9 月病故。

张　宾

张　宾（张氏第十九世），男，1930 年 11 月出生，中共党员，1945 年参加儿童团，1948 年参军，连云港要塞三营九连战士，荣立三等功 2 次、四等功 3 次。1956 年 2 月复员返乡务农，2009 年 5 月病故。

盖中民

盖中民（盖氏第二十三世），男，1930 年出生，1946 年参军，华东野战军第九纵队战士，历经即墨灵山战役、孟良崮战役、辽沈战役等，荣立三等功 2 次，2008 年 3 月病故。

盖学堂

盖学堂（盖氏第二十二世），男，1930 年出生，1947 年参军，具体参战经历不详。1953 年复员返乡务农，入赘濯村后迁至黑龙江省鸡西市。

盖淑德

盖淑德（盖氏第二十三世），女，1931年出生，中共党员，1947年参军，参战经历不详，曾在南京军区工作。后转业至北京市任戏曲学校党总支书记，随后在北京市宣武区从事政治工作，直至离休。

江守海

江守海（江氏第二十二世），男，1931年出生，中共党员，1946年参军，东海军分区野战医院二所战士，历经孟良崮战役、淮海战役等，三等乙级伤残军人，荣立三等功1次。1949年返乡务农，1958年到吉林省通化市毛皮厂工作，2009年6月病故。

盖洪英

盖洪英（盖氏第二十一世），男，1931年出生，中共党员，1947年参军，华东野战军某部战士，历经淮海战役、渡江战役等，二等乙级伤残军人，1952年复员返乡务农。

蓝　蔚

蓝　蔚（蓝氏第二十世），男，1929年出生，中共党员，1944年参军，华东野战军第九纵队战士，历经莱阳战役、孟良崮战役、淮海战役、渡江战役等。1958年转业至福州市人民检察院工作，国家一级检查员，1991年离休。

盖志合

盖志合（盖氏第二十四世），男，1932年出生，1947年参军，华东野战军第九纵队战士，历经潍县战役、济南战役，后调至济南军事管理委员会。建国后任烟台市黄务镇人民武装部部长，2000年10月病故。

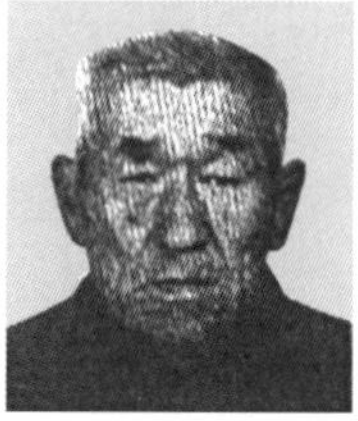
盖保春

盖保春（盖氏第二十三世），男，1932 年出生，1951 年参军，入朝作战预备部队队员，被编入铁道兵部队入朝作战，负责维护修理道路。1954 年复员返乡务农，2009 年 11 月病故。

盖世大

盖世大（盖氏第二十世），1933 年 9 月出生，1948 年参军，华东野战军二十三军战士，历经济南战役、淮海战役、渡江战役、东南沿海剿匪等。1953 年转业至青岛四方区工作，1993 年 9 月正式离休。

老兵的故事

从安里村走出来的“名将”

——记中国人民解放军二十四军七十四师原师长盖仲民

文字 / 盖荣利[1] 盖铁军[2] 盖晓红[3] 盖杰[4]

盖仲民同志

我们的父亲盖仲民早年求学于烟台一中、山东省立益都师范，接受了民主、爱国的进步思想。抗日战争爆发前后，国家、民族处于危难之中，每个学生、青年都面临着对命运的不同选择。父亲选择加入了中华民族解放先锋队（简称“民先”），跟随共产党投入到抗战队伍中。在党的领导下，他动员、组织同学写标语，撒传单、游行、宣传党的抗日政策，发动民众抵制日货，为抗日前线捐钱捐物。1937年11月，“民先”在莱阳县水岔村组织抗日游击队，父亲毅然参加了游击队，投入对日伪军的武装斗争中。1938年2月，游击队被改编为山东

[1] 盖荣利：盖仲民同志女儿，1947年出生，原北京化工学院行政管理人员。

[2] 盖铁军：盖仲民同志儿子，1949年出生，原中国石化工程建设公司工程师。

[3] 盖晓红：盖仲民同志女儿，1952年出生，文化部艺术研究院退休人员。

[4] 盖杰：盖仲民同志儿子，1956年出生，中国石化总公司退休人员。

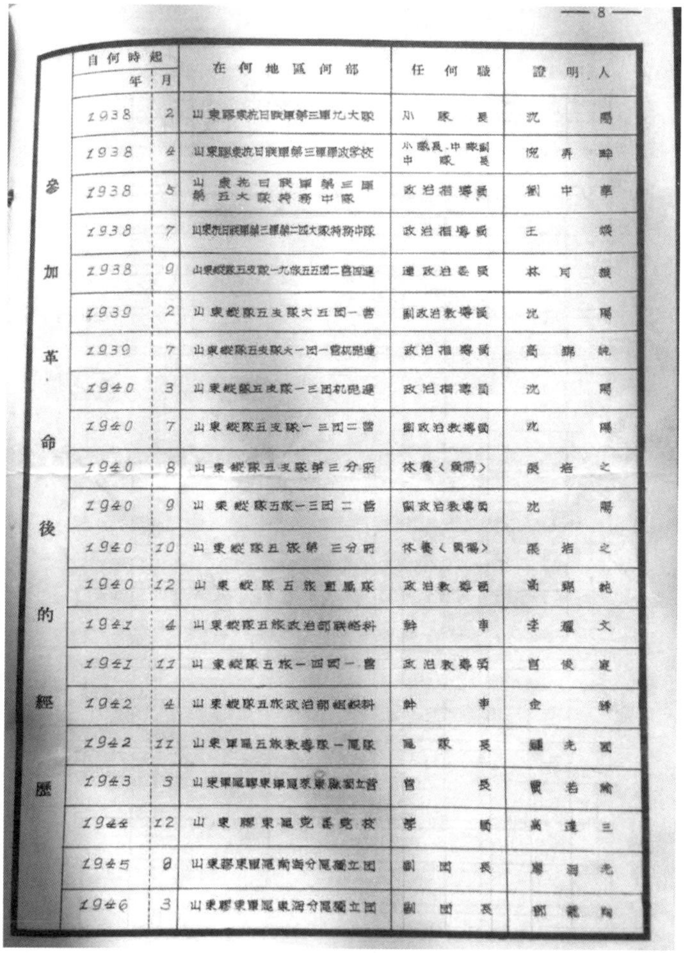

— 8 —

參加革命後的經歷	自何時起 年	月	在何地區何部	任何職	證明人
	1938	2	山東膠東抗日聯軍第三軍九大隊	小隊長	沈陽
	1938	4	山東膠東抗日聯軍第三軍軍政學校	小隊長、中隊副中隊長	倪弄畔
	1938	5	山東抗日聯軍第三軍第五大隊特務中隊	政治指導員	劉中華
	1938	7	山東抗日聯軍第三軍第二四大隊特務中隊	政治指導員	王焕
	1938	9	山東縱隊五支隊一九旅五五團二營四連	連政治委員	林同旗
	1939	2	山東縱隊五支隊六五團一營	副政治教導員	沈陽
	1939	7	山東縱隊五支隊六一團一營机砲連	政治指導員	高錫純
	1940	3	山東縱隊五支隊一三團机砲連	政治指導員	沈陽
	1940	7	山東縱隊五支隊一三團二營	副政治教導員	沈陽
	1940	8	山東縱隊五支隊第三分所	休養（負傷）	張若之
	1940	9	山東縱隊五旅一三團二營	副政治教導員	沈陽
	1940	10	山東縱隊五旅第三分所	休養（負傷）	張若之
	1940	12	山東縱隊五旅直屬隊	政治教導員	高錫純
	1941	4	山東縱隊五旅政治部聯絡科	幹事	李耀文
	1941	11	山東縱隊五旅一四團一營	政治教導員	宮俊庭
	1942	4	山東縱隊五旅政治部組織科	幹事	金鋒
	1942	11	山東軍區五旅教導隊一區隊	區隊長	鍾先國
	1943	3	山東軍區膠東軍區萊東獨立營	營長	賈若瑜
	1944	12	山東膠東區党委党校	學員	萬達三
	1945	8	山東膠東軍區南海分區獨立團	副團長	廖海光
	1946	3	山東膠東軍區東海分區獨立團	副團長	劉龍陶

盖仲民同志部分任职简历

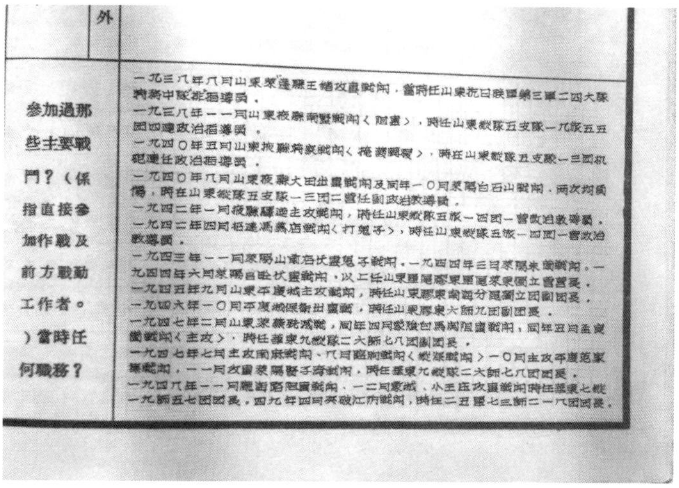

	外
參加過那些主要戰鬥？（係指直接參加作戰及前方戰勤工作者。）當時任何職務？	一九三八年八月山東萊陽縣王墻攻擊戰鬥，當時任山東抗日聯軍第三軍二四大隊特務中隊指導員。 一九三八年一一月山東棲霞縣南墅戰鬥〈阻擊〉，時任山東縱隊五支隊一九旅五五團四連政治指導員。 一九四〇年五月山東掖縣將家戰鬥〈掩護轉移〉，時任山東縱隊五支隊一三團机砲連任政治指導員。 一九四〇年八月山東掖縣大田出擊戰鬥及同年一〇月萊陽白石山戰鬥，兩次均負傷，時在山東縱隊五支隊一三團二營任副政治教導員。 一九四二年一月掖縣驛道主攻戰鬥，時任山東縱隊五旅一四團一營政治教導員。 一九四二年四月招遠馮家店戰鬥〈打鬼子〉，時任山東縱隊五旅一四團一營政治教導員。 一九四三年一一月萊陽山前店伏擊鬼子戰鬥。一九四四年三月萊陽朱吾戰鬥。一九四四年六月萊陽呂格庄伏擊戰鬥，以上任山東軍區膠東軍區萊東獨立營營長。 一九四五年九月山東平度城主攻戰鬥，時任山東膠東南海分區獨立團副團長。 一九四六年一〇月平度城保衛出擊戰，時任山東膠東六師九團副團長。 一九四七年二月山東萊蕪殲滅戰，同年四月蒙陰白馬關阻擊戰鬥，同年五月孟良崮戰鬥〈主攻〉，時任華東九縱隊二六師七八團副團長。 一九四七年七月主攻南麻戰鬥、八月臨朐戰鬥〈縱深戰鬥〉一〇月主攻平度范家集戰鬥，一一月攻擊萊陽賢子埠戰鬥，時任華東九縱隊二六師七八團團長。 一九四八年一一月龍海路阻擊戰鬥，一二月豪城、小王庄攻擊戰鬥時任華東七縱一九師五七團團長。四九年四月渡江作戰戰鬥，時任二五軍七三師二一八團團長。

盖仲民同志档案中对其部分参战经历的记载

战争年代，盖仲民同志（右一）与战友合影

胶东抗日联军第三军九大队，父亲任小队长。在对敌斗争中，他作战非常勇敢，而且机智多谋，点子多。1938 年 4 月，父亲加入中国共产党，同年 5 月调第三军第五大队特务中队任政治指导员。

1940 年 10 月，父亲任山东纵队五支队十三团二营副政治教导员，在掖县大田出击战和莱阳白石山战斗中，两次负伤。有一次子弹从左眼角擦过去，血流满面，但他全然不顾，带领战士冲锋陷阵，离死亡就差一指。我们曾经问过他："负伤时子弹打在腿上痛不痛？"他却说："打起仗来，精神百分百盯着敌人，已经顾不上痛了。"父亲所在的部队一直坚持在敌后的胶东地区，主要战斗有掖县驿道主攻战、招远冯义店战斗、莱阳山前店伏击战等战斗。1945 年 9 月参加山东平度城主攻战斗时，父亲任胶东军区南海军分区独立团副团长。

解放战争时期，父亲参加的主要战斗有山东平度城保卫战、莱芜歼灭战、蒙阴白马关阻击战等战役，在组织战斗中细致、沉着、机灵、决心果断。记得他说过，在 1946 年的一次战斗中，他指挥 5 个营担任打援任务。敌人迂回到侧后，一个营的阵地被敌军突破。危急时刻，父亲果断组织反击，打退了敌军，最终守住了阵地（此战例及评语选自组织鉴定）。1947 年 5 月，在著名的孟良崮战斗中，父亲任华东九纵队二十六师七十八团副团长，他所带的部队担任主攻，能攻善守，守似泰山，攻如尖刀。战斗中他因指挥作战突出，在隆隆炮声中被火线提为七十八团团长，之后他又连续作战，参加了主攻南麻战斗、临朐战斗、平度范家集战斗和攻击莱阳蚬子湾战斗。

部队南下作战后，父亲参加了淮海战役。到1949年4月渡江战役时，他调任二十五军七十三师二一八团团长。1952年9月，时任二十四军七十四师副师长的父亲，率领部队以团为单位于鸭绿江畔进行了庄严宣誓，满怀杀敌激情，告别了伟大的祖国。他们每个人负重六七十斤，不顾敌机昼夜空袭，翻山越岭，风餐露宿，不畏艰险，长途跋涉一千余里，历时十八天到达作战地域。那时正值志愿军第五次战役结束，敌军已退守“三八线”以南，我军确定了“持久作战，积极防御”的方针。1952年12月底，七十四师奉令开赴前线，坚守平康，父亲和师部领导在零下40摄氏度的严寒中带领部队冒着敌机的狂轰滥炸，爬雪山，过冰川，昼伏夜行，于1953年1月6日提前到达指定位置。部队的防御阵地延绵十多公里，部队刚进入阵地，他就带着司令部参谋人员跑遍了每一个山头，每一条沟壑，勘察地形，侦查敌军动向，部署防御作战方案，带领战士修筑工事、挖坑道。平康正面之敌为美三师，是美军主力，

战场上正在观察敌情的盖仲民同志

技术装备完善，特别是炮火极强，每天至少向我方阵地发射炮弹两三千发，同时还不断出动空军轰炸，给美步兵壮胆助威。七十四师确立了“坚守阵地，寸土必争；积极防御，主动歼敌；孤胆作战，英勇顽强；独立作战，近战歼敌”等积极防御思想和战术手段。在平康前线防御作战半年，他带领他的部队圆满完成了防御任务，锻炼了部队，大量歼灭了敌之有生力量。随后，父亲所在部队参加了夏季进攻作战，无论是阵地防御还是进攻战斗，都打得英勇顽强，杀出了威风，取得了重大胜利，歼敌数千余名。

1955年1月，父亲提任七十四师代理师长，同年10月，带领部队奉令回国。七十四师入朝作战的三年，全师指战员英勇顽强，奋勇杀敌，涌现了许多可歌可泣的英雄事迹，是七十四师战史上光辉的一页，也是父亲最难忘的一段战斗经历，许世友司令员对他打仗十分赞赏。在二十四军军长兼政委皮定均签章的鉴定中这样评价他：组织战斗较细致、决心果断，指挥上沉着、机灵，有雷厉风行的工作作风，工作积极大胆、负责，处理问题较干脆。

1956年4月，父亲提任七十四师师长，并于1958年2月到中央军委高等军事学院深造。期间，他蒙受不白之冤，转业到化工部矿山局担任办公室主任。为此，部队首长和同事对他深感惋惜。平反之后，他来到化工部工作，担任矿山司副司长、司长。

在地方工作期间，父亲依然保持着在部队养成的优良作风，办事雷厉风行，处事果断，长年奔波于基层，注重调查研究，与基层干群打成一片。“文化大革命”中，父亲遭受迫害，挨斗挨打，但他意志坚强、性格倔犟，从不屈服。1970年，他的问题终于被“平反”，也恢复了工作。他又毫无怨言地投入到矿山建设中，奔波于生产第一线。一次，装卸矿石的大漏斗堵塞，父亲不顾危险，亲自到漏斗下查找问题。矿上的干部见状，拉他出来说：“那儿危险！”话音未落，果真大漏斗里的几十吨矿石突然倾泻而下，父亲幸免于难，但一位来不及躲闪的干部被活生生地砸死牺牲。

父亲的一生是革命的一生、战斗的一生、艰苦奋斗的一生，我们子女都继承了父亲的优良品行和作风，在祖国的各条战线上贡献着自己的力量。

能文能武的好战士

——记老兵盖孟顺

口述 / 盖善云　文字 / 王猛

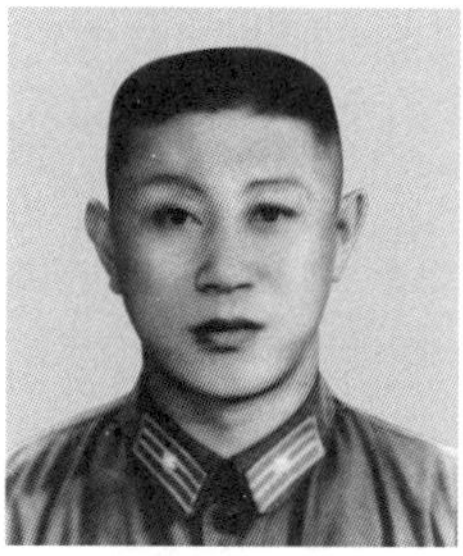
盖孟顺同志

提到盖孟顺，即使安里上了年纪的人对其印象也早已模糊，因为盖孟顺早年参军后，一直跟随部队南征北战，直到病逝也没回来过几次，只有当时的同村战友盖善云对他还有点印象。

1927年，盖孟顺出生在一个农民家庭，家庭境况在其他人看来属于上层。什么样的才算是上层呢？如果划分家庭成分的话，应该算得上是上中农，家中有土地15亩。那时的“亩”是老人们口中的“老亩”。从清乾隆年间到民国，再到解放初期，整个齐鲁大地上衡量土地面积用的是“老亩”。一老亩大概相当于现在的一亩半。另外，家庭妇女做衣服，量布用的尺也是老尺，叫做“老棉布尺”，几乎每家都有。后来用的市尺，称之为“六寸尺”。当时的15亩也就相当于现在的20多亩地，在当时可谓是小康了。相比其他小伙伴，殷实的家境让盖孟顺不仅长得格外壮实，还有机会上学识字。

据盖善云回忆，盖孟顺虽然只有一米七，却有着一把子力气，动作机灵敏捷，常常两三个小伙伴也放不倒他。有一年，盖孟顺帮家人去南山收麦子，一个长口袋装满麦子足足有160斤，15岁的盖孟顺硬是扛着走了2里山路回到了家，真可谓“天生神力”，这也是他随后在战场上屡建奇功的一个重要原因。少年时代的盖孟顺早早地被家人送到安里学校念书。在玩伴们看来，盖孟顺很聪明，老师讲的知识，不用过多重复他就很快掌握了，成绩自然不错。没过几年，盖孟顺从学校毕业后便回到家里帮父母打理田地。

1947年大参军运动中，盖孟顺跟随村里众弟兄一同报名参军，成为胶东南海军分区独立第一团三营九连的一名战士。与当前类似，新兵入伍首先要训练，但由于战事吃紧，他们的训练时间只有短短3天，主要学射击、拼刺、匍匐等基本战术动作。力大无穷的盖孟顺在训练中如鱼得水，很快便将拼刺刀练得出神入化，连老兵都直夸厉害，这也是让盖善云最佩服的。每当冲锋号一吹响，早已跃跃欲试的盖孟顺犹如猛虎下山冲向敌人，凭借凶狠灵活的劈杀技巧，常常一对二、一挑三，自己却毫发无伤。在他的带动和感染下，九连的将士们个个勇敢无比，令敌人闻风丧胆。 在一次又一次的拼杀中，盖孟顺打出了名声，九连更是众人皆知，成为口口相传的“金九连”。

1954年，盖孟顺同志（后排左三）在烟台参加军法工作会议留影

“文化大革命”后期，盖孟顺同志（前排左二）在北京接受毛主席检阅后与战友合影

盖孟顺不仅枪杆子厉害，笔杆子也发挥了重要的作用。由于战斗频繁而激烈，几乎每一场战斗下来都会有安里的战士牺牲。每次战斗结束清扫战场后，无论他们在哪个部队，只要得知是村里的爷们儿牺牲了，盖孟顺都会给烈士远方的家人写信，告诉他们战斗地点、牺牲过程、埋葬地点等信息，确保烈属能够及时前来寻找烈士的遗体。采访中，根据初步调查得知，在南海独立团的安里村烈士近一半是盖孟顺写信通知家人的，烈属们每次提到此事便称赞他是个重情重义的汉子。

盖孟顺前线杀敌勇敢，还有些文化，深得组织信任，打算提拔他当干部时，却发生了一个小插曲。一天，盖孟顺的刘姓排长突然找到盖善云，愁眉不展地说：“这两天，盖孟顺眼睛很红，一看就是哭过，问他什么原因，他怎么也不说，光说没事，你们是一个村的，你帮我问问，如果再问不出来，我建议上报连长，让组织来调查。”深感事情严重的盖善云不敢懈怠，立即找到了盖孟顺，开门见山地问：“到底咋回事？”一开始盖孟顺还是不说，盖善云急了，在百般追问下，盖孟顺总算说出了原因。原来，在部队前期调查参军人员的家庭成分时，盖孟顺搞错了自家成分，写成了“富农”。在当时那个年代，“富农”虽算不上“文化大革命”时期的“黑五类”，却仍会受到排斥，被提拔的几率很小，这对提拔在即的盖孟顺来说打击很大。盖善云也慌了神，斥责道：“这个怎么能乱写？自个儿家的情况不知道？”盖孟顺答道：“知道，现在该怎么办？”盖善云稳了稳神，想了一会儿说：“这样吧，你以我的名义给村里写一封信，让村里帮你调查和证实一下。”随后，盖孟顺便给村里写了一封信。战争年代，从部队到安里村的信件来回至少 10 天以上，加上调查的时间，最起码要半个月。由于盖善云参军前在村里是指导员，说话还比较好使，调查结论竟只用了 10 天便到了部队。回信中证实了盖孟顺的家庭为“中农”成份。真相大白后，由于盖孟顺当年就加入了中国共产党，当班长不到一个月，被提拔为排长，一个多月后，又被提拔为连长，后来就被调走了。

根据查阅到的盖孟顺简历来看，入伍后，盖孟顺先后在胶东南海军分区独立第一团、即东县独立团、华东军区警备第四旅一〇团、连云港要塞任职。

1989 年，盖孟顺同志（前排中）在潍坊市奎文区军队离退休干部休养所与家人合影

后来，华野第三医院改编为“山东军区卫生部第三军医院”（现济南军区第八十九医院前身），并于1949年8月进驻潍坊坊子，盖孟顺调至该院后任政治处主任，1955年被授予少校军衔。据他的后人回忆，盖孟顺曾先后两次入京接受过毛主席的检阅，具体时间早已记不清了。

盖孟顺于1983年被批准离休，2007年4月病故，享年80岁。纵观盖孟顺的一生，真是能文能武、文武兼备，上阵能杀敌，平时能持笔。据子女的回忆，盖孟顺性格耿直、乐意助人、工作认真、生活节俭、严于律己，忠于党，忠于人民，是一名真正的共产主义战士。

一副铁拳头显威抗日战场

——记老兵蓝庆斋

口述 / 蓝维国　文字 / 王猛

谈起二爹蓝庆斋时，蓝维国满脸的自豪。称呼蓝庆斋为老革命一点都不为过，作为村里的老“民先”，他在1938年便在姜疃村盖淑学老党员的带领下秘密加入了中国共产党，是安里最早入党的党员之一。随后被组织派往海阳县秘密开展地下工作，在国民党反动派的严密监视和迫害下，巧妙周旋并积极发动一大批进步青年加入组织，开展革命活动。1944年初，蓝庆斋悄悄返回尚处于国民党统治的安里老家，劝同族蓝保信和蓝保月一起参加革命，返回海阳城后便加入了海阳独立营。

同年4月23日，蓝庆斋所在独立营配合胶东军区十六团，经过激烈战斗终于攻克日伪大山所据点。同年秋，海阳独立营积极响应上级号召全县普遍开展以反奸、反特、反贪污、反恶霸为内容的斗争工作。至1946年4月，共进行斗争571次，盘踞行村的日伪军逃往青岛，海阳全境解放。

建国后，蓝庆斋复员回家后，年少的蓝维国经常缠着他讲述参加战斗的故事。时隔多年，蓝维国至今仍记得蓝庆斋讲述的两次惊险故事。

第一次是1945年下半年的一次战斗。战斗中，蓝庆斋所在部队被打散，敌人趁机发动猛烈攻势，妄图将蓝庆斋所在部队彻底消灭。突围中，蓝庆斋被5名敌军堵到了一个死胡同，弹尽粮绝之际，敌军似乎想要发泄心中的怒火，纷纷放下枪，准备用拳脚“修理”一下蓝庆斋。看到此景，心里原本紧张的他却长舒了一口气。只见，蓝庆斋把枪轻轻地放在一侧，撸了撸袖子，摆出迎战姿势。5名倒霉的国民党兵本以为凭着人多就可获胜，谁知刚刚交手不久便被一一放倒，丢了性命。原来，蓝庆斋年少时曾跟着安里有名的盖功俭老先生学习“长拳”[1]，加上他身材威猛，一套长拳打得虎虎生风，虽没有多少观赏性，却有着非同一般的实战性。每次谈起这个，蓝维国总会发现二爹脸上的那份骄傲，因为在打斗中他不仅把敌人打倒了，还缴获了5支好枪。幸哉！快哉！

还有一次，刚到部队不久，蓝庆斋领到了第一把枪——老套筒，虽说当年能够分到枪是一件很幸运的事，但蓝庆斋看着敌人用的是清一色美式装备，很是眼红。一天，蓝庆斋找到同村的盖言升表示想潜到国民党重镇青岛去摸哨搞两把枪。两人一拍即合，当天便化妆成普通百姓来到了青岛。是夜，两人悄悄摸黑来到一个军营门口，看到两名站岗的哨兵正抱着枪打盹。考虑到盖言升不会武功，蓝庆斋便让他在暗处接应，自己悄悄向岗哨摸了过去。突然，蓝庆斋一跃而起，一个上步、一记冲拳直接要了其中一名哨兵的命，另一名哨兵还未反应过来，他再次上前，再一劈掌，哨兵慢慢瘫软在地。当夜，两人拿着抢来的枪高兴地返回部队。这件事很快便传遍了整个部队，看着被缴获的两支枪，战友们都佩服地竖起大拇指。

在蓝维国看来，二爹一辈子走南闯北，一直在战场厮杀，多次遇险，多次全身而退，这与他那双铁拳头是分不开的，真可谓一副铁拳走天下！

[1] 长拳：传统北派武术中一部分拳术，查拳、华拳、炮捶、红拳均属长拳之列，现代新编国标武术长拳是中华人民共和国建立后发展起来的一个拳种，在武术运动中影响较大，有广泛的群众基础。

战火中死里逃生 战功累累的英雄排长

——记老兵盖英宾

文字 / 盖元修[1]

六七十年代，在田间地头、街头巷尾、闲暇之时，只要父亲一坐下来，就有不少老少爷们儿围坐在父亲身边，让父亲讲他在年轻时打仗的事情。父亲讲得很详细，有时间，有地点，有人名，可惜那时我岁数小，只依稀记得一些重要的、有趣的故事，关于具体时间、地点、人名全忘记了。下面是我根据父亲生前的讲述，整理汇编而成的。

1941 年的一天，正逢姜疃大集，我和后屋的盖元德（当时我 16 岁，盖元德 19 岁）在集市上玩耍，那天正逢姜疃赶大集，国民党暂编第十二师的兵抓住了盖元德的胳膊。原来，十二师在憩格庄驻军的给养员到集上购买生活用品，各种蔬菜和鱼肉两大筐，让我们帮忙送到憩格庄。我们不干，那个兵就打了盖元德好几个耳光，吓得我们跑开了。后来我们俩就商量，我们也去当兵，不仅吃得好，当好了我们就去揍那个驴养的。1942 年赵保原扩充兵员，各村够标准的青壮年，都到村公所抽签，当年我 17 岁还不够年龄，但由于家

[1] 盖元修：盖英宾同志儿子，1950 年出生。

庭生活困难，父亲病故，母亲一人拉扯姊妹六人，生活维持不下去，经人介绍，顶替佐村高姓大户人家的儿子，卖了80块大洋，当了赵部的国民党兵。我和盖元德到万第集训了一个月后，便被派到憩格庄驻防。

1942年的夏天，半夜时分，部队紧急集合要我们去增援万第，八路军五旅十三团正在攻打万第赵保原的司令部。战斗异常激烈，当我们紧急赶到万第西山不远的时候，陷入了八路军的包围圈，不过十几分钟战斗队伍就被八路军打散了。部队四处逃窜，当时我中了枪，一头栽在地下，爬不起来，被八路军俘虏了，被抬到了海阳根据地后方医院。后来因伤残转业回家后才听家人说，他们以为我早就死了，因为同村参战的带来了阵亡的消息，赵保原部队发来了阵亡通知书，家中逢年过节还都供奉着我的牌位。住了两个多月的院后病愈了，我便被补充到许世友将军率领的五旅十三团，成了一名八路军战士，从此走上了革命道路。

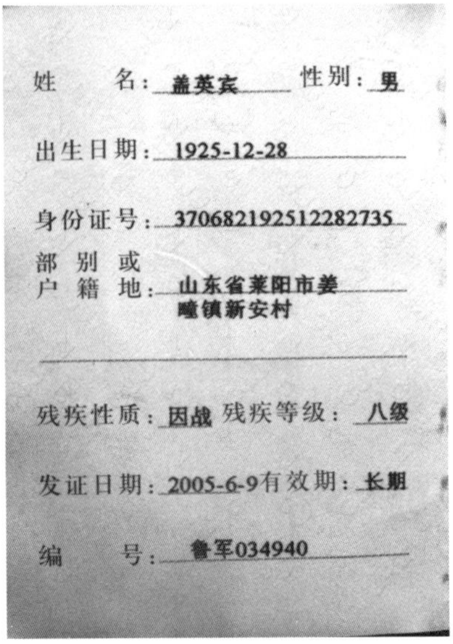
姓　　名：盖英宾　性别：男
出生日期：1925-12-28
身份证号：370682192512282735
部别或户籍地：山东省莱阳市姜疃镇新安村
残疾性质：因战　残疾等级：八级
发证日期：2005-6-9　有效期：长期
编　　号：鲁军034940

2005年6月9日，莱阳市民政局颁发给盖英宾同志的伤残军人证明书

那时的领导可爱可亲，毫无官架，团长聂风智经常到青年营给我们作报告，一口南方话我们听的似懂非懂。连队开会时，连长再解释一遍，我们就明白了。许世友将军也给我们做过多次报告，因青年营有时也给司令部站过外围岗哨，经常见许将军同其它领导一起在场院散步，有时也见到许将军舞大刀，那刀舞的呼呼响。高兴时，他会叫警卫员拿出他的大弓来，把弓拉得满满的，其它领导很少有能拉得开的，有时还把场院打小麦的碌碡举起来，或者打一趟我们不知名的拳路，看得我们目瞪口呆。后来听领导讲，许将军是少林寺和尚出身，我们还不太相信这是真的。

1942年是抗日战争最艰苦的阶段，胶东五旅是许世友将军1939年刚组建的，主要以文登天福山起义的游击队为主，团结当地自发组织的抗日民团、抗日的民众和占山为王的进步土匪组建的，装备非常差，没有统一服装，和老百姓基本一样，有的没有武器，有的拿着大刀梭镖，有的拿着打鸟的土枪。

枪支五花八门，有汉阳造、沈阳造、九连登、水连珠、老套筒。有的枪，枪口都能掉进子弹头去，打出去的子弹都横着飞，根本没准头。子弹非常短缺，比金子都珍贵，有的子弹袋看起来满满的，其实里面只有四五发子弹，其余全是玉米秆截成的，表面看满满的，其实是用来吓唬敌人的。当时，我记得我们连长拿的是一支土造的单打一手枪，打出一发，拔开再装一发，其它干部拿着和我们一样的长枪，只不过稍微好一点儿罢了。

我们曾到过莱西打过鬼子的埋伏。那次是在莱西日庄南岚打的，在水集西北约三十里，当时接到命令，经过一夜急行军到南岚的南山埋伏了一天。傍晚时分，“扫荡”的鬼子、汉奸、伪军们回据点进入了我们的包围圈，连长一声口哨（当时根本没有军号，是连长拿着一个铁质的哨子），一阵排子枪打得鬼子措手不及。我们立即发起了冲锋，十几个鬼子、三十多个伪军被消灭。打扫完战场后，我们马上撤出战斗。当时的形势是打赢打不赢都要立即撤出，撤晚了怕鬼子有增援。当时心情非常害怕，拿枪的手发抖，干部鼓励大家不要怕。其实哪能不怕，也不知鬼子长什么样，平时只听老兵讲，鬼子枪打得准，打得远，一定要埋伏好，不要随便露头。当时脑子想得太多，太乱，甚至想到可能被打死，但当枪声一响，我什么也不怕了，跟着老战士冲出去了。回到根据地战后讲评时，连长表扬了我第一次打鬼子冲锋冲得快，不怕死，是个好苗子，并说好好干，肯定有前途，当时听了非常高兴。

1942 年秋季，日本鬼子对根据地发动了铁壁合围，到处推行“抢光、烧光、杀光”的“三光”政策。根据地本来就穷，这一“扫荡”，老百姓的日子也就是顽强地活个命，部队的生活就更好不到哪里去，天天靠高粱、麸子掺地瓜叶、花生叶、白菜帮维持着。为了生存，为了反封锁，部队化整为零，到敌人后方去，主要是为了解决给养。那时部队基本没有后勤供应这一说，主要依靠各个连队，甚至是以排为单位找米下锅，解决生存问题。有根据地时，由所到地方负责解决。没有了根据地，只有到敌后去，到汉奸、地主家解决粮食，到敌后去是非常危险的，指挥上一失误，就会全军覆没。当时我们连队有一只经过训练的猴子，和当兵的待遇一样，有时比我们吃的都好，它为我们的生存立了大功。为了生存，为了解决给养，就必须进到村里，为了不被敌人发现，我们以连为单位，天亮前选个较大的村庄，尽量靠近村边，选一个大户人家进入，选择的标准是一要便于防守，二要便于撤出。拂晓前进村，把猴子由院墙放进去，悄悄地把门栓拉开，部队再进去，鸡不惊，狗不叫。一般一户进一个班，把房东全家人叫起来，集中进一间屋，并说明自己是八路军，要在家里住上一天，要好好地配合。房东就主动给我们做饭，烟火也不能太旺，免得邻居起疑，然后派出哨兵装成割草的，放哨瞭望。神不知鬼不觉地住上一天，天黑以后，我们再向其它地方游击几十公里，如此反复。那个时候汉奸、探子很多，绝不敢在一个地方住上两天，更不能游走的距离太近。那时部队有句顺口溜："游击战，游击战，一天不走八十里，那就不能算一天。"当时，我们主要隐蔽于大山中，哪里山大往哪儿跑，哪儿保险往哪儿钻。我们钻山沟，躲树林，到过昆嵛山，到过乳山，到过栖霞的牙山。暖和的天还好过，到大山沟一躲，周围山顶放上岗哨，大部分人员选向阳的地方一躺，晒着日头呼呼大睡，睡醒的就脱光衣服抓虱子，战士们戏说这是"革命虫"，专咬革命人，地主老财身上就没有。由于几个月都不脱衣服睡觉，每个人身上都有成百上千的虱子，根本抓不净。有的人用牙咬，有的人用石头砸，还有的点一堆火，把衣服在火上抖，噼里啪啦响，那是虱子被烧爆发出的声音。有时在河水里一抖，水面马上飘上一层黑压压的虱子。到了冬天可就受罪了，天寒地冻，比现在的冬天冷得多，又没有遮风避雨的地方。那时有句顺口溜："一人睡觉把腿弯，两个人睡觉颠倒颠，三个人睡觉钉木锨，两床被子盖全班。"一个班有时有一件大衣，一双棉鞋，那只能留给站岗的。在敌人的后方两年多，我们大多数的日子都是这样过来的。那个时候不打仗的日子很少，我们不怕游击战就怕遭遇战，在炮声中冲啊，跑啊，躲啊，把人累得都脱了相，一仗接一仗，脑袋别在腰带上，生和死，一念之间，转眼间一个鲜活的生命就消失了。枪林弹雨中，有多少伤亡也记不清了，只知道人员换了一茬又一茬，只要摸摸自己的脑袋还在，就要时刻准备着下一场战斗。后来我成了机枪班的战士，不用冲锋陷阵了，危险减少了，但机枪是部队的宝贝儿，为了把机枪从失败的战场上撤下来，亲眼目睹战士们前赴后继，用血肉之躯挡住了敌人的进攻。

这样的日子一直持续到了1944年，抗日形势发生了好转，日军发动的太平洋战争失利，山东日军大批外调，缩短了战线，采取了重点配置，放弃了次要地点的防备，将兵力布防到主要交通线和沿海城市，整个战略形势变成了有利于我方部队进攻作战的局面。那年最有名的战斗是马石山战斗，当时鬼子和伪军对根据地实行残酷的报复战。为掩护机关和群众转移，十三团参加战斗，打到最后拼上了刺刀，拼得鬼子四处乱窜。当时我刺死了一个鬼子，拔出刺刀准备再次寻找目标时，突然发现一个大个的鬼子扛着一挺机枪，在往大路上跑，我发现后追了接近200米，鬼子被我刺了一刀，刺刀都弯了，竟是刺到他的牛皮腰带上。当时他一回头，吓了我一跳，我这才发现他有二米高的个子，身材高大魁梧。当时我就想着豁出去了，于是倒过枪来，使尽全力一枪托砸在他的头上，将他打倒，夺了一挺机枪，并将他俘虏。战斗结束后，团里将其带走，后经询问发现竟是一个俄罗斯的地主后代。后来，我被评为十三团的“刺杀英雄”，被提升为班长。夺了这挺机枪后，我被安排进了机枪排，当了一名机枪手，这挺机枪伴随我走过我的整个战争岁月。

1945年8月15日，抗日战争胜利结束，胶东半岛那些杀害百姓的伪军们，摇身一变，成了“中央军”。当时胶东有大小土匪恶霸组织20余帮，全投在了赵保原的麾下，干起了围攻八路军的勾当。当时，赵保原部驻守万第，三面环山，北靠五龙河，是兵家之大忌，已失地利之助。进攻万第的时间定在1945年除夕午夜时分。开始，有政治部门进行政治攻势，宣传人员开始喊话，劝其放下武器，但敌人不听劝说，并在城楼上大声叫骂：“臭八路，穷八路，你们不过年，也不让我们过。”当时部队听了心里那个气，就回骂说：“八路爷爷送你们上西天，到阎王爷那过年吧。”一直骂到总攻开始。

当时我们机枪排的任务是专门封锁碉堡的机枪口，一挺机枪负责封锁一个碉堡的机枪口，在部队冲锋时，尽最大能力阻止敌人用机枪向外扫射冲锋部队，减少冲锋部队的伤亡。据一个被俘虏的十二师机枪手交代：“你们的封锁太厉害了，子弹都打到碉堡里来了，碰到墙上嗖嗖地乱飞，我们都吓得趴在地上，不敢抬头，不敢开枪。”战斗打了整整一夜，除赵保原带小数部队向北渡河逃跑外，其余全部消灭，部队乘胜追击，在莱西以西一带，将赵匪全部消灭。

此后，胶东最后一个据点就是莱阳城。莱阳城位居胶东腹地，战略地位非常重要。第一次、第二次分别打了几天都没成功，最终交给我所在的九纵。

莱阳城东西南三面是一马平川，后背后亭儿山，易守难攻，日军占据莱阳城后经过多年修建，防御工事坚固，碉堡、地堡密密麻麻，全是钢筋水泥结构，炮弹小型炸药包根本摧不毁。交通沟与地堡相连，火力交叉配置，火力封锁对我军造成极大的威胁。当时部队进行战前动员，开民主会，鼓励干部战士献计献策。别说还真想出了好办法：造土坦克，就是用一张张大方桌，按上两个大木轮子，上面盖上七八床用水泡湿的大棉被，由四五个战士推着向前冲，把炸药包、手榴弹扔进地堡里。就是用这种最原始的办法，我们把一个个硬骨头给啃了下来。战斗中，我们机枪排发挥了极大的作用，不仅用机枪封锁住敌人的机枪射击口，还一次次打退敌人的反扑，特别是两挺马克沁重机枪。一场战斗下来，冷却水一次次地干枯，子弹壳打得满地都是。有的战士编了顺口溜："七、十纵（吃食种），打莱阳，打不下来九纵上，九纵战士一声吼，三天莱阳得解放。"当时领导批评说，不能这样说，影响纵队之间的团结。但现在想想，这不也是从另一个方面说明我们胶东部队的战斗力吗？

解放莱阳城后，部队进入休整阶段。然而，蒋介石不甘心失败，将第八军海运到青岛登陆，配合当地的反动武装，继续对我军进行围攻。敌人狂妄的叫嚣，要把我们赶到东海去喂鱼，战士们都气得嗷嗷叫，觉得鬼子都被我们打败了，还怕你们？当时部队上下都有一种急切参战和轻敌情绪，这使我们吃了大亏。当时我们都叫第八军为"顽八军"，因为第八军的装备和人员组成都非常棒，人员多数是三年以上的老兵，打通过滇缅国际交通线，消灭鬼子无数，在抗日战场上立过很多战功。据内部传来的消息，"顽八军"有一个团进驻平度城，反动政府不仅组织了欢迎会，还举行了入城仪式。纵队领导认为这是个打击敌人的好机会，决定组织部队对敌人发动了偷袭。刚开打部队就处在下风，敌人的那枪打得呼呼的，像刮风一样，一扫一片。幸亏领导发现得早，交替掩护，快速撤退，一直撤到大山里。这一仗，参战部队伤亡过半，部队上下士气不振，而敌人则庆功扬言"十天内要把胶东部队赶到东海去喂鱼"。

打完这一仗后，部队开始整顿学习，开展消灭"顽八军"的誓师活动来鼓舞斗志，后来胶东纵队在即墨灵山开展了一场消灭"顽八军"的战斗。战斗打得昏天黑地，白天敌人占领了我们的阵地，晚上我们再组织部队夺回来，如此反复了多日。南海一团、南海二团基本上被打残了，其它部队也有不少伤亡。经这一战“顽八军”大伤元气，向东推进，连海阳城都没有推到，就灰溜溜地撤了回去。

在解放平度城的战斗中，我们机枪排立下了赫赫战功，后来被敌人的炮兵瞄上了，一阵炮弹铺天盖地，摧毁了机枪阵地，我受了重伤，脖子被炮弹皮打伤了，腿也被打瘸了，住进了医院，告别了金戈铁马的战争生活。

治好伤后，我的脖子伤了一条神经，头歪了，落下了残疾，并留下一个像镜子一样的伤疤。转业回乡后，我的头一直向右边歪着，刚回家的那几年不能干活，在太阳下时间稍微一长就恶心呕吐，会晕倒在地，不省人事。医生说可能打坏了哪条神经，因此得了一个不太雅的外号——“老歪歪头”。

这就是父亲的故事。父亲 86 岁那年，精神呆板，医生说是老年痴呆症，离开家门后就找不到回家的路，失去了以往的笑容和健谈，失去了自理能力。我在给他老人家洗脚的时候，看到他的那双大脚板，比正常人的宽很多，很难买到合适的鞋。医生说那是骨质增生硬化后形成的。由此可见，老人家在战争中跑了多少路，遭了多少罪。

2012 年 12 月 11 日，父亲走了，享年 90 岁。

无人不晓的“老八路”

——记老兵盖善云

文字 / 盖艾玲

盖善云是个老革命，安里村人都称他为“老八路”，他自安里村参军后就在南海独立团。3年间打了无数次仗，连他自己也数不清。

盖善云同志讲述当年战斗情形

解放青岛时，盖善云所在的部队主要打外围，看着别让里面的敌人跑了。据老人介绍，攻打青岛七天七夜，他们没有吃上一顿饱饭，每天就是喝一碗玉米面汤，不一会肚子就饿得咕咕叫。直到消灭了敌人，青岛全城解放了，战士们才吃了两天饱饭，没歇上一口气，上级又命令他所在的青岛警备第四旅进崂山剿匪。当时盖善云所在三营全部驻扎在崂山的北九水，哥哥安顿下来时，还是吃不上饭。由于青岛刚刚解放，群众对解放军还不了解，周边村庄的百姓见了当兵的就跑，部队军需后勤供给跟不上，战士们老是饿着肚子。

在崂山剿匪期间，部队派出人员进村联系群众，做好宣传工作，许多群众觉悟提高了，也敢于为解放军提供情报了。经过侦察发现，国民党的一个连驻守在不远的南九水。营里派出侦察兵悄悄在周边跟踪侦察后，获知这个连看守着一个粮库。于是在一天夜里，三营官兵在夜幕下一阵突袭，拿下了这个粮库，解决了战士们的吃饭问题。在崂山一个多月后，部队再次奉命开赴长岛，参加解放长山列岛的战役。

当时，虽然烟台境内全部解放，但是长山列岛仍然被敌军控制。盖善云所在团将大部队乘船直扑南长山岛，并派盖善云所在排押送弹药走水路。当时他担任机枪班的班长，押送着5艘汽艇，中间3艘装运弹药，前后各1艘由战士们机枪押运。他们由崂山海上出发向东，绕道威海卫，经过一天一夜终于到达烟台。在烟台休整5天后，他们奔赴长山，在长山岛正南的蓬莱海域，开始了为期一个月的海上训练。

盖善云和所有战士一样，从小在胶东半岛的丘陵地区长大，都是“旱鸭子”，船上一颠簸，马上就天旋地转起来，呕吐不止。开始的一个周，只是在船上训练，任由风浪颠簸，反复呕吐，每天都像是过“鬼门关”。后来，团长来检查训练情况说：“这可不行，你们那还有什么战斗力啊，要加大训练的强度，还要加班加点，延长训练时间。”第二个周，从船上到水里，经过反复折腾，战士们也慢慢不是那么头晕恶心，战斗力不断提升。

一个月后，某天清晨的六点半，他们接到命令全部上船。盖善云和机枪班的战友们上了船才发现，船的周边全部叠压着一个个装满谷糠的麻袋，终于要攻打长山岛了。兴奋之际，盖善云却见到船老大在那里垂着脑袋，一副唉声叹气的样子，便问：“你是不是害怕了？”船老大说：“你不害怕？”盖善云说：“我打了三年仗，记不清有多少次子弹、炮弹就在身边响着，不记得死了多少回，我能怕？”船老大说：“唉，你哪里知道！”。盖善云很是纳闷：到底怎么了？后来，船老大才道出实情，原来天气变化很快，马上要起台风了。

正在此时，上级来人传达命令：“台风来临，赶紧下船。”说时迟那时快，刚才还安静的海水，随着陡然刮起的大风突然癫狂起来，几十艘已经满载兵员、

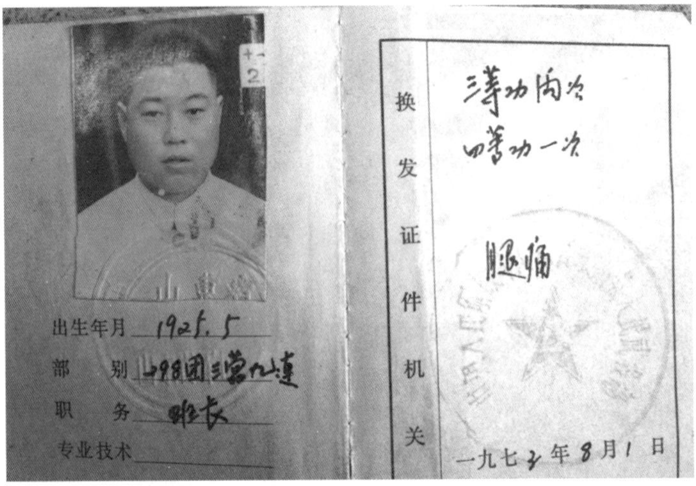

1973 年 8 月 1 日，国防部颁发给盖善云的复员军人证明书

枪械弹药的船只，立刻倾斜摇晃起来。盖善云乘坐的这艘船的船老大很有经验，看出要起台风了，所以早有准备，离岸边很近，没有被台风倾斜掀翻，船上的机枪弹药也都被战士们及时搬到岸上。但其他船就没有那么幸运了，有的连人带物一起倾斜翻倒，最后也只是人逃了出来，物资基本上全被翻进海里。第一次进攻长山岛因为天气原因被迫取消了。

此时胶东半岛全部解放，国民党最后的一支顽固势力困守孤岛，当官的醉生梦死，当兵的贪生怕死，军心涣散，无人恋战，谁都不愿意为蒋家王朝做最后的替死鬼。长山岛第一次进攻受挫的消息，使岛上的敌人好不欢喜，纷纷传言：“老天爷帮忙，解放军一个月内恢复不了元气，一个月内他们不可能再攻打长山岛了。”不久，我军潜入敌人内部的同志传出这些消息，上级立即部署：趁敌人侥幸心理，各部队马上恢复战斗准备，准备攻打长山岛。此令一出，所有之前征用过的民船，重新又被征用过来，不到半个月就一切准备就绪了，夺取长山列岛的战役即将再次打响！

某日晚，盖善云所在部队接到战斗命令。是夜，盖善云与战友悄悄摸进了岛上，守敌竟然没有半点察觉。这时候，他远远听见两个哨兵还在闲扯，其中一个说：“今晚肯定没有事。”另一个也附和着说：“就是就是，八路今晚打不了长山岛。”几个战士悄悄走过去，眨眼功夫就解决了这两个哨兵。随后，他们发现前面一座房子里有灯光，轻轻靠近后发现只有几个国民党的士兵在里头。战士们冲进去，大喊一声“不准动”，一个敌人想摸枪，被一枪击毙，吓得其他敌兵再也不敢动弹。盖善云他们马上审问得知，敌军连长今天娶亲，排长带着其他人都去闹洞房了。盖善云带人根据敌人的口供去到另一个院子，只听里面人声喧闹，敌人全无戒备。战士们大喊一声：“不许动！都老实点，全部举起手来。”敌人连抓枪的机会都没有，就当了俘虏。盖善云说，敌人一枪没捞着放，我们只放了一枪。战斗就胜利结束了。

这是新中国成立前夕烟台境内的最后一次战役。作为其中参与者的亲身经历，盖善云从历史参与者个体、局部反映了当年整个战役的情况。打下长山岛，盖善云所在部队与当地的群众举行庆功大会，连续唱了七天大戏，老百姓敲起锣鼓，扭起秧歌，慰问解放军。随后，盖善云的部队进驻烟台，休整一天一夜，随即前往威海。

在威海，由于部队过去补充的许多兵员都是投诚过来的国民党士兵，个体素质参差不齐，与当地群众造成一些摩擦、冲突，影响了我军形象，妨害了军民关系。因此，部队在威海只驻守半年，即被调往即墨。

前往即墨的路途中，他们却遇到了前所未有的困难。原来，敌人为了破坏解放区的大好形势不断制造混乱，在沿途所有的水井里投放了毒药。刚开始部队不知道，行军沿途差点中毒，幸亏当地的群众及时将这一情报告诉了部队，战士们才幸免于难。

部队进驻即墨后，上级布置的第一个任务就是人人都要学文化。那时候，部队上下基本是文盲或者半文盲，一部分人读过一二年级小学，有的一天学都没上过，大字不识一个。盖善云就一天学都没上过，在他看来能写出自己的名字就不错了。盖善云发现自己当了3年兵，打了3年仗，拿着枪杆子，三点一线瞄准了就放，没什么难的，但拿起笔来手就不听使唤了，小小的笔杆比枪杆还沉重。许多人在战场上敢于冲锋陷阵，但是在学习文化面前却临阵退缩，坚决不学，许多战士打退堂鼓。这时候，部队领导请来了杂技团，为战士们表演杂技，走钢丝，演员们不光表演，而且要教战士们学。这下可更是麻烦大了，大家齐声嚷嚷："首长这是干什么啊，走钢丝可比学文化难多了。"部队领导却说："要么学文化，要么学走钢丝，你们任选一样。"战士们这才领悟了上级领导的良苦用心，原来是为了让大家明白，学文化还能比走钢丝难吗？于是大家不再畏难发愁，纷纷努力学文化，学知识。这样的速成教育、快速扫盲，让盖善云他们只用了四五个月就能自己看报纸、读文件了，文化水平和政治素质都有了很大的提高。随后他们接到新的命令：重返威海，挽回威信。此后，他们在威海住了一年多，千方百计为老百姓做好事，努力发扬人民解放军的优良传统。等部队调离时，威海百姓敲锣打鼓，沿街欢送。

1949年至1954年，是盖善云一生中难忘的岁月，他在中国人民解放军这个队伍里，度过了自己的青春时光。1955年，中央下令要求部分老兵转业复员。领导找他谈话说："工作全部分配，国家一律给安排，愿意干什么工作自己任选，主要是青岛党、政、军等机关部门，但是必须要有文化。"但在盖善云看来，他没有正规读过书，这些重要的岗位他一样也干不了。领导说："要不你就看仓库吧，这个不需要太多的文化。"于是，他当上了仓库保管员。可是后来他发现仓库保管需要记账，也要写字，感觉拿着国家给的工资却不能胜任这个工作，心生愧疚的他申请回家当农民了。

就这样，这个安里村很早就参加革命的"老八路"，在炮火硝烟的战场上拼杀了多年后，重新回到家乡。他没有怨言，没有抱怨，想想那些牺牲了的战友，看看自己成家立业，儿女双全，儿女孝顺，子孙绕膝，很是满足。他每天劳作，直至九十高龄。现在，国家每个月给他600元的生活补助，他打心眼儿里感激。

我们衷心祝福这个有着传奇经历的老人、革命前辈，健康长寿，幸福百年。

“我只有一个心愿——抗日救国！”

——记老兵潘世卿

口述 / 潘世卿　文字 / 李浦松

2015 年 6 月 5 日中午，我们走进抗战老兵潘世卿的家里时，老人正在午休，见人来访，他迅速从床上爬起，非常利索地穿好衣服，下床出门来迎接。我们顿时感觉，真是一个非常清瘦矍铄、动作敏捷的老兵！虽然 97 岁高龄了，但仍可见当年金戈铁马、驰骋疆场的硬作风和精气神。开始与这个历史的参与者、见证人对话后，更是强烈感受到他的清晰记忆、敏捷思维和赤胆忠心。

“战争年代，本就由不得你多想，不管是主动还是被动，你都得卷入了这场浩大的战争。当年，不管是当战士、农救会长，还是民兵队长，我只有一个心愿，就是‘保家卫国’！”随着潘世卿老人的讲述，我们一起揭开久远的封尘史事，追溯那些出生入死、浴血拼杀的烽火岁月。

1918年农历腊月二十五日，潘世卿出生在大夼镇三里庄村，家里兄妹4个，他排行最小，有 3 个姐姐。1942 年，潘世卿是家中唯一的男孩，本可以不用抽签，但他主动要求参军杀敌。参加国民党军后，他发现赵保原部队不尽心尽力打日军，反而欺压百姓，不愿再跟着打仗，想方设法回到了家乡。

后来，潘世卿看到，外敌入侵仍然疯狂，百姓生存更加水深火热，受尽欺凌的血海深仇，使他无法安心做一个本分的农民，于是带头在村里成立了“农民抗日救国会”，带领村民积极抗日，进行减租减息，反霸斗争和生产运动。潘世卿在“农民抗日救国会”的工作主要是组织村民进行减租减息斗争，减轻地主对农民的剥削，提高村民生产和抗日的积极性。此外，还号召村民积极参加游击队、八路军，组织起情报队、运转队、慰问队等，掀起了村民踊跃参军、参战、慰问的抗日救亡高潮。

潘世卿说，当时在三里庄村和周边乡村，“团结一致、同仇敌忾、共同抗战、抵御外敌”的氛围很浓厚，处处可以听到“叫老乡，你快拿起你的枪哦，快去把兵当，莫等日本鬼子来到咱家乡，老婆孩子遭了殃，才去把兵当”的动员参军歌的歌声，还传唱《大刀进行曲》、《游击队歌》、《到敌人后方去》等救亡歌曲，时时可看到村民开会操练、站岗放哨、防特锄奸、打狗挖路、抢收藏粮的景象。

“那时我们把敌人玩得团团转呢！”提起峥嵘往事，潘世卿像个孩子般得意地笑着。他说，当民兵必须要胆量大，还要善动脑筋，想出巧妙的战法

潘世卿同志

对付敌人。那时，民兵主要协助八路军游击队实施麻雀战、地道战、破坏战和地雷战等敌人从未见闻过的战略战法，并搜集传送情报。潘世卿带领全队民兵日夜开挖将许多村庄连接起来的“地道”，在不被人发觉的情况下运送游击队和供给，使民兵和游击队能同时从不同的地点发起攻击。每条地道都有许多出口，避免了里面的人中埋伏或被活捉。

他们还参与实施“破坏战”，一是破坏公路、铁路和桥梁阻止日军的调动，二是在日军占领的村、镇和城市埋设真假地雷牵制日军的调动，假地雷与真地雷散布在一起，让日本人知道埋了地雷但搞不清哪儿是真地雷。

潘世卿说，当民兵最关键的还是搜集传递情报。“如果敌人行动，我们就会立即从和日军据点附近或入口处的设置的望风点收到情报。警报铃会拉响，村民将食物藏起来并躲藏到附近的小山上，而我们民兵则忙着埋地雷，挖陷阱，并用点燃烽火或降低山顶上的信号标记的通信方法，将信号传递到另外的村子。

美国记者的观察报道这样写：“共产党成功伏击、骚扰日本人，与民兵对日的侦察和向共军传递情报有直接关系。民兵能够准确报告日军运动的时间和位置，为游击队创造了伏击日军的最佳时间和地点以及攻击日军据点防御的薄弱点提供了最佳有利条件，民兵的情报搜集工作使得共产党变成千里眼和顺风耳。”

据《中国人民解放军全史》第四卷第362页记载，抗日战争中，山东民兵在1943年3月到1944年3月一年间，就作战7000多次，歼灭敌人2700多人，缴获大量武器和军用物资。民兵承担的任务被证明对共产党的抗日发挥了无法估量的作用。怪不得，潘世卿老人谈到他当民兵的战斗时就自豪地笑起来呢。那时，谈起八路军，老百姓的赞叹方式是伸出右手，先让手指呈“八”字形状，再缩回食指，变成一个雄赳赳的大拇指。加上1945年抗日战争胜利后，每家分房分地，在这过程中，潘世卿再次强烈地感受到：共产党和八路军才是老百姓的“天”。1946年，他报名参加了八路军。

一次，在即墨莲花山上，敌军驻守一个连，潘世卿所在团将其包围后，谈判要求其投降。但敌军不仅不投降反而气焰嚣张。攻打过程中，由于团里配备的土炮火力小、射程近，根本无法伤及敌军。无奈，调来一门大口径炮。

潘世卿带领战士迅速警戒炮兵阵地，最终将敌军打垮，立下战功。

1947 年冬，莱阳城攻坚战打响。国民党军以 8 个旅的兵力分两个梯队在坦克、飞机、炮兵的配合下，由青岛、即墨北援莱阳城守敌。11 日，第一梯队 4 个旅进到水沟头镇遭遇我二纵火力阻击，双方对峙，敌不能前进一步。此时，我攻城部队已将国民党军紧紧包围在城隍庙内。在这紧要时刻，范汉杰又将增援的第二梯队 4 个旅由青岛沿烟青公路向莱阳城方向开来。13 日夜，莱阳城攻坚战结束。在水沟头负责阻击任务的二纵另有任务受命南下。国民党增援部队一、二梯队会合趁机向东推进，企图夺回莱阳城。

战斗异常激烈，我军伤亡惨重（据说，攻莱阳历经十昼夜血战，七纵和十三纵三十七师共计伤亡 7709 人。据莱阳城老人讲，战后我军仅掩埋尸体就用了两三天的时间）。战斗中，潘世卿的营长不幸中弹受伤。营长问七排长潘世卿："怎么办？"潘世卿非常果断地答："先撤退，保存有生力量再做打算。"营长听了潘世卿的意见，随即撤下，重整队伍。还未喘口气，潘世卿立即收到上级消息：敌军一股援军正从大沽河以西一带赶来驰援，你部立即组织一支 30—40 人的队伍，执行阻击任务。

时间就是生命，时间就是胜利。潘世卿立即组织一支精兵敢死队前去阻击。正当敌军东进时，七纵、九纵绕过水沟头，沿大沽河快速秘密地迂回到国民党增援部队的背后夏格庄、姜山一带（现属莱西市），切断了敌人后方补给线，为确保战争胜利发挥了不小的作用。

1949 年，解放长山岛战役时，潘世卿已成为华东军区警备第四旅七连指导员，驻防青岛，邓龙翔少将就是他的旅长兼政治委员。接到上级任务命令后，部队火速徒步由青岛经莱阳、栖霞到达黄县（现龙口市），准备发起战斗。行军全程 300 多公里，由于路途遥远，补给不足，途中病号增多，团政治处主任要求潘世卿带领连队临时作为收容队，伴随保障、救治伤病号。除了组织指挥，潘世卿还带头抬担架，背伤员，战友没吃的了，他就将身上带的干粮分给伤员们吃。收容队在后面，危险性很大，一怕敌人追杀，二怕跟大部队落下距离，三怕战士们体力不支倒在路上。潘世卿发挥宣传鼓动的特长，鼓舞士气激励斗志。他们连队作为收容队在此次行军中，收容掉队战友共有 300 多人。这些病号在他和连队战友的照顾下，很快伤势恢复投入新的战斗。

到达黄县（现龙口市）后，团里立即组织战前动员大会，潘世卿作为连级指战员上台发表讲话，表战斗决心。至今，他都记得当时的景象：群英激愤，慷慨悲歌，务必取得胜利。在他看来，这既是骄傲，又是一种激励，光荣的感觉至今难忘。

战争胜利后，潘世卿所在部队移防威海市区。进城后，为了展现解放军的良好形象，部队专门给每人发了一双鞋子和一双袜子。虽然是旧鞋子、旧袜子，但对于整日与硝烟为伴的潘世卿和战友来说，这已是一种奢侈。每日行军，他们口号喊得震天响，引来无数群众拍手叫好，潘世卿的自豪感油然而生。

历次战斗中，潘世卿非常有勇有谋，战斗作风过硬，组织指挥能力也强，很是赢得组织赏识，上级研究准备将他作为提干对象予以培养，把他送往军区参加业务培训。1951 年，培训结束后，在提干前的体检中，发现他身体较为虚弱，部队领导让他到华东野战军第三野战医院进行疗养。

疗养期间，由于特务混入，潘世卿被陷害注射了有害药物，身体更加消瘦，不足 80 斤，奄奄一息。医院准备放弃治疗时，部队领导专门要求：潘世卿是战斗英雄，务必全力抢救。随后，医院组织当地学生献血抢救，方从死神手里把潘世卿的命抢回来。

后来，由于文化程度不高等各种原因，部队安排潘世卿转业复员，被安排在姜疃镇供销社上班，成为一名皮具加工工人，后转为服装销售员。期间，他入赘到安里，与盖树牟的女儿盖冠花结婚。9 年后，因供销社裁员，返乡务农至今。

聊起血雨腥风、枪林弹雨，潘世卿老人说：“我这一辈子总算为中华民族的解放和新中国的建立出过力，立过功，现在儿孙绕膝，邻里和谐，不枉当年的出生入死、浴血奋战。”

饿死不动公家一分一厘

——记老兵张维纲

口述 / 张维全[1] 张维涛[2] 张维署[3] 张玉林[4] 文字 / 王猛

张维纲早已过世近 50 年，儿子张玉林也已 75 岁了。每当谈起父亲，张玉林总是一脸自豪。

1945 年，张维纲的弟弟张维宾参加了八路军离开了安里，而 25 岁的张维纲也被推荐担任村里的“青救会”会长，并加入了中国共产党。1947 年，安里大参军运动拉开序幕，身为会长的张维纲深知责任重大，为了动员村里的青年参军入伍，他与盖善云等村里的骨干带头报名，又挨家挨户动员，凡是家里有青年劳力的，他们都亲自登门入户，给村民讲解我党我军的使命和参军报国的意义。功夫不负有心人，张维纲竟前后动员了 25 人参军，占了全安里参军总数的七分之一，被五龙县政府授予“特等扩军模范”的荣誉称号。这一年，张维纲早已娶妻生子，妻子是濯村的高桂花，儿子张玉林也已 7 岁了。像同村其他参军的老少爷们儿一样，他告别了妻儿毅然来到部队，在南海武装部当干事，具体负责的任务已随着时间的流逝被人们逐渐淡忘。

1947 年，灵山争夺战爆发，敌我双方围绕着灵山这个弹丸之地展开激烈

[1] 张维全：张维纲同志族弟，1938 年出生。

[2] 张维涛：张维纲同志族弟，1955 年出生，退休教师。

[3] 张维署：张维纲同志族弟，1959 年出生。

[4] 张玉林：张维纲同志儿子，1941 年出生。

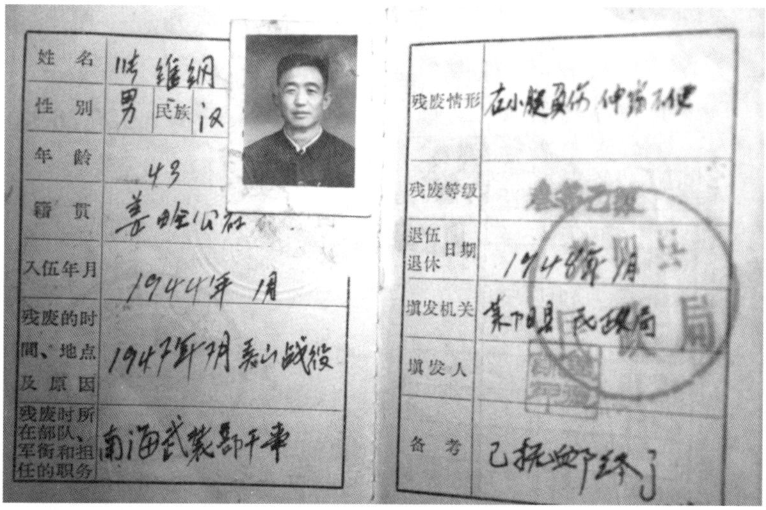

莱阳县民政局颁发给张维纲同志的伤残军人证明书

争夺，张维纲作为地方部队毅然上了前线。战斗中，他不幸被子弹打中左小腿，终生留下残疾。负伤后他被送往野战医院进行救治，伤好后被评定为三等乙级伤残，再也不能上前线打仗了。带着遗憾，张维纲于 1948 年 1 月拄着双拐回到了安里村。

由于腿伤一直得不到良好的救治，回家后的张维纲一直休养了很长时间才开始下地劳作。据村里的老一辈讲，张维纲虽然身体上有残疾，但却是个要强的人，干起活来却从不认输。别人干多少，他就要求自己干多少，一点不偷懒，这让不少人深感佩服。1953 年，张维纲被安排到姜疃供销社上班。这在不少人眼中可是一个好差事，不仅脱离了土地，而且是个“肥差”。但让人想不到的是，张维纲始终坚守着做人的原则和党员的本分，每一项工作都兢兢业业，从不眼红公家一分钱、一粒粮食。1963 年，家里的生活非常困难，已经到了快要饿死的地步，而张维纲却从来没有对公家的粮食动一点歪心思。也有人说他“彪”（胶东方言，“傻”的意思），有油水不知道去“捞”，他总是义正词严地说：“公家的东西，一分钱都不能揣到自己的腰包，这是共产党员的原则！”

这一个时期，安里百姓生活越来越艰难，张维纲看在眼里急在心里，他毅然辞去供销社的工作回到安里村任农副业主任，负责主抓村里的农副业生产。为了改变村里的面貌，他起早贪黑，找思路，想办法，硬是为村里办了20多个农副业项目。一时间，油坊、磨坊、铁匠铺、木匠铺等副业如雨后春笋般建了起来，这些副业给村里带来了不小的收益，让周边不少村庄的百姓格外羡慕。安里人民的日子也逐渐好转起来，吃饭的问题不仅解决了，大家手里还有了余粮，这不得不说是一个奇迹。当时周边村庄来安里排队榨油、磨面的场景，成为老人们脑海中常翻出来回味的记忆。最喜人的还要数张维纲带领村民给磨坊安装1140型煤气机[1]的场景。用机器拉磨在农村可是一件新鲜事，安装机器那天真可谓万人空巷，村里男女老少纷纷放下手头的活前来围观，看着这个铁疙瘩竟能不用人、不用牲口就磨出面粉来，大家纷纷称奇。正当人们对张维纲的所作所为不禁竖大拇指时，不幸的事却降临到他的身上。1966年，张维纲被查出患了胃癌，当年便离开了那生他、养他和他为之奋斗的安里，年仅47岁。

至今，当年那间磨坊的旧址依然矗立在安里大街一侧，早已物是人非，但却仍是老人们记忆中不可或缺的一段宝贵记忆。张维纲带领安里人摆脱贫困、不动公家一分一厘的光辉事迹成为安里广为流传下来的一段感人故事。

[1] 煤气机：用可燃气体作燃料的内燃机，又称气体燃料内燃机，是最早的一种内燃机。

十年军旅　一生荣光

——记老兵张维斌

文字 / 张维斌

1927年5月，我出生于山东省莱阳县安里村。1945年6月参军，刚开始在胶东军区东海军分区教导营三连学习，三个月后，留任下一期学员的副班长。1946年春，我被调到东海军分区独一团二营五连二排五班当班长，驻守威海市刘公岛构筑工事，以防国民党海军偷袭。大概在1946年5—6月期间，我再次奉命调到胶东军区联络部，当时准备派往青岛做敌工，后改派到胶东军区解放官兵教导团三连任副排长（驻栖霞牟氏庄园），负责接收、管理各战场送来的国民党俘虏。不久，我所在的教导团先后接收过灵山、岞山车站、莱芜、孟良崮等战役中俘获的国民党军队官兵达数千余人，其中包括张国良（交警十五纵队少将司令）、李仙洲（战区中将副司令）等高级将领。当时，为了应对国民党军队全面进攻，根据上级的统一部署，我们加快了对俘虏的处理工作。我们通过宣传教育，对愿意参军的士兵补充到各部队，对下级军官（包括部分校官）全部释放并发给路费，对部分中高级军官转移到安全地区，到1947年4月这些工作已经全部完成。

国民党军队对全国解放区的全面进攻失败后，自1947年6月开始集中了近80万兵力对山东解放区特别是胶东解放区发动重点进攻，甚至叫嚣在三个月内消灭山东地区的共产党和人民军队，把胶东共产党赶到东海里喝海水。我军在党的统一领导下，提出要坚决保卫胶东解放区，不在意一城一地的得失，集中优势兵力消灭敌人机动兵力。当时我胶东军区的主要兵力在外线机动作战，内线仅有九纵、十三纵及一些地方部队，只能边阻击边撤退。此时我被调到胶东军区政治攻势大队，被派往平度县的古岘镇与当地政府汇合，组织发动群众一起边写标语撒传单，边随阻击部队转移撤退。到十一月底我回到莱阳一带，找到军区报到，领到冬季服装后被分配到十三纵队三十八师一一三团轮训队任副排长，这时部队正在攻打莱阳城。1947 年 12 月 12 日我华野十三纵队接到许世友司令的命令，立即赶到莱阳濯村一带阻击由青岛增援莱阳的敌人。经过近三个月的打打撤撤，敌人在胶东地区占领了多个县城，背上了包袱，把手彻底撒开了，该是我军握紧拳头消灭敌人的时候了。莱阳城在胶东是除了烟台外的最大城市，攻下莱阳我军即可掌握了主动权。12 月 4 日，我七纵和十三纵三十七师先后对莱阳守敌发起攻击，到 12 月 12 日全歼守敌 5000 余人。青岛的敌军得知我军攻打莱阳即由范汉杰亲自指挥 8 个整编旅向莱阳增援，我十三纵三十八师接到命令后，即连夜急行军，14 日进入莱阳将军顶一带阵地，以一个师阻击敌人增援部队。7 个昼夜的激烈战斗，阵地几次失而复得。敌人见重新夺取莱阳无望，在损失 4000 多人后丢下被打坏的几辆坦克仓皇逃回青岛。在这次战斗中，我虽不在一线，但通过运送弹药确实也领略了它的惨烈，到此莱阳保卫战胜利结束。

莱阳战役结束后，部队经过短暂的休整，我到纵队教导团学习了三个月后，便调到纵队俘训处任排长职务。此时的形势已发生了根本变化，我军已转入全面反攻，把烟台、青岛、海阳的敌人留给地方部队监视，野战部队全面转入外线西下。短短的几个月时间，我军就连续攻克周村、张店、淄川、博山、潍县等城镇，消灭敌人达 8 万多人，为攻打济南创造了有利条件。那个时候部队行军很集中且都是在夜间行军，在公路上同时有几个单位通过，真是路多宽人多宽，一不注意就会因找不到部队而掉队。就这样部队边走边打，每天行军都在 100 里以上。七月份，我军攻克兖州，俘敌 15000 多人。从此，山东各解放区连成一片，济南成为一座孤城，各部队都在为打济南做准备。原计划打济南需要三个月，结果只打了 8 天，我十三纵队共俘敌一万余人。到此，山东的问题全部解决了，我军准备南下打淮海。

1948 年 10 月 23 日，十三纵队在曲阜上火车到枣庄下火车，开赴淮海战

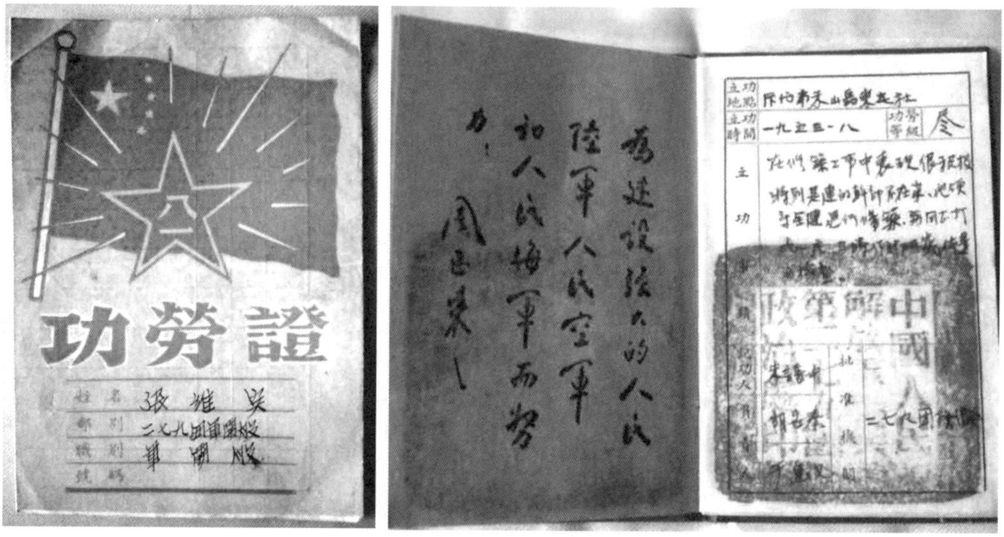

1953 年 8 月，二七九团为张维斌同志颁发的三等功劳证书（左为封面，右为内页）

张维斌同志荣获的各类证章证书

场。这个战场是在山东南部、江苏北部、安徽东部和河南东南部一片土地上，敌我双方兵力达300多万人，加上支前民工将近500多万人。我十三纵队首战曹八集、碾庄，接着就是安徽的灵璧县，最后便是双堆集。到1949年1月10日淮海战役结束，十三纵俘获敌人三万多人。我们经过登记分类，将士兵补充各部队，军官则移交江淮军区。当时淮海战场由于人员多而且集中，吃的问题便成了大问题，部队和俘虏吃的都是没有加工成粉的原粮，就是小麦、玉米、小米、高粱米、胡萝卜等，我们事先把这些粮食煮熟，堆在铺有席子的房间里，等人来了就分给他们吃。当时这些粮食还是民工从很远的后方运来的，而敌人连粮食都没有，只能杀马充饥。

整个淮海战役自1948年11月7日至1949年1月10日，在华野和中野两大野战军密切配合下，共歼敌55.5万余人，为解放江南奠定了基础。从1949年2月15日起，原华野十三纵队改编为中国人民解放军第三十一军。原三十七师、三十八师、三十九师分别改为九十一师、九十二师、九十三师，各团从二七一团起编到二七九团。

淮海战役结束后，1949年2月下旬，三十一军已进军到江苏两淮一带做渡江的准备工作。1949年3月，我奉命调到三十一军九十三师二七九团后勤处任军需员。这时二七九团驻防江苏泰兴季家市，距敌八圩港据点很近，有时可以听到炮声。此时的八圩港已被我地方部队包围，敌人不敢出来。1949年4月21日晚，根据中央军委命令，强渡长江开始，三十一军作为二梯队于4月22日渡江，尔后就马不停蹄地追击南京逃窜的敌人。我军官兵头顶黄梅小雨，忍受饥饿与敌人抢时间争速度，长驱直入连续行军8个昼夜，经过常州、宜兴、长兴进至安徽广德地区，行程400多里，俘敌16000多人。一路上敌人的汽车、坦克、武器丢的到处都是，散兵到处逃窜，只要不带武器，大家都不理他，由当地政府收容处理。

5月4日部队又经宜兴沿太湖北岸东进向上海进发，5月14日到达上海浦东。一路上，天一直下着雨，路很滑，那一夜的行军我就被滑倒足有30多次，穿坏了4双鞋，其中3双鞋底都通了。到浦东时天已经亮了，才发现每个人从头到脚全是黄泥，只有眼是黑的，大家互相看看都直发笑。到达浦东后部队就投入了战斗，开始打金家桥，后战高桥，仗打得很惨烈，部队伤亡也很大。直到 5 月 24 日上海解放，我所在的部队奉命撤出战场。上海战役结束后，二七九团进驻到浙江的嘉兴市休整。7 月，部队接到南下的指令，从嘉兴上火车到上饶，下火车后直插福建，经浦城、松溪、政和、建阳、建瓯到屏南、连江、马尾、莆田、泉州、石狮，直扑厦门，一路上很少有战斗。此时的敌人已成惊弓之鸟，听到解放军的风声即像兔子似逃跑。

为了建立新区的地方政权，各部队都有南下干部随部队通行，都是乡以上干部，每到一地就有批留下建立政权。随三十一军南下干部听说有三万多人，都是胶东地区的干部。10 月 15 日解放厦门的枪声打响了。当月 17 日，在三十一军和二十九军的配合下，厦门解放了，九十三师则转移到漳浦一带休整。由于二十八军攻打金门失利，九十三师奉命二次攻打金门，几天后移驻金门对面的石井镇一带。此时，二七九团已上船，等待攻击命令，但随后却接到取消攻击金门的命令，金门不打了，二七九团的部队就驻防在澳头大澄岛、小澄岛一带监视敌人。1950 年九十三师进驻厦门岛，二七九团驻守在厦门大学以南地区与金门对峙，团后勤处驻东宅社，我在行军中始终与师后勤部门保持联系，保证了军需装备的补给。1953 年移防驻守鼓浪屿，此时我已调任炮兵营迫击炮连任司务长，直到 1955 年转业。

从 1945 年到 1955 年十年间，我曾多次立功，并先后获得淮海战役纪念章、渡江战役纪念章、解放奖章、抗日战争胜利 60 周年纪念章、共和国成立 60 周年纪念章各一枚。十年峥嵘岁月，冲锋战火硝烟，这些经历和荣誉将是我一辈子的财富，一生的光荣。

誓与阵地共存亡的指导员

——记老兵蓝保坤

口述 / 蓝维国　文字 / 王猛

1945 年，19 岁的蓝保坤带着对日本侵略者和国民党反动派的仇恨毅然参加了八路军，成为烟台警备区的一名普通战士。

当时的烟台是日军在胶东的屯兵基地之一，具有重要的战略地位，我军收复烟台遇到了很大的阻力。1945 年 8 月，日本宣布无条件投降后，驻守山东的日伪军拒不投降，声称听从蒋介石的命令，甚至将兵力向大城市和铁路沿线集中，伺机反扑八路军。为了彻底打垮日伪军，胶东军区前线指挥部下达总攻命令，主力部队有蓝保坤所在烟台警备部队、八路军东海独立团以及乳山[1]独立营、牟平[2]独立营、昆嵛[3]独立营等人民抗日武装组成两千余人的

[1]　乳山：地名，隶属于山东省威海市，因境内“大乳山”而得名，位于山东半岛东南端，东邻文登市，西毗海阳市，北接烟台市牟平区，南濒黄海。

[2]　牟平：地名，位于山东半岛东北部，东邻文登市，南接乳山市，西与海阳市、栖霞市、福山区、莱山区接壤，北濒黄海。

[3]　昆嵛：地名，地处胶东半岛东端，跨文登市和烟台市牟平区，海拔最高处为昆嵛山，为胶东群山之首。昆嵛山系是老革命根据地，早在 1935 年农历十一月四日，中共胶东特委就以昆嵛山为中心，领导发动了席卷胶东的“一一·四”暴动。暴动失败后，于得水等领导暴动幸存人员组成昆嵛山红军游击队，坚持斗争，为胶东革命保存了宝贵的火种。1937 年 12 月 24 日，中共胶东特委以昆嵛山红军游击队为骨干力量，举行了闻名全国的天福山抗日武装起义，并组建了山东人民抗日救国军第三军。如今的解放军第二十七、三十一、四十一集团军，都是以“三军”为基础发展壮大起来的。

攻烟部队。经日军多年苦心经营，烟台城构筑有坚固的环形防御工事，各个制高点均有碉堡和暗火力点，并有交通壕和火器掩体相互连接，加上日军军舰在烟台海面游弋，不断用大炮向八路军南山高地猛烈轰击，增加了攻烟部队解放烟台的困难。经过七天七夜的鏖战，在烟台市地下党组织和烟台市人民的配合、支持下，沦陷近 8 年的烟台被八路军收复。

在这次战斗中，蓝保坤因表现英勇被提拔为班长，并在不久后被推荐到抗日军政大学学习，后被提拔为排长。抗战结束时，山东解放区是中国共产党最大的解放区和唯一的省独立战略区。1947 年 8 月初，蒋介石在青岛下达了“九月攻势”作战计划，企图短时间占领胶东，以抽调兵力回援中原。为粉碎国民党阴谋，中央军委指示华东局、华东野战军发起了胶东保卫战。胶东保卫战历时近 5 个月，歼敌 6 万余人，不仅彻底打乱了蒋介石军队对山东重点进攻的计划，扭转了山东战场的局势，同时有力地配合了华野外线兵团的作战，是“我军全面转入反攻”（毛泽东语）的关键之战。

就是在这场关键之战中，蓝保坤差一点与死神相见。由于年代久远，儿子蓝维国已不记得父亲当年遇险的战斗地点。当时的蓝保坤历经大大小小无数次战斗，已被提拔为连指导员。战斗异常激烈，敌我双方损失惨重，蓝保坤所在连队更是所剩无几，他不幸被子弹击中膝盖，无法行走，连队从一百多人只剩到被打散的十几人，而他的身边也只剩下一名警卫员。眼看敌人马上要发起第二次冲锋，弹尽粮绝的两人被压制在一个简易工事内毫无还手之力。危急关头，蓝保坤让警卫员将身上最后一颗手榴弹拿出来，准备与敌人同归于尽。他告诉警卫员：“就是死也要死在阵地上，也要拉上几个敌人垫背，誓死不当俘虏。”

采访的现场鸦雀无声，仿佛被老兵当年的气势所震撼，蓝维国更是被父亲的英勇感染而双眼噙满泪水。战场上，年轻的警卫员被吓得哇哇直叫，蓝保坤呵斥道：“怕什么！赶紧拉！”然而，事与愿违，没想到这枚手榴弹竟是哑弹。蓝保坤心想：“这下死定了！”就在这时，我方阵地突然传出一阵激烈的枪声，惊喜之余发现竟是附近的地下党员冲上来了。已坚守阵地数日未合眼的蓝保坤再也坚持不住了，慢慢地合上了眼，他太累了。很快，两人被送到后方医院救治，但却留下了终生残疾，被评定为三级甲等残废军人。当年，康复后的蓝保坤已无法重返战场，遗憾地回到了安里村，后来成为安里村第五任指导员。

转战四方的通信兵

——记老兵张维业

口述 / 张维业　文字 / 王猛

张维业同志参军照片

参军前，张维业家里共兄弟 3 人，他排老三。大哥叫张维忠，年轻时差点被国民党反动派抓壮丁带走。那是 1940 年的一天，张维业发现国民党来村里抓壮丁，赶紧给大哥通风报信。张维忠立即逃到百公里外的青岛“揽活”，躲过了一劫。然而，1945 年日本投降时，张维忠却不幸在混乱中被日本人打死。二哥叫张维芝，原是离安里 5 公里外森埠庄学校的一名教师，为了躲避国民党抓壮丁逃离莱阳后，便与家人失去了联系。随后陆续有传闻称他躲到了青岛，因青岛当时为敌占区，张维业一直以为二哥是汉奸，主动与其划清界限。70 多年后，张维芝的妻子宫羲芝突然从台湾来到家里探亲，此事才真相大白。原来，张维芝来到青岛后并没有当汉奸，而是边打工边读书，后迁至台湾，2010 年因病去世。闻此，张维业陷入深深的愧疚之中，感到自己一直误解了二哥。

谈到张维业早年参加革命的经历，就不得不提起他的二姐夫许洪魁。许洪魁的表哥（姓名不详）曾是即墨县的地下党员干部，受其影响，许洪魁秘密加入了中国

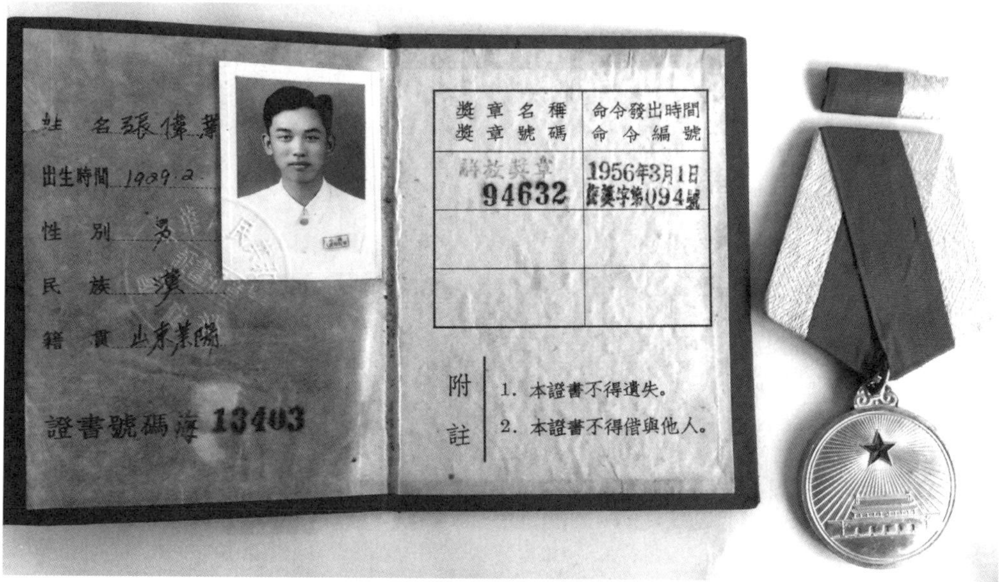

1956 年 3 月 1 日，张维业同志被授予解放奖章

共产党。当时，张维业经常到许洪魁家中走亲戚，逐渐对马克思主义有所了解，对其家中的有关理论书籍竟爱不释手，这一段经历算是张维业参加革命的启蒙了。1945 年，16 岁的张维业在崔疃十一联中读了半年师范后回到安里，经选举成了村里儿童团团长。当时村里的儿童团与农救会、妇救会、青救会、职工会一同成为安里五大组织，其规模算得上是比较大的组织，共有 200 多名成员，主要任务是给村里站岗、在路口警戒，红缨枪成为少年们手中最威风的武器。当时，队员们的积极性很高，天不亮便吹哨集合，根据安排把道路封锁，禁止人员进出，防止可疑人员尤其是特务袭扰。

“团长”职务干了没多久，时任村长张松云推荐张维业前往胶东公学[1]进行学习。张维业来到这里后主要以学政策为主，包括党的领导政策、八路军军事政策、土改政策等，主要教材是《中国共产党抗日救国十大纲领》、《论

[1] 胶东公学：为进一步唤起民众，团结、吸引广大热血青年奋起抗日，1938 年 6 月，胶东特委决定仿照中共中央在延安创办的陕北公学，在胶东抗日根据地建立胶东公学，把“实施抗战教育，培养抗战建国人才”作为办学宗旨。是年 8 月下旬，胶东公学在黄县城正式成立，校址在原黄县中学。胶东公学是山东抗日根据地创办最早并实施国防教育、设置师范科的学校，开了抗日根据地战时正规教育的先河。

持久战》、《社会发展简史》。此外，他们还要经常在学校的统一组织下深入农村发动群众搞土改。在贫苦年代，学校供给制的生活保障让刚从农村走出来的张维业深感满足：学生和教师吃饭穿衣由学校统一供给，冬天发给棉衣一套，夏季发单衣两套，学生每人每月发给一元钱的津贴费。1945 年的冬天，张维业被选送到“抗大”（即中国人民抗日军政大学第一分校[1]胶东支校）学习。学校根据当时抗日战争的形势和任务，采取了军事教育为主，在“人人要学会战争”的前提下，军事教育与政治教育相结合，理论和实践相统一，艰苦奋斗，自力更生，以战斗保卫学习。此时的胶东支校不仅是一个教育单位，也是一支战斗部队，在频繁的战争环境中，多次配合主力部队、地方武装作战，甚至单独执行攻打据点任务。在这里，张维业分到了二营七连十一班，不仅第一次穿上了军装，还当了班里小组长。即使在武器弹药很缺乏的情况下，他还是领到了人生中的第一把武器——“马枪”，由于枪管比普通步枪短，所以个子不高的他用起来很顺手，这让很多同期学员很是羡慕。除了学理论之外，张维业还要学习战术动作、实弹射击等科目，完全从一名普通的学生转变为一名解放军战士。

不过一年，张维业再次被选拔推荐至胶东军区“三科”（职能与通信科类似）攻读无线电专业。1947 年 3 月，山东野战军和华中野战军合编为华东野战军，他再次被抽调至司令部通信大队，专门从事无线电发报。当时有个不成文的规定，通信兵行军可以不用自己背行李，每人配一匹战马，因此在每次行军中张维业都会迎来不少战友羡慕的目光。

1948 年的一天，张维业突然收到通知被编入渡江先遣纵队，要求他务必即刻启程前往河南濮阳。张维业与战友简单收拾行囊，背上无线电台出发了，徒步十余天终于到达目的地。1948 年 5 月华东野战军渡江先遣纵

---

[1] 中国人民抗日军政大学第一分校：旧址位于莒南县十字路镇曲流河村。1938 年底，中共中央决定以陕北的中国人民抗日军政大学一部分、陕北公学和安吴堡青训班组建抗大第一分校，挺进敌后就地培养干部。1939 年冬，该校近 4000 名干部和党员由晋东南挺进到山东沂蒙山区，1940 年 1 月到达沂南县岸堤，1941 年春由沂南县转移到莒南县，校部（司令部）设在曲流河村，对外番号是十支队。1946 年 2 月，抗大一分校改编为东北军政大学第三大队。

队[1]在河南濮阳正式组建成立。数日后，张维业迎来了最激动的时刻。1948年5月，朱德总司令代表中共中央出席在河南濮阳召开的华东野战军前委扩大会议并视察华东部队，张维业有幸目睹了朱老总的风采。只见朱德大步流星地走上讲台，“我今天代表党中央和毛主席来慰问大家。”台下顿时响起雷鸣般的掌声。

当月，国民党军统帅部为摆脱中原战场被动局面，部署13个整编师30个旅担任中原地区重要点线的防御，其中7个整编师16个旅位于沙河以南及豫西地区，其余位于商丘、开封、郑州、菏泽、阜阳、蚌埠等地。另部署12个整编师27个旅、4个快速纵队担任机动作战任务，企图寻机与中原野战军主力或华东野战军西线兵团留置黄河以南的第三、第八、第十纵队决战，并监视和堵击在濮阳地区整训的华东野战军西线兵团第一、第四、第六纵队南渡黄河。5月24日，豫东战役[2]在枪炮声中拉开序幕，激战持续了20天，歼灭国民党军1个兵团部、2个整编师师部、4个正规旅、2个保安旅，连同阻击战共歼灭国民党军9万余人。此役，张维业所在的先遣纵队作为革命种子部队，为了保存实力在硝烟中不断进行转移。“大部分是干部，死一个人就相当于日后的一个排、一个连，太可惜了。”张维业回忆道。

1948年农历八月十五，张维业得到上级行军命令，要求当晚务必渡过淮河。他迅速领到了一件单衣和一包棉花，随同部队在深夜悄无声息地渡过淮河。行军中，纵队为加快速度坚持精兵减重，规定每人只能带6斤重的行李，其中包括3双鞋子。渡过淮河后，不少新战士因事先准备不足且缺乏经验，在田地里行走时不慎掉下田埂被水田里的泥巴牢牢吸住双脚，一抬脚，鞋子不见了。由于行军速度很快，不少人连捡鞋的时间都没有，光着脚匆匆上路了。经过一夜的急行军，他们最终完成了行军任务，而张维业身上的三双鞋子也

[1] 华东野战军渡江先遣纵队：1948年4月，中共中央书记处决定，在既定战略方针不变的前提下，决定第1兵团仍留中原地区作战一个时期，改由第一、第四、第六纵队各抽一部组成先遣纵队，先行渡江南下。1948年5月华东野战军渡江先遣纵队在河南濮阳组建成立，司令员孙仲德。副司令员饶守坤。1949年2月该纵队番号撤销。

[2] 豫东战役：亦称开封睢杞战役，黄泛区会战，1948年5月至7月，华东野战军西线部队在中原野战军配合下，出其不意地攻占河南省会开封，并在睢县杞县地区歼灭区寿年兵团。

先后送给了不慎丢鞋的战士们。

渡过淮河就意味着离开解放区进入敌占区，后勤无法得到有力保障，只能在敌占区寻机购买。为此，部队要求每名团职干部随身携带两块金条，而张维业等普通干部则携带 45 块大洋。为了携带方便，张维业找来一块碎布，用针缝了一个布袋状的钱袋子，与大洋直径一般粗，他小心翼翼地将大洋放进去，再用两条绳子分别系在两端，斜跨在身上，谁知这竟成为他们日后差点被国民党部队围剿的祸端。

这天，张维业所在部队行至安徽藕塘镇时，突遇国民党整编四十六师一部，战斗即刻打响。据战俘交代，国民党的长官在战前动员时告诉部下：“这批共军有钱，身上挂的全是大洋，你们铆劲儿冲，打败了他们，大家一起发财。”国民党部队上上下下在金钱的诱惑下，像疯了一样扑向我军，张维业所在部队的一名警卫营长在指挥战斗时不幸牺牲，另外一个营被打散，张维业则侥幸活了下来。

后来，先遣纵队奉命立即赶往淮南某地执行阻击、围歼敌军任务。行军途中，我军官兵发现国民党数架飞机朝行军队伍低空袭来。“隐蔽！”一声命令迅即传遍长长的队伍。张维业和战友们立即就地隐蔽在路边的沟坡上。远处的敌机很快由小变大，“哒哒哒……”突然，敌机上的机炮朝着张维业隐蔽的沟坡射击，子弹像雨点一样倾泻而至，不时打在沟坡上，扬起阵阵尘土。嚣张的敌机很快便撤回了，等张维业慢慢从沟坡爬了出来，才发现刚才紧挨着的战友竟被机炮打中牺牲了。每每回想到起来，张维业都深感害怕，又有种大难之后的庆幸，因为子弹再接近几厘米，他就可能牺牲了。

战争年代，危险与死神无处不在。一次，先遣纵队遭敌军追击，为保存实力，部队即刻转移。急行军中，部队领导要求立即将战场形势以电报形式向上级报告。在后有追兵的情况下，张维业临危受命，在助手的帮助下就地架起电台，开始传送报文。时间一分一秒地过去了，国民党部队已追上我军，警卫营正拼死阻击，战斗异常激烈。时间就是生命，想到这里，张维业不禁加快了操作电台的速度，而其所在部队政委杨某某（年代久远，具体不详）着急地在一旁团团转。“撤线！”随着最后一个代码传送出去，张维业立即撤收电台，部队继续前进，最终摆脱了敌人的追剿。

至1949年1月10日，历经66天艰苦卓绝的鏖战，淮海战役结束，人民解放军大获全胜。张维业所在的先遣纵队乘胜追击国民党刘汝明部，一鼓作气解放合肥，随后根据形势发展需要先遣纵队番号撤销。1948年冬天，国内战争的发展趋势已经明朗，解放军打过长江去只是时间问题。在渡江作战问题上，党中央提出了建立人民海军和空军的设想。1949年1月，三野司令员陈毅向中央送达了建立华东海军的报告。4月21日，解放军第二、第三野战军部队在西起九江，东至江阴的五百里江面上发起进攻，突破了国民党的长江防线。4月23日，解放军占领南京。同日，国民党海军海防第二舰队在长江起义，华东军区海军领导机构在白马庙乡宣告成立。张维业被抽调至海军司令部任报务员，伴随他多年的15瓦发报机有幸成为人民海军的第一部电台。4月28日，在江阴原国民党要塞司令部礼堂里，张维业等八百多名新的人民海军官兵，参加了华东军区海军领导机关成立大会。不久之后，南京解放，张维业跟随部队迁至南京城。由于部队调动频繁，人员变动大，他再次调入上海基地，驻地为原国民党海军后勤部。虽已无大的战事，但张维业从不放弃学习业务知识，多次被安排至原国民党海军学校的基地参加电台培训。由于经验丰富、学习刻苦，他常常能够在比武中拿到第一名。

其中有一段经历对于张维业来说格外珍贵。那是1949年10月1日，也就是新中国宣告成立的当天，他接到任务前往福建福州的海军基地报到。这天，他简单收拾了行囊，从上海坐上火车到达江西上饶，尔后乘客车到达福州，到达时他便得到了消息——厦门解放了。令人振奋的消息接踵而至，让张维业大呼过瘾，深深感到解放全中国就在眼前，正义的力量犹如驰骋疆场的战车无法阻挡。随后他又再次接到命令前往海军厦门水警区通信处任职。

1955年，对于中国人民海军来说是一个值得纪念的一年。这一年9月23日，共产党领导的“华东军区海军”正式命名为“东海舰队”。4天后的中南海怀仁堂，中国人民解放军陆海空三军首次大授衔拉开了序幕。就在这一年，张维业被授予中尉军衔，这对刚从战争年代历经磨难走来的军人来说是无比至上的荣耀。授衔后，张维业第一次向组织提出了自己的请求：离家10年，想回乡探望双亲。组织研究后批准了他的休假请求，张维业终于踏上了回家的征途。

谁知，还未等进村，张维业便被同村一街坊拦住了，还被骂了一顿："太不孝顺了，出去了这么多年也不知道回来看看，你爹妈太不容易了！"惭愧之余，他把从军以来历经战火硝烟，从死亡边缘幸存，再到渡过长江等经历告诉了父母和街坊，英雄终究获得了大家的理解和赞许。远在安里老家的张维业心里始终挂念着自己的岗位和工作，没过几日便再次告别了亲人，登上回程的火车。此时的张维业的任务已不再从事简单收发报文的工作，经常需要带领着30多个报务员通宵达旦地传送文件、编辑电台网络，根据各部队形势需要及时调配报务员。一次，张维业接到上级通知要求他亲自只身前往驻扎上海的东海舰队司令部领取电台设备。他当天带上干粮立即出发了。由于交通不便，这次进城显得格外辛苦。张维业先从厦门坐船到达南平[1]，再从南平转车至集美[2]，再转车才到达了上海，三天三夜的赶路让他疲惫不堪。到达上海后，他来不及欣赏大上海那繁华的街道和迷人的夜景，即刻领取了配发的电台电池和所需零部件，顾不上休息便再次返程。然而，在他看来赶路的辛苦与内心的紧张相比算不上什么。原来，蒋介石退守台湾后"反攻大陆"之心不死，安排了大量的特务潜入大陆，对我军事基地和军队人员进行暗中侦察、迫害。作为通信处的干部，张维业手里掌握着大量的机密甚至是绝密级的情报，一路颠簸中，倍感疲惫的他却始终要高度警惕，防止被特务盯上。直到安全返回水警区，张维业才算稍稍舒了一口气。在厦门的日子紧张而又忙碌，但同样是幸福的。期间，张维业经人介绍认识了上海姑娘林氏，并很快结了婚。

1958年8月的一天深夜，张维业正准备休息时突然接到紧急通知，要求他立即前往作战室开会，他匆匆穿好衣服告诉妻子要去开会后便急忙赶往办

---

[1] 南平，地处福建省北部，武夷山脉北段东南侧，位于闽、浙、赣三省交界处，俗称"闽北"。

[2] 集美，位于福建省东南沿海，居闽南金三角中心地段，是厦门市6个行政区之一，是进出厦门经济特区的重要门户。

公楼。一进门，副司令员兼参谋长祝平安[1]和一名作战参谋（具体不详）正在作战室内交谈，祝平安看到张维业进来后先宣布了会议要求：会议内容高级保密，严禁外泄。这时，张维业才得知了炮击金门马上要开始了。上级要求水警区立即建立指挥所，部队立即秘密开赴前沿阵地，准备实施炮击，而张维业所在的通信处务必在炮击开始前建立电台网络，确保战时通信顺畅。为进一步加强保密，部队要求张维业等人在炮击开始前严禁回家，全部吃住在作战室内。当晚，张维业立即投入紧张工作，连夜撰写战时通信方案，组织人力架设通信设备。这一干就是三天三夜没合眼，硬是在方圆数十公里的炮兵阵地上将复杂的电台通信网络建立起来。为了进一步确保通信安全，他在部队的安排下住进了厦门一个偏僻的印刷厂着手编写联络暗语，又是几天几夜，没合眼连轴转。而基地所属 11 个炮兵连队也已全员全装集结完毕，一夜之间全部秘密开赴前沿炮兵阵地。

下午 5 时 30 分，炮击金门准时打响。当时张维业所在的基地共有 11 个连队，主装备为苏制 130 加农炮，每个连队 4 门主炮、4 门副炮、4 门高炮。炮击开始了，一时间炮弹像火舌一样向金门阵地倾泻。一天，张维业与几名作战参谋来到了炮兵阵地，只见正对面不足 5 公里处便是一个叫鼠屿的小岛，虽然面积仅有 0.007 平方公里，但位置十分重要。鼠屿地处金门岛与大陆之间，国民党部队在此小岛上驻扎一个班的兵力用来监视大陆炮兵阵地位置和动向，只有打掉它才能有效避免我方伤亡。由于距离较近，炮手决定采取直瞄方式进行炮击，张维业等人心里则打起鼓："岛屿那么小，敌军据点也就一座小院子大小，能不能命中？""轰……"随着一声震耳欲聋的火炮声，一发炮弹呼啸而出，掀起一阵尘土。望远镜中，只见敌人据点瞬间被炸得灰飞烟灭。"打得好！"张维业等人不禁为我军炮手高超的操作技能拍手叫好。

与此同时，敌军也对我炮兵阵地实施反击，而敌军的装备是更为先进的

[1] 祝平安（1914—1997），河南确山人。1936 年 6 月参加中国工农红军。抗日战争时期任新四军淮南盱嘉支队参谋长，新四军第二师副团长；解放战争时期，1945 年 11 月调往东北，任黑龙江省北安军分区三旅十团团长、第四野战军第 47 师 403 团团长；1950 年 12 月 29 日任海军联合学校第四分校副校长，后任第 5 海军学校副校长、海军厦门水警区副司令员兼参谋长、海军烟台基地副司令员、海军福建基地副司令员、顾问。1955 年，被授予上校军衔。1997 年 7 月，病逝于青岛海军土山干休所。

152毫米加农炮，射程更远，威力更大。为了降低伤亡几率，张维业在战前便提前挖建工事。当时所谓的工事就是在办公楼下面挖一个简单的地道，但因时间紧迫，还没等地道挖好，炮击就开始了，他只能转移到还在滴水的简陋地道里继续组织电台联络。长期不见天日的地下生活让张维业吃尽了苦头，潮湿的环境让他肩膀、膝盖等关节开始隐隐作痛，竟因此得了风湿性关节炎。时至今日，每逢阴雨天，关节的疼痛总会让张维业难以忍受。

猛烈的炮火一直持续到10月5日，炮击金门第一阶段告于段落，进入了打打停停的第二阶段。期间，张维业也从中尉军衔晋升为上尉军衔，职务调整为正连职。

1961年，张维业转业至广西扶绥县农业银行工作，后调入南宁市工作。至今，一家人生活在壮乡首府，安详幸福。

在战火中淬炼成钢

——记老兵盖淑润

文字/邢一夫[1]

我的母亲盖淑润，是山东省莱阳县安里村人，1922年6月出生，抗日战争期间就参加了革命工作，1945年3月担任团旺区民兵自卫团副团长，组织全区民兵开展抗日斗争。1946年5月任团旺区委宣传委员。工作期间，多次

[1] 邢一夫：盖淑润同志儿子，1942年出生，原中国人民解放军海军北海舰队正师级干部，大校，1996年退休。

受组织指派，到敌占区、游击区宣传发动群众，开展地下斗争，有时一去好几天，吃住在老乡家里，随时都有生命危险。母亲文化程度不高，但很注意学习，说起话来妙语连珠，尽往人们心里送，又是满口农村腔调，很有鼓动性，因而老百姓特别是青年妇女很爱听，效果也很好，多次受到五龙县、团旺区政府的表扬。母亲还很注意做身边亲友的宣传工作，我的四姨盖淑德（我三姥姥家的独生女儿）1947 年参加中国人民解放军，后转业到北京市工作。上世纪 70 年代初，我被调到国防部第七研究院工作，有机会到总参三部四姨家（四姨夫为三部办公室主任）看望她。她满怀深情地对我说："我能有今天，多亏你妈当年对我的宣传动员，每次你妈从团旺回到安里，总要找我谈参加革命工作的事，你三姥姥坚决不同意，你妈又做你三姥姥的工作。如果当年不参军入伍，哪能碰到你四姨夫这样好的人，哪能在北京市工作，在老家今天还不知什么样呢！"二姑邢月德，也是在我母亲的影响下，于 1948 年加入到中国人民解放军的行列里。还有我大姑夫刘福清，曾对我说过，他之所以能走上革命道路，是我母亲多次动员的结果，后来积极报名参加了区政府的工作。当时参军入伍、参加革命工作确实是有风险的，战争年代什么事情都可能发生，加上国民党反动派一有机会就对革命者和他们的亲属进行阶级报复，这样的事例不少。我的叔叔曾是团旺区的儿童团长，在 1947 年国民党重点进攻山东时，被还乡团残忍杀害。所以当时一些有点文化的人就有些顾虑。母亲在团旺街上对这些人总是苦口婆心地做思想工作，和他们讲人生志向，讲革命前途，也动员不少青年走上革命道路。

1948 年秋，山东解放区抽调一部分干部随军南下，母亲也是其中一员。她毅然地告别亲人，离别年幼的孩子，踏上了南下的征程，在江苏省溧阳县工作队任宣传队员。从解放老区到接管新区政权，工作环境、地方风俗习惯都有了很大变化，母亲总是能够很快适应这些新的情况，工作起来得心应手，很受当地老百姓的欢迎。

1949 年 7 月，母亲和先期南下的父亲会合，同其他山东南下的干部一起，组建为中国人民解放军西南干部服务团第四支队，随第二野战军进军西南。经徐州、郑州到汉口，后步行南下，从湖南绕道进取四川，行程 8000 里，其中步行 4000 里，风雨无阻，昼夜兼程，水陆并进。苦累自不必说，危险无处不在，特别在山区行军，常常遇到流窜的土匪打来的冷枪，防不胜防，有的干部也为此牺牲在行军的路上。他们从山东解放老区，长途跋涉数千里，为的是迎接全中国的解放，可惜他们再也见不到那一天。父母亲和南下干部们都非常悲痛，但也没有办法，要奋斗就会有牺牲，只能咬紧牙关，继续努力向前。1949年11月，第二野战军第三兵团攻入秀山县，是二野入川解放的首座县城。

秀山县解放后，父母亲和南下干部团一部共75人留了下来，组建秀山县新的政权。父亲任副县长（暂时没有县长，主持县里工作，后任县长），母亲任秀山城区妇女主任。秀山县是少数民族聚集的地区，又是山区，同时又处在川、湘、黔三省交界处，社会情况十分复杂，困难比想象的要多得多。因为刚入川，对土匪情况估计不准，而大部队要继续向前开进，不惜一切代价解放重庆，因而留下的部队比较少，只有不足一个连的兵力。当地土匪头子便纠集全县土匪武装，连同国民党的一些散兵游勇，妄图在新的政权立足未稳之时，杀害新来的干部，推翻新的政权。在这危急时刻，县里领导考虑敌我力量相差悬殊，为保护有生力量，决定紧急撤往酉阳县，那里是地区机关所在地，有一个团的机动兵力。

1993年春，我去涪陵地区干休所看望父母亲，恰逢父亲当年的警卫员（当时已是地区军工厂的厂长）来一起吃中午饭，他又动情详细地谈起了那次撤退时的危急场面。当时父亲和警卫员坐在卡车上保护半车银元，那可是全县一年的财政费用，有几名战士在车上扶着一门迫击炮，共三发炮弹。县委书记则带着全县干部跟在卡车后面跑步前进，部队在两侧掩护着大队快速通过。秀山离酉阳县城有50多公里路，其中有座山口挺大，两边山高林密，是土匪埋伏的地方。当全县干部行进到这里时，山两侧土匪突然黑压压地冒了出来，一边摇旗呐喊，一边射击，试图冲下山来，部队指战员立即举枪还击。这时父亲命令车上战士向土匪开炮，第一发正好打在山一侧土匪群中间，炸得土匪立马乱了营，又打了一发，同样在山的另一侧土匪群中爆炸，吓得土匪赶紧往山顶逃去。趁此机会，全体人员快速通过了这一险关，到达酉阳县城。当地委书记（也是山东南下的一位领导干部）听到这一情况，气得把桌子一拍，说："杀他们个回马枪"。第二天，地区派出一个营的兵力，掩护秀山县全体干部悄无声息地往秀山县城进发，当中午到达县城边时，就听到土匪

1986年夏天，盖淑润同志与丈夫邢华山、儿子邢一夫（中）在青岛海边合影

在县政府大院及县城主要道路上喝酒划拳、吆五喝六的狂叫声。部队指战员个个义愤填膺，勇猛地冲了进去，机枪、冲锋枪一齐连发，打得土匪鬼哭狼嚎，四处逃窜。这一仗真解恨，全歼了县城里的土匪武装，秀山县政权得以巩固下来。父母亲和那位警卫员叔叔谈起当年的事情来，是那么轻松自如，好像是发生在别人身上的事。那位叔叔还风趣地说，三发炮弹只用了两发，还节省了一发呢。而我听起来却是那么惊心动魄，新生政权的建立是多么不易啊！那些惊天地泣鬼神的故事也不过如此。后来母亲和县里干部也是经常下乡，发动群众土改，围剿残余土匪。为安全起见，县里还专门为母亲配了一把勃朗宁小手枪，用以护身。母亲曾对我说，有一次下乡路过山区，一个像土匪样的人跟踪过来，走走停停，不远不近地跟在后面，不怀好意。母亲便从衣袋里掏出手枪，扣着扳机在空中扬了扬向他示威，那个家伙一看有枪，

吓得立刻逃走了。前些年，中央电视台播出的电视连续剧《武陵山剿匪记》，就是以秀山县和周边几个县的剿匪斗争为原型创作的。电视台刚完成制作时，专门请父母亲和地区一些老同志观看，征求意见。父亲说电视片中的情景和当年情况差不多，但惊险程度和真实生活还是有些差别。

1955年后，母亲调到涪陵地区，母亲在地区医药公司从事政治工作，后任酉阳县医药公司经理、党支部书记，直至离休。组织上对母亲和南下老同志也是非常照顾，母亲离休时，待遇按行政副县级，医疗保健按副地级待遇办理了离休手续。

母亲的晚年，思乡情绪渐渐浓重起来。母亲常说，每当夜深人静，听到鹁鸪鸟叫的时候，心情就特别伤感，也就更加思念家乡，思念孩子。我每次到四川探视，走后弟弟总来电话说，自哥哥走后母亲要病好长日子，自己在房间里暗暗流泪。母亲很喜欢打听家乡的事情，尤其关注我三个孩子的成长。每到年底，母亲总要问几个孩子在单位的评比情况。当听到都是优秀共产党员、先进工作者时，母亲心里感到欣慰，连连说好，就爱听这个。

母亲虽然在四川生活多年，但仍保留着家乡的饮食习惯，特别喜欢老家的苦菜和大葱。每当弟弟、妹妹来山东探视或我去四川看望父母时，母亲总是嘱咐多带这两样东西。母亲说，吃着苦菜蘸酱，大葱就着馒头，仿佛又回到山东老家了。

母亲是一名老党员，但有时也保留老家的一些风俗，也讲些迷信。每年除夕都不允许几个女儿来家里吃饭，更不用说住宿了。2012年春节，母亲特地让弟弟给我寄来200元钱，说是今年我70岁，是一道坎，要我装在口袋里压腰（避灾避邪的意思），保佑我安全度过这一年。母亲就是这样，参加工作时为革命尽力，退休之后又为儿女们操心。

母亲的一生，是革命的一生，她把自己的青春年华和全部力量献给了祖国西南地区的解放和建设事业。她热爱祖国，对党忠诚，一生无愧于自己的信仰，在病重期间直至去世，口袋里还一直装着国家颁发给她的那枚“纪念抗日战争胜利60周年”荣誉勋章。母亲也为儿女们留下了一笔宝贵的财富，那就是严格的组织纪律观念和艰苦奋斗的革命精神。这笔宝贵财富如同一盏明灯，照耀着儿女们在人生的道路上，自强不息，永远向前！

在分别的日子里

——老兵盖淑润儿子的记忆

文字 / 邢一夫

1948年，山东大地已是“解放区的天明朗的天”。为了解放长江以南地区，建立新的政权，父亲和县里的干部已首批随军南下。10月底母亲也接到组织南下的决定，当时母亲在团旺区委工作，交代完事情就急着赶往20里外的安里村，向姥姥、姥爷两位老人告别。那年我还不到六岁，一岁时母亲就把我送到姥姥家。母亲的到来，使这座农家小院顿时热闹起来。母亲把我抱在怀里亲了又亲，周围领导都来到姥姥家，和母亲又说又笑，姥姥脸上也露出了笑容，忙着为母亲准备饭菜。待邻居陆续走了后，只听母亲对姥姥说：“这次南下要到很远的地方去工作，可能好几年不能回来看望两位老人，孩子也不能带去，就靠您给拉扯吧”。“那就在家多住些日子，和孩子好好耍耍。”“不行，今天一定要赶回区里，明天一早就集合出发。”听到母亲和姥姥的对话，看到姥姥不时用衣襟擦泪，想到母亲要出远门，再也不能常回来看我，幼小的心灵里立刻平添了几分忧伤，便悄悄到院子的石板上呆坐起来。母亲匆匆吃完饭，就要上路，姥姥吩咐我：“你妈要走了，快送送去。”母亲拉着我的小手一边走一边叮咛，不觉到了村西的小河边，母亲停住了脚步，对我说：“孩子，不要再送了，回去好好听姥姥的话。”分别的时刻到了，我突然抱住母亲的腿哭叫起来，“母亲，我不让你走，我不离开您。”母亲蹲下来，用手抚摸着我的头，也难过地哭了，母亲的泪水打湿了我的脸庞。村野空寂无人，秋风瑟瑟，分外悲凉。河边静悄悄的，只有那小河的流水轻轻作响，仿佛在为母子分离皱眉叹息。

母亲踏过河中的小石桥走了。母亲走得很慢，一步三回头，不停地扬手示意我回去，我却站在河边一动不动，两眼紧紧盯着母亲渐渐远去的身影……1961年7月，我应征入伍。我把这一喜讯写信告诉远在四川的父母，母亲再也坐不住了，和父亲商量一定要赶回来为我送行。接到父亲的电报，得知母亲和弟弟、妹妹就要回来，我激动得吃不好饭，睡不着觉，总觉得时间过得太慢。父亲母亲自从随刘邓大军转战西南，离家13年了，因为工作忙，一直没有回来过。这期间，我也上完了小学、初中、高中，因为学习紧张，路途遥远，我也没能够去，母子间只能靠书信传递想念之情。当年母亲走后，我想得厉害，晚上常常在被窝里偷偷落泪。上小学时，每天傍晚放学，看到小朋友们欢跳雀跃，扑向母亲怀抱，我羡慕极了，就独自跑到小河边在那里苦苦等待，盼着母亲归来，这一天总算来到了。几天后，我和姥爷按父亲电报指定的日期，到莱西车站迎接母亲和弟弟妹妹。我推着独轮小车走得飞快，姥爷在后面紧紧追赶，仍拉下一段距离。离车站还有十几里路，远远看见前面飞来两辆自行车擦身而过，我看到前面自行车上坐着一个男孩，一个女孩，后面自行车上坐着一位中年妇女，“会不会是母亲”，这个念头一闪，便停下了脚步。果然，母亲很快遇到从后面赶来的姥爷，便急忙跳下车来，姥爷也急得大声喊我“快回来，你妈来了”。我扔下车子，拔腿跑到母亲身边，“妈……妈”，只叫了一声便再也说不出话来，任凭泪水涌流。母亲也感到有些突然，又惊又喜说：“都长这么高了”，也高兴地哭了。弟弟妹妹围在我身旁，瞪着陌生的眼睛，看着从未见面的山东哥哥。这时在地里干活的农村妇女，都搁下手中的活，聚集到路边看我们这对母子相遇不相认的情景，个个欷歔不已。

母子相聚，格外亲热。在姥姥家里，母亲给我讲了好多南下时艰难行军，围歼残匪的故事，仔细地问起了我的学习、生活，一再嘱咐我到部队要好好锻炼成长。母亲温暖的话语，慈祥的目光，使我切身体会到了母爱之乐。和母亲一起住了三天，就接到县武装部通知，要我第二天到城里集合，待命出发。刚刚相聚，又要分离，母亲心里很是伤感，但脸上却不动声色，默默地为我收拾行装。第二天一早，母亲便催我上路，母亲和弟弟妹妹一起来送我，又到了村北的小河边，小河的流水依然是那么清透明亮，响个不停。十三年前，我在河边送母亲南下，今天母亲又送我去当兵。“母亲，你放心吧，到部队后我一定好好干”，母亲信任地点了点头，向我挥了挥手。

过了小河，又过了一道山冈，离家越来越远了。我站在高高的山冈上，再回头看看家乡的小河，但见母亲和弟弟妹妹仍站在河边张望。

光阴似箭，人生苦短 。几十年前的悲欢离合，弹指一挥间。如今父亲母亲早已离休，我也在部队度过了三十几个春秋。回首往事，虽然不是那么轰轰烈烈，却也感慨万端。分别是痛苦的，为了革命事业的需要，常常失去个人欢乐和别的什么，因为那是为了迎接更加美好的明天。

1993 年春，我去重庆涪陵区干休所看望父母亲。在茶余饭后，母亲曾动情地提起当年小河边母子分别时的情景，面对孩子撕心裂肺的哭叫声，面对即将离别的骨肉亲情，心中也激烈地斗争过，也有过犹豫动摇的念头。往前行，则离开年少的孩子；留下来，则意味着从此离开革命队伍。好在最终理智占了上风。母亲后怕地说，如果当时我过了小河继续拖着母亲的腿不让走的话，母亲也许就真的不随军南下了。母亲还举例说与她同在区里工作的一位张姓阿姨就因为不舍爱子，拒绝区里的命令而被除名，以至于多年后母亲回山东探亲相遇时，这位老阿姨失声痛哭，后悔当初自己的错误选择。为此，母亲语重心长地告诫自己的子女，人生关键处，也就一两步，要走对走好。在任何时候，都要正确对待和处理个人与组织的关系，切不可贪一时之利，患一己之得失，而误了人生前程。母亲的话语，当时刻铭记在心中，并教育好自己的子女。

从革命战争中走出来盖家三姐妹

——记老兵盖淑润、盖淑德、盖淑香

文字 / 邢一夫

安里村后街，在抗日战争、解放战争中前后走出三位女军人，她们出自同一个大家庭，这就是盖淑润、盖淑德、盖淑香。

母亲盖淑润，比四姨盖淑德、五姨盖淑香大十几岁，抗日期间参加革命工作，又在区政府做宣传工作，革命道理自然懂得多一些。每次回安里探亲，四姨、五姨总爱围在大姐身边，听她讲些革命道理，大姐也总是热情地鼓励她们多学些知识，动员她们有机会参军入伍，参加革命工作，姐妹间总是有许多说不完的话语。那时候村里有文化的青年人不是很多，女青年更少。中国共产党为了组织全国人民夺取全国革命的胜利，亟需大批有知识、有文化的人才。同样，在战争年代，流血牺牲的事情也常有发生，五姨的两位哥哥就先后血洒疆场，壮烈牺牲。因而当时要参加革命，对每个人来说，都需要很大的勇气，都需要做出勇敢地选择。

后来，母亲于 1948 年秋随军南下，在江苏省参加开辟新区的工作，又于 1949 年随第二野战军进军西南。当时刘邓两位首长对山东南下干部工作团做动员时说："进军大西南，三年一轮换"，意思是新区和老区的干部实行轮换制，不想父母一辈子都在西南地区扎下了根。革命就是这样，哪里需要哪里安家。四姨在 1947 年参加中国人民解放军，先在南京军区工作，后随四姨夫调入北京市工作，一生转战大江南北，多次立功受奖。五姨在 1949 年 6

月参加胶东渤海银行工作（中国人民银行山东省分行的前身），当时由军队建制管理，一生从事金融财务工作。

自参加革命工作后，三姐妹奔赴在不同的地区、不同的岗位，天各一方，再也不能相聚，见面的机会再也没有了，但姐妹间的心灵是息息相通的，这就是都有一颗报效祖国的赤胆忠心。有了这颗心，就都能在炮声隆隆、枪弹横飞的岁月里，为了革命事业的需要，不惜舍亲离子，不畏艰难险阻，不怕流血牺牲，积极投身到革命的洪流中去。

我的一生，和父母亲相聚的次数不多，和四姨、五姨相见的机会更少。在我的记忆里，四姨在建国初期回来过一次，当时穿着中国人民解放军制式服装，军帽上一颗红五星，黄色制服有“中国人民解放军”胸章，四姨着装整齐，很有精神，和街坊邻居谈话很是热情，当时街上很多青年人也都露出羡慕的表情。五姨也是建国后回来过一次，也穿着黄色的制式服装，同样也是风华正茂的样子。两位姨姨回来，我都只见过一次面，那时我也刚上小学。两位姨姨都曾摸着我的头嘱咐我：“你母亲不在身边，你要好好学习，将来好为国家服务。”时间虽短，话语也不多，但记忆却是永恒的。长大后要像长辈一样，参军入伍，报效祖国，成了我年少时的一个梦想。这个梦想随着年龄的增长，不时地在脑海里涌动着。记得小时候，看电影特别爱看战争片，不管在自己村里还是在外村放映，我都要去看。有时想当一名侦察兵，在崇山峻岭中跳涧攀越完成侦察任务，有时又想当一名骑兵，在大漠疆场中跃马挥刀歼灭残匪。长大后，我有幸参加了中国人民解放军，成为一名海军战士，实现了儿时的梦想。

时光荏苒，岁月匆匆。母亲三姐妹当年的风采今已不在，但她们对我的教育鼓励的话语，她们的革命精神，却在我心中永存。

“战友和武器一个都不能丢下！”

——记老兵江平世

口述 / 江平世　文字 / 王猛

年已 93 岁的江平世脑海中，父母的印象早已模糊了。母亲在他年少时便撇下他和年幼的弟弟江安世离开了人世，是父亲独自抚养兄弟俩长大，甚至还送他们念了书。为了减轻父亲的负担，江平世仅仅读了 3 年书后便回家种地了。1946 年，24 岁的江平世经人介绍结婚了，并于当年生下女儿江淑德。1947 年，江平世在上级的号召下，舍下妻子和女儿来到了南海军分区独立第一团，成为一名迫击炮手，从此那架从国民党手中缴获来的由兵工署[1]第五十工厂铸造的 60 毫米迫击炮成为他的第二生命。

虽然上了年纪的江平世对当年的很多事情已记不清了，但对他曾经历的战斗却是如数家珍。他至今还记得他来到部队后打的第一次大仗——潍县战役[2]。那是 1948 年 4 月 15 日，潍县城内外硝烟弥漫，炮火连天，以争夺潍县城为核心的潍县战役激烈地进行着。在胶济铁路沿线地区数百公里的战线

---

[1] 兵工署：国民政府时期的兵器工业管理机构，于 1928 年 11 月 11 日在南京杨将军巷成立，隶属于国民政府行政院军政部，掌全国兵工及关于兵工之一切建设事宜。

[2] 潍县战役：又称昌潍战役或胶济线中段战役，从 1948 年 4 月 2 日一直持续到 4 月 27 日。这是中国人民解放军在华东战场上的第一个攻坚战，是我华东军民转入战略反攻后，取得的一次具有重大意义的胜利。是役，我军全歼国民党军 4.6 万人，解放 4000 余平方公里，人口百万，使我胶东、渤海、鲁中三大解放区连成一片。

上，国共双方几十万大军展开了一场厮杀。这场关乎山东局势、牵动国共最高层的战役历时 30 天，以人民解放军的彻底胜利而告终，昌潍大地终于获得了解放。战役筹划期间，我军的策略是：攻其要害，余者不击而败，对昌乐、寒亭、田马之敌围而不攻，东、西两路援军全力阻击，第九纵队司令员聂凤智率主力强攻潍县城。就此，山东兵团部署了两路阻击部队：西路为第七纵队、渤海新十三师，共 12 个团的兵力，阻击济南东援的国民党部队；江平世所在的南海军分区武装与第十三纵队三十九师、胶东新五师、滨北军分区等 10 个团的兵力为东路，阻击青岛西援的国民党军，防御烟台可能出击之敌。直到解放军攻克潍县城，国民党从济南、青岛出动的两路援军还在途中。

据逃到青岛的国民党守城士兵回忆说："仗打到激烈处，感到昏天黑地，不辨方向。"由于江平世所在东路部队的有力阻击，直到 4 月 23 日，敌青岛援军耗时半个多月才赶了不到一半的路程，进至大沽河东岸。在我军节节阻击下，他们停滞于大沽河两岸。4 月 26 日，其前锋推进到平度境内南沙岭一线，到潍县城还有近半的路程。至潍县战役结束，敌方青岛援军行至平度、高密境内而止。

对于江平世来说，比较惊险的一场战役要数 1949 年春天的青（岛）即（墨）战役。这场战役中他与死神擦肩而过，最终幸运地活了下来。1949 年 4 月，胶东军区将江平世所在的南海军分区独立一团以及即东县独立团、即墨县独立团改编为胶东军区警备第四旅。青即外围战结束后，部队经过几天休整，自 5 月 26 日开始，向西起马山经即墨城东至海边的敌军"第一道防线"发动了全线攻击。25 日夜，担任东线作战任务的华东警备四旅一部由盟旺山、莲花山之间经九六夼，于拂晓前向敌青岛保安旅一团防守的青岛外围第一道防线的中心据点——北窝洛子村[1]发起围攻，占领了该团团部阵地——窝洛子村。

战斗打响后，江平世与战友（具体姓名不详）根据部署已提前进驻某高地阵地，对据点敌人发起炮击，让敌人吃尽了苦头，敌军辛辛苦苦修筑的工事在迫击炮弹的打击下灰飞烟灭，为部队发起冲锋扫清了障碍。而据点的敌人也伺机向我炮兵阵地发起攻击，一枚枚炮弹呼啸而至。突然，一枚炮弹恰

[1] 北窝洛子村：地名，位于山东省即墨市龙泉镇。

巧落在了江平世身后不足5米远的地方，两人瞬间被气浪掀翻在地，晕了过去。许久，两人才逐渐清醒，缓缓地坐了起来。这时，江世平发觉手臂黏糊一片，低头一看左手腕竟被炮弹炸起的碎石打穿了，血流不止，一阵疼痛瞬间袭来。再看一旁的战友，腿部被弹片击伤，鲜血流了一地，已无法行动。对面的敌军仍不时将一发发炮弹打过来，枪炮声在耳边震响，担架队被压制得一时无法冲到阵地抢救伤员。望着越来越激烈的炮火，江平世随手从身上扯下一块布，将自己流血的手腕扎住，尔后帮助战友把腿上的伤口止血。一切就绪后，江平世做了一个让众人震惊的举动，只见他将战友背起来，弯腰抱起近40斤重的迫击炮，向后方跌跌撞撞地撤退。事后，战友们问他："命都快没有了，还不赶紧把炮扔掉！"他却回答："战场有纪律，武器就是我的第二生命，死也不能丢！"在枪林弹雨中，两人终于安全退出阵地，被担架队转至后方医院救治。没过多久，江平世再次被送到莱西双山的医院，从此便与战友分别，再也没见过。是役，江平世因战场上的英勇表现，加上文化水平相对比较高，被提拔为排长。

负伤的江平世在医院疗伤期间，心思却早已飞回了部队，期待着能早日重返战场。一个月后，确认伤好后的他被准许返回老部队。此时的青岛刚刚获得解放，崂山脚下一片欢腾，但一伙国民党散兵游勇和潜伏匪特却认为"风声"已过，纷纷从阴暗的角落里爬出来，干起了杀人倒算的勾当，搅得群众惊惶不安。他们四处散布谣言，声称："国民党到八月十五就打回来了，日本鬼子都不敢进崂山，共产党土八路更奈何不了我们。"面对敌人嚣张的气焰，江平世所在部队奉命立即开赴崂山，执行剿匪任务。计划始终赶不上变化，不过数日，部队还没见到匪便再次执行上级命令开赴黄县，准备攻打长山列岛。

长山列岛位于辽东半岛与山东半岛之间的渤海海峡中，地处海上交通要道，系华北咽喉、京津屏障、胶辽联结枢纽，历来是海疆要塞，兵家必争之地。1949年6月，随着青（岛）即（墨）战役的胜利结束，山东大陆全部解放，长山列岛成为国民党在北方的唯一军事基地，驻军为海军陆战第二团三营，警卫第六营及巡防处、设治局、补给站、警察所、造船所、国防部电报局一个分队及地方武装等1600余人，有运输舰2艘、炮艇8艘以及雷达探测器等装备。守军集中主要兵力扼守地形险要之南长山岛，其他岛屿作为侧翼卫星阵地，以还乡团队分散守备。其海军除以少数炮艇巡视列岛周围外，还以主力舰艇集结于列岛中央，伺机机动作战。岛上守军则控制制高点，组成海岸阵地，但岛上多坚石，不易构筑坚固工事，主要依靠海军于半渡阻击解放军来支撑防御信心。

国民党军凭借海上优势，以长山列岛为依托，控制渤海湾，不仅时常窜扰沿海地区，破坏渔业生产，而且严重威胁着东北、华北、华东三大解放区之间的海上交通和对外贸易，其海空军也在岛上特务电台的情报支持下袭扰各大港口和京津要地。为摧毁这个基地，刚刚结束青即战役不久的山东军区决心乘胜发起长山列岛战役。根据中央军委及华东军区的指示，山东军区成立前方指挥部，江平世所在的胶东军区警备第四连同第五旅、华东野战军二十四军七十二师、二十四军炮兵团山炮营、特种兵纵队榴弹炮十三团和北海军分区地方部队在统一指挥下对长山列岛之敌实施渡海进攻作战。

这场战斗中，江平世所在警备四旅占领了庙岛，敌残部逃往砣矶岛。因受北风所阻，部队暂停进攻，解放军进驻北部五岛，至此长山列岛全境解放。江平世也因表现突出被记三等功一次。

1950 年 10 月，华东军区警备第四旅改编重建为步兵第一〇〇师，归山东军区建制，这是我军历史上陆军第二个一〇〇师。江平世所在的第十团改称步兵第一〇〇师二九八团，执行青岛驻防任务。

1953 年 8 月，我军进行第三次大裁军，江平世在上级安排下不得不脱下了那身心爱的军装，转业回到地方，被安置在山东禹城[1]的山东省盐业批发处工作。1956 年江平世调到穴坊镇税务所工作，一直到退休回到老家。

[1] 禹城：地名，是山东省德州市的一个县级市。

“猫耳洞”与“北大荒”的激情岁月

——记老兵张太云

口述 / 张维署　文字 / 王猛

老兵张太云的家族在解放前算得上是人丁兴旺，他的父亲张鋘有 6 个儿子和 3 个女儿，张太云在家排老三，家中共有 12 口人。人多地少产量低，一年忙活到头打的粮食很少，饥饿便成为他刻骨铭心的记忆。迫于生活的困苦，张太云从小便被寄养在西旺格庄外祖父家中，可是谁家光景也不好过，张太云从小就没能够进学校读书，只能给地主家打杂工补贴家用。15 岁那年，张太云回到了安里继续着面朝黄土背朝天的农民生活。

1947 年，张太云在大参军运动中被分配到华东野战军第九纵队，从一名普通的农民转变为拼杀于战场的解放军战士。

一次战斗中，因敌军不断骚扰，张太云和榆山夼村[1]战友刘子河（音译）被迫隐蔽在“猫耳洞”里，精神高度紧张，7 天 7 夜没睡个囫囵觉。期间，战友刘子河终于忍受不了洞里潮湿阴暗的压抑环境，擅自走出来透气。谁知，他的贸然行动被敌军的侦察兵发现了，一枚炮弹准确落在了他的旁边，刘子河当场中弹牺牲，隐蔽在洞内的张太云也被炸晕。待慢慢苏醒后，张太云发

[1]　榆山夼村：位于烟台市海阳市西北部，发城镇西南部，隶属发城镇。

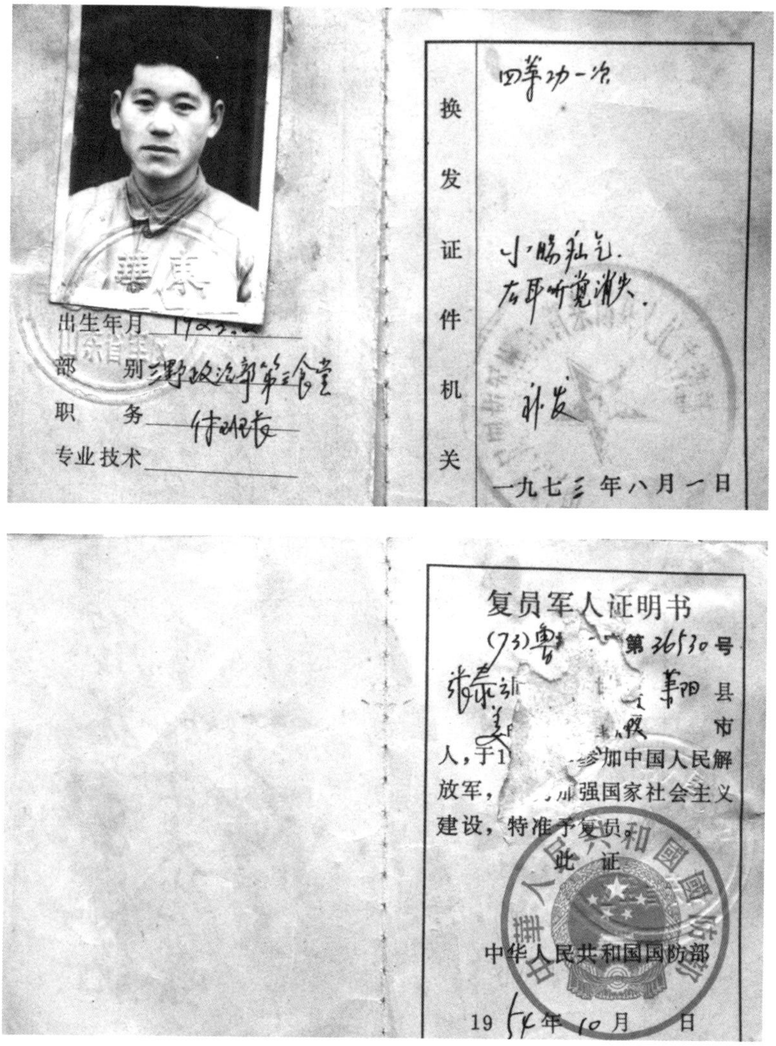
出生年月
部　　别 三野政治部第三食堂
职　　务 付班长
专业技术

换发证件机关
四等功一次
小肠疝气.
右耳听觉消失.
补发
一九七三年八月一日

复员军人证明书
第36530号
县
市
人，于1　参加中国人民解放军，　加强国家社会主义建设，特准予复员。
此　证
中华人民共和国国防部
1954年10月　日

1954 年 10 月，国防部颁发给张太云同志的复员军人证明书

现自己的双耳被炸聋了，嗡嗡直响，而刘子河却倒在了血泊中，脑浆迸裂。血腥味一下钻进鼻子，张太云忍着心里的悲痛趁着夜色爬到刘子河身边，用双手将满地的脑浆捧起，放到烈士那残缺的躯体里，以求烈士能有个全尸。在这次战斗中，张太云因表现出色，被记三等功 1 次，并被提拔为班长，随后因耳聋被安排到了华野政治部第三食堂继续服役。

据他的家人回忆，张太云随后参加了孟良崮战役、淮海战役、渡江战役等著名战役，一直随部队南下至福建。期间，张太云杀过敌，剿过匪，受过伤，

立过功，整整在硝烟的战场上干了 8 年，被人们称为“老八路”。1953 年，我军进行第三次大裁军，张太云选择了复员返乡，重新拿起了锄头当农民了。

“北大荒”，人称其为“北”国高寒，“大”片沃野，“荒”无人烟，是东北的那片原始荒原，是世界上仅存的三大片黑土地之一。为了开发这片古老的荒原，我人民解放军先后抽调 14 万官兵，分八批次进入荒原腹地，在这里建起了全国最大的国营农场群。1958 年 1 月 24 日，党中央、中央军委发出《关于动员十万转业官兵参加生产建设》的指示，要求全军转业官兵去开发“北大荒”，屯垦戍边。一时间，全国、全军上下热烈响应，人人表决心，已复员回乡的张太云更是坚决要求去开发“北大荒”。最终，组织遂了他的心愿，北上挺进东北。

在这里，张太云与战友们每人平均一垧[1]地，田间泥泞过膝，车马下不去，他们便用 20—24 人拉犁，田地里有草，每犁下去就有一千公斤重。田里有水，晨结薄冰，大多数人又没有雨鞋，就穿一般鞋袜在冰水里拉犁。这样，在泥水里苦干月余才完成任务。有的人一只手残废，就用另一只手干活，而张太云耳朵聋了毅然下地干活，这就是十几万复转官兵创立的“自力更生、艰苦奋斗、顾全大局、 勇于开拓、无私奉献”的北大荒精神的真实写照。“献了青春，献终身，献了终身，献子孙”，这是张太云和战友们的钢铁誓言，字字掷地有声。

第二年，儿子张维署出生了，家里托人给数千公里外的张太云发电报，想让他抽空回一趟家看看。思索半天，张太云让人帮忙给家里汇了 18 块钱，并用电报捎话告诉妻子：“好好坐月子，任务完成即回。”接着，他便日复一日地下地劳作，直到 1960 年才复原回到了阔别多年的安里。

作为北大荒的第一代垦荒者，张太云与战友们的功绩写在北大荒的蓝天绿野上。北大荒的天空，回荡着他们的豪迈歌唱，万年清澈；北大荒的土地，融化了他们的青春和生命，生生不息。

---

[1] 垧，旧时计算土地面积的单位，在东北地区，一垧一般合一公顷（十五市亩）。

体内藏子弹坚毅挺过七十年

——记老兵盖洪加

口述 / 盖焕群　文字 / 李浦松

2015 年春节刚过，在莱阳市中医医院里，参战老兵盖洪加与世长辞了。遗体火化时，人们在他骨灰里惊讶地发现了一颗已锈蚀的弹头。这颗在 1947 年即墨灵山战役中被敌人射出的子弹在盖洪加体内藏了近 70 年，让他的晚年生活备受折磨，他却从来没有告诉任何一个人。正如在 91 年的生命长河里，他所遭遇的人生磨难和生活痛苦均独自一人默默承担，用历经战火洗礼锤炼的勇敢和坚毅，顽强地走过了一生，留给后人的，永远是那高大伟岸的身影和嘹亮爽朗的声音。

少年的盖洪加家里兄妹 4 人，他是老大，老二叫盖洪庆，他下面还有一个妹妹和弟弟。父亲的去世让排行老大的盖洪加一下成熟了很多，像大人一样，用稚嫩的肩膀和母亲一起，承担起一家人的生计。父亲去世后，家里就没了顶梁柱，粮食也断了。体弱多病的母亲只能带着盖洪加等 4 个孩子，风餐露宿，四处讨饭，吃上顿没下顿，可以说尝尽了人间疾苦。后来，母亲和三弟在海阳马石店讨饭时，因饥饿双双病死在路上。盖洪加和弟弟盖洪庆忍着悲痛把母亲和弟弟的遗体背回村里，在村民的帮助下将两人安葬。从此，家里只剩下盖洪加和弟弟妹妹，三人在悲凉中相依为命。

1945 年，弟弟盖洪庆参加了八路军，上了前线，再也没有回来，多年后才得知已经牺牲了。1947 年，安里村解放两年，政府给盖洪加分了地，日子

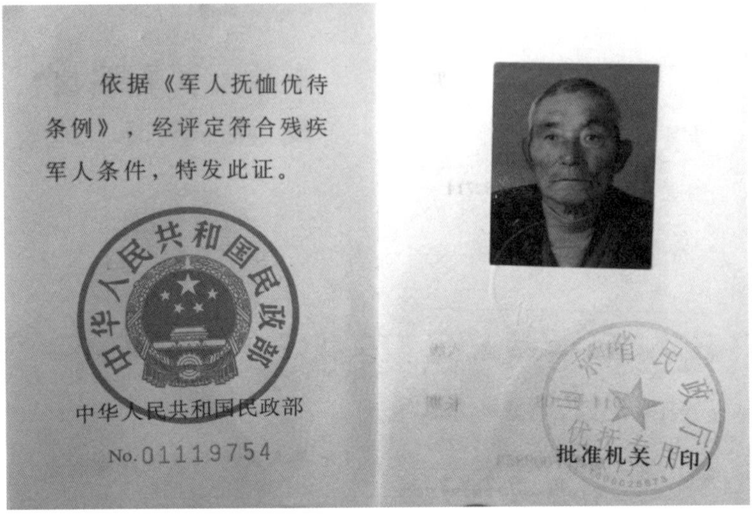

依据《军人抚恤优待条例》，经评定符合残疾军人条件，特发此证。

中华人民共和国民政部

中华人民共和国民政部

No.01119754

批准机关（印）

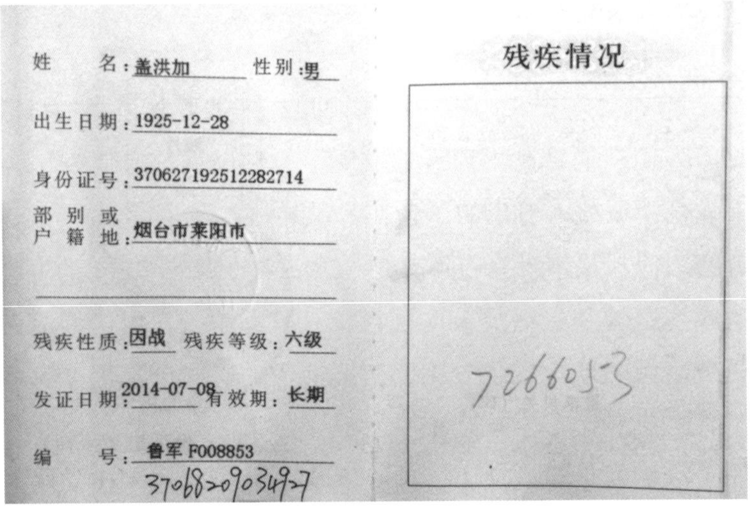

姓　名：盖洪加　性别：男

出生日期：1925-12-28

身份证号：370627192512282714

部别或户籍地：烟台市莱阳市

残疾性质：因战　残疾等级：六级

发证日期：2014-07-08　有效期：长期

编　号：鲁军 F008853

37068209034927

残疾情况

7266053

2014 年 7 月 8 日，民政部颁发给盖洪加同志的伤残军人证

逐渐缓过来，再也不用到处讨饭了。大参军运动中，盖洪加安顿好妹妹后，报名参加了人民解放军，被分配到胶东军区南海军分区独立第一团。参军后，盖洪加跟随部队转战各地，直到他在即墨灵山战役中负伤才再次回到了安里。

即墨灵山战役中，盖洪加所在部队一个排的官兵趁夜色埋伏在高粱地里，伺机消灭前来进犯的敌军。没想到，敌人早已得知了这一情报，竟摸清了他们埋伏的地点，于是派出一个连把盖洪加和他的战友们包围了。天色渐亮，逐渐可以看清不远处敌军的表情，双方一照面，敌方子弹就像雨点般地扫射过来了，盖洪加不幸被子弹击中胸部，晕倒在地，事后才得知子弹穿过肋骨打到了肺部。最后，由于敌我双方距离太近，无法开枪射击，双方便开始了肉搏战。这一次，盖洪加所在的排死伤了十几人。

战斗结束后，救护队把盖洪加送到医院治疗。经军医诊断，必须截掉一块肋骨才能将肺部的子弹取出来。受医疗条件的限制，当时我军无法做这样的手术，只好选择放弃。一个多月后，盖洪加身体逐渐康复了，却因无法适应战场需要而返回安里，后被评定为二等乙级伤残军人。

回到安里后，尽管身上枪伤未愈，但盖洪加仍忍着伤痛勤勤恳恳地务农、劳作。1948 年，盖洪加经人介绍娶了亲，成了家。1958 年人民公社时期，老兵盖洪加经推举担任了安里村的生产队长。

经历过的老人都知道，当年的生产队长并非闲职。由于农村实行集体生产，生产队长是一个极其重要的角色，不但要全面贯彻落实上面下达的各项任务和指标，还要身体力行，具体筹划安排生产队的各项生产和群众生活。当时的北方农村组织结构并不复杂，基本上一个村庄就是一个大队，大队下面又依据居住分布情况分设若干个生产小队，每个小队有数量不等的农户。大队班子的组成一般包括 1 个大队书记、1 个大队长、1 个会计、1 个保管和 1 个妇女主任。

大队长通常是选用那些既有能力和威望，又有生产经验且能为群众办实事的人来当，大多是从部队复员回来的老兵。在乡亲们看来，盖洪加就是不错的人选，不但有蓬勃向上的朝气和争强好胜的劲头，还在部队里受到过良好的训练，综合素质较高，个人品质也好，还是个党员。他这一干就是 21 年，备受人们的尊崇。

那时，生产队劳动的场面最为红火壮观，尤其是在夏秋两季农忙的时候，一呼百应，数十名男女社员捋起袖子、裤管儿齐上阵，把成熟的庄稼尽数收入粮仓。不过，这种劳作模式也存在一定的弊端，最主要的就是干好干坏一个样，难以调动广大群众的劳动生产积极性，这就需要生产队队长必须时刻监督劳动。那时，安里的群众常常看到神情严肃的生产队队长盖洪加来回奔波于劳动现场，督促那些干活慢或休息时间比较长的社员加快进度。如果发现谁不好好干，盖洪加就会大声地批评他们，响亮的嗓门儿，整个山都能听到他的声音。每当这时，大家都说："'大杆子'又在骂人了，快点好好干！"（由于盖洪加长得又高又瘦，大家背地里给他起绰号叫"大杆子"）

生产队队长可谓是兵头将尾，不但要考虑生产队大大小小所有事情，还要参加集体劳动，一年到头的辛苦可想而知。当时的队干部都是不脱产的，只有少数村队干部由于外出开会或办理公差等事宜才可以不出工。生产队长的报酬和一般社员也大致相同，每天只拿一个壮劳力的工分。盖洪加觉悟很高，虽然是伤残军人，仍坚持带头干重活，有时累得三天两头咳嗽不止，在家稍微休息两天又接着干。

盖洪加对生产队的400多亩地了如指掌，每块地适合种什么，什么时候种，都提前计划好。除了种粮食之外，他还组织社员种植一些棉花、花生和蔬菜等作物，以满足全村人的日常生活需要。此外，队里谁家婆媳不和、兄弟分家、邻里纠纷，包括介绍对象，只要盖洪加队长出面，没有不给面子的。大家常说，盖洪加真不愧是全队的当家人。

然而，战争给盖洪加身体留下伤痛一直未停止，劳作中他总是咳嗽不止，严重时还会不停地咯血。或许是体内的子弹与肺部融为一体，成为他身体的一部分，或许是子孙满堂的满足，逐渐让他看到了盼头，80年代的盖洪加很少咯血了。这时，他成了新安村的"抗战活字典"，闲暇之余、田间地头、街头巷尾，总会看到盖洪加给大家讲述安里村参战青年浴血奋战的场景。

2014年，盖洪加在儿子盖焕群的陪同下，到莱阳市中医院检查眼疾，顺便做了个体检。在进行胸部X光扫描时，医生惊讶地发现肺部有一异物，便好奇地问盖洪加："这是什么？"他很淡然地笑着回答："这是国民党打的一颗子弹。"直到这时，儿子盖焕群才知道父亲带着子弹生活了将近70年却始终没有吭过一声，不禁心生悲伤。

晚年的盖洪加常常咳嗽不止，家人总是劝他去医院检查，他总是推辞说："没事，咳一下就好了。"家人劝说："伤残军人是可以享受医疗全保的。"即使这样，要强的他却始终不肯去医院。2015年农历正月十二日早上，盖洪加咳嗽突然加重了，儿子盖焕群不顾父亲"不出年不进医院"的说法，赶紧把他送到医院治疗，没想到下午他就去世了，离开了生他养他的安里大地。

保持战士本色的乡村医生

——记老兵盖中南

文字 / 盖永福[1] 盖金光[2]

盖中南出生于1928年7月19日，弟兄5人，他排行老二，老大叫盖中周，老三叫盖中原（烈士），老四叫盖中玉，老五叫盖中平。祖父盖鸿钧于1929年创办安里学校——旭光小学，父亲盖振群曾在民国时期任诸城县县长，家中思想活跃、风气开放，鼓励后代接受新思想、新教育。盖中南与其三弟盖中原在家人的支持下，都参加了解放军。

1947年，盖中南初中毕业后，在父亲的鼓励支持下，主动请求参军，并因为有文化被安排在山东军区文工团工作。1948年5月因战事需要，盖中南由文工团转入华东野战军第十二医院学习医术，并救治伤员。在此期间他虚心学习，刻苦钻研，医术进步很大。后来盖中南听从组织安排调往第三野战军第五野战医院当医生。期间他随大军参加了济南战役、渡江战役，圆满完成救死扶伤任务，曾为救治伤员三天三夜未合眼，受到上级嘉奖。

1949年8月至1951年3月，盖中南在华东警备第四旅第十一分院当医生。由于工作认真、医术较高被委任为医疗小组长，并光荣地加入了中国共产党。1951年4月1日，盖中南光荣地复员了。返乡后，他先后在本乡姜格庄村、

[1] 盖永福：盖中南同志族孙，1976年出生，姜疃镇鲁花中心小学校长。

[2] 盖金光：盖中南同志儿子，1964年出生。

依据《军人抚恤优待条例》，经审定符合享受复员军人定期定量补助待遇，特发此证。

山东省民政厅

山东省民政厅

山东省民政厅颁发给盖中南同志的军人优抚证

塔南泊村任乡村医生，医术水平高，工作态度好，热心为乡村百姓服务，受到了干部群众的好评。驻村时，一位老太太因患肝腹水昏死，其儿女号啕大哭，准备为其母办理后事。盖中南听说后，连忙赶到病人家，经过检查发现病人未死，后经过他的悉心诊治，老人生命又延长了好几年。

随着卫生事业的发展，盖中南又被调回安里担任医生，乡亲们、干部群众均对其有较高的评价。“文化大革命”期间，因家庭成分的原因，盖中南受到错误处理，被免除当医生的资格。尽管受到不公正的对待，但他并未消沉，仍是积极面对生活。因医术高超，为人厚道，受到乡亲们的信赖，许多乡亲仍不断地找他看病。无论刮风下雨，还是酷暑严寒，凡有人叫他看病，他都随找随到，绝不含糊，即使是逢年过节甚至半夜三更他都前去病号家里诊治。

复员后，盖中南当乡村医生期间任劳任怨，精心施治。即使被免除了医生资格，许多乡亲仍找他看病，他都会无偿地为村民服务，从不收取任何费用，其救死扶伤的精神和良医济民的善行受到村民的好评，以至其去世后许多村民仍常常想念这位安里村的“老中医”。

2010 年农历八月十六日，盖中南因病去世，享年 83 岁。

“孤胆英雄”

——记老兵盖元之

口述 / 盖美云[1] 文字 / 盖元修

盖元之，男，1927 年出生。1945 年，在校读书期间，凭一腔热血，瞒着家人参加了八路军。由于他会武功，便被推荐给山东军区政治部主任肖华当警卫员。在莱芜战役中，师部遭敌人袭击，师长、政委负伤，是盖元之将两人背下来。因抢救及时师长政委脱离生命危险，盖元之立了大功。1945 年，10 万大军挺进东北，盖元之随肖华将军到了南满军区，参加过辽沈战役和平津战役。平津战役结束后，他有幸参加了阅兵式，受到毛泽东、朱德等中央领导的检阅。后随军南下，渡过长江。1950 年朝鲜战争爆发后，盖元之跟随中国人民志愿军入朝作战。在朝鲜期间，他当过侦察兵，孤胆闯入敌后搞过侦察，抓过“舌头”，曾被部队授予“孤胆英雄”称号，先后多次立功。朝鲜战争胜利后，他选择了复员，回到了安里，终生务农。2000 年盖元之因病去世了，但他孤胆英雄、献身解放事业的事迹仍在安里这片土地上流传。

[1] 盖美云：盖元之同志儿子，1955 年出生。

勇敢的通信员

——记老兵盖月春

口述 / 盖月春　文字 / 王猛

老兵盖月春今年已经 87 岁了，但往事仍历历在目。幼年时，盖月春的父亲为了生计闯关东到了东北，从此再也没有回来过，是母亲徐文花独自拉扯他和哥哥盖月瑞长大。在农村，守着土地却没有劳动力就意味着打不出粮食，日子过得格外艰难，饥一顿饱一顿是常有的事，更谈不上让兄弟俩人去读书了。1944 年，16 岁的盖月春做通了母亲和哥哥的思想，孤身前往条件相对富裕的青岛“揽活”以补贴家用，但他离开后才发现国民党部队沿途设置了重重封锁线，年少的他担心被抓去当兵，无奈返回，只得跟着哥哥一起终日劳作。两年后，经人介绍他再次离开安里，前往山前店镇野鸡泊村[1]给一户地主家扛活，定期换些粮食，老母亲总算不再饿肚子，这让孝顺的盖月春心里有了些许欣慰。

1946 年 7 月，烟台各县掀起了“积极参军参战，支援前线”的热潮，正在地里劳作的盖月春得知消息后，立即扔下锄头，回到安里报名参军。有人问：“当时为什么想要去当八路？”因中风而言语不便的他磕磕绊绊地回答：“八路是为老百姓做主的，跟着八路走绝对错不了。”如今的盖月春说起话来很

[1]　山前店镇：地名，位于莱阳市东部，距市政府驻地 20 公里；野鸡泊村位于山前店镇东 12 公里处，距安里村 60 公里。

费劲，但语气是那样的坚定。参军后，他来到莱东县警卫连，随后根据形势需要先后调入南海军分区警卫连、胶东军区警卫营。1947 年 3 月时，他来到华东建大二校二营担任警卫员。

战争年代，我军将士生活条件的艰苦是难以想象的。每次回想起那段经历，盖月春总是感慨万分。由于部队物资短缺，加上国民党部队的封锁和打压，他们吃的东西除了地瓜饼子就是地瓜干子，偶尔改善一下伙食也只有玉米饼子，这竟是农民过年时才能吃到的。到了部队后，盖月春领到了一套军服，这套衣服伴随他很多年，旧了、破了也舍不得丢。至今他还记得，当时他们还发了一支牙刷，却没有牙膏，每天早上盖月春只能将牙刷蘸湿，再蘸一点盐，费劲地刷牙。“蘸盐的时候不能用力，要不然会浪费。”盖月春边说边叹气，“生活太苦了，现在的年轻人根本无法体会到。”

人们问他：“当兵的日子苦不苦？”话音刚落，盖月春的老伴儿于兰珍连忙挥手制止。此时，坐在对面的盖月春早已掩面而泣，泪水像决堤的洪水，抽噎了很久才停下来。于兰珍说：“家里人很少问起这件事，一提到此事他就哭个不停，心里难受！”

片刻，盖月春擦了擦眼中浑浊的泪水，说：“说说也无妨，怕以后再也没有机会说出来了。”话毕，他向人们讲述起 16 岁那年参军后一个个惊心动魄的故事。

1948 年初的一天凌晨，营长突然把盖月春喊来，并当即下达任务，要求其务必将一条重要情报火速从驻地莱东送至 80 公里外的南海军分区。由于情报高度保密，不允许盖月春携带任何有关情报的纸条，营长给他十几分钟时间要求其将内容完完整整背记下来。片刻，盖月春将情报一字不漏地复述了一遍后，营长说：“很好，即刻出发，确保当天送达当天返回。”盖月春丝毫不敢懈怠，当即啃了两口干粮便上路了。由于当时国民党封锁各主要路口，为了防止引起怀疑，盖月春换了便装打扮成一副孩子模样，总算是躲过了一次又一次的盘查。为了防止敌军和特务的偷袭，他随身携带了一把匣子枪和四颗手榴弹藏在裤腰里，将匣子枪紧紧地握在右手，拇指始终放在保险上，左手则拿着手榴弹，拇指穿过拉绳，一路小跑向南海军分区驻地前进。“见势不妙，不是敌死就是我亡！就是死也不能将情报泄露出去！”描述中，盖月春像当年那样坚定地说道。经过一路奔波，他终于在下午将情报送到了，并连夜返回部队。一去一回，整整 20 多个小时，盖月春整个人都跑虚脱了，幸好任务总算是圆满完成了，终于可以休息了。欣慰中，他很快便睡着了，从来没有睡得那么香。

这一段经历只是他警卫员生涯中的冰山一角。由于部队调动频繁、战场形势多变，大量情报都需要警卫员亲自送达，盖月春经常独身一人徒步数十公里甚至上百公里穿梭在敌人的封锁线上，将一个个关系战斗胜负和成百上千名将士性命安危的消息送达目的地。由于生活条件艰苦，他每次执行任务都没有多少给养，饿了就到地里随便找些野果填肚子，渴了就到沟里捧两口水，这样的条件不要说是一个未成年的孩子，哪怕是一个成年人都很难坚持下来，但盖月春做到了，心里的惊恐、委屈与难过都随着任务的完成和组织的肯定而烟消云散。

1948 年 9 月 16—24 日，中国人民解放军取得了济南战役[1]的重大胜利，开创了中国人民解放军夺取与接管大城市的先例。随后，盖月春跟随营长一同被调到济南，成为接管济南市的第一梯队。由于战斗刚刚结束，城内遍地是敌人的尸体，时值夏末，处处恶臭熏人。一天深夜，他陪营长外出办事，四下漆黑一片，两人不得不小心翼翼向前挪步，担心碰到腐烂的尸体。结果，他还是中招了，一不留神一脚踩进了一个尸体的肚子，顿时恶臭扑鼻。回到部队后，他赶紧用水洗了若干遍，臭味也没洗掉，连续数日也没有胃口吃饭，就在那时他学会了抽烟。

1949 年 5 月 27 日，中国最大的工商业城市上海宣告解放。第二年，华东军政管理委员会成立，时年22岁的盖月春被选派至上海军管会公安部工作，主要从事反特工作。由于当时通讯不畅和身份的特殊，盖月春竟有两年时间与家人失去联系，从而发生一段小插曲。同村盖义春在战场上牺牲后被评为烈士，因发音问题，部队给安里村写的信中，误将“义”写成了“日”，村里人误将其中的“日”看成了“月”。消息传来，母亲徐文花信以为真，整日以泪洗面，眼睛几乎失明。直到有一年盖月春回家探亲，才真相大白。在

[1] 华东军政管理委员会：成立于 1950 年 1 月 27 日，主要管辖范围包括山东省，浙江省，福建省，台湾省，苏北行政署区、苏南行政署区，皖北行政区，皖南行政区，上海市、南京市。于“文化大革命”前夕撤销。

盖月春同志回忆战争年代经历

上海期间，盖月春一直在公安局预审科、预审处工作，参与审结多起敌特大案要案。工作之余，自己刻苦自学，后在华东公安机关教育系统学习了小学和中学的相关课程，成绩优异，取得中学毕业证书，后在中央人民公安学院上海分校学习两年，并获得结业证书。

1962年2月，全军上下积极响应毛主席关于“学习甘祖昌[1]支援农业建设”的号召，正处于事业上升期的盖月春谢绝领导的大力挽留，毅然选择了复员回乡，照顾老母亲。此时，他已离开安里整整16个春秋。当见到白发苍苍的老母亲、曾经住过的老房子和热情的街坊邻居，所有的风雨和血泪全部化为乌有，唯有脸上的笑容是那样的真切。

[1] 甘祖昌（1905—1986），江西省莲花县人，1927年入中国共产党，1928年参加中国工农红军，1955年被授予少将军衔后，主动要求回乡当农民。

两次上前线

——记老支前担架队队员、抗美援朝预备队队员盖洪文

口述 / 盖洪文　文字 / 王猛

20 世纪初，盖洪文的父母因生活所迫跟不少人一样去“闯关东”，一路到达辽宁的南山城，并在那里定居，先后生下四个儿子：老大盖洪增、老二盖洪松、老三盖洪文和老四盖洪暖，老三和老四是一对双胞胎。在盖洪文的记忆中，“闯关东”的日子过得很苦，全家人整日起早贪黑帮人做工，大哥盖洪增在一次赶马车时被颠下车子，笨重的车轮从双腿轧过，导致他终生残疾。数年后，全家人选择了回到安里老家。1942 年的一天，驻万第的国民党赵保原部队前来抓壮丁，本以为腿脚残疾的盖洪增能够逃过一劫，却仍被抓走当了伙夫，后在万第战役中不幸中弹身亡。二哥盖洪松则一直留在家里种地糊口，照顾父母。盖洪文的同胞弟弟盖洪暖自出生起便腿脚残疾，成年后无法从事重体力活，但他仍不忘追求进步，在地下党员的带领下加入了中国共产党，是村里的支部委员，主要负责宣传鼓动、军烈属抚恤工作。

1947 年，25 岁的盖洪文在大参军运动和支前运动中积极报了名，最后却因个子矮未能如愿。既然不能上前线杀敌，那就为打仗做一点力所能及的事，于是，他又主动找到村干部，要求参加担架队，上前线运送伤员。这下让村干部也为难了，担心他瘦小的身体不能坚持下来，但看到态度坚决的盖洪文马上要急眼了，他只好同意了。别人问盖洪文：“前线打仗那么惨，

到处都在死人，你不怕？”他却说：“村里当兵的老少爷们儿都不怕，我怕啥！”随后，盖洪文便在担架队长兰保臣的带领下，与同村其他队员一起来到了 30 公里外的莱阳城，负责伴随保障华东野战军第四纵队。

盖洪文等人来到部队后，正值前线补给紧张，只发了一双鞋子。“黄色的，翻牛皮的鞋子，很结实。”盖洪文回忆中讲道，“应该是从国民党那里缴获来的。”而身上穿的衣服，有人发到了解放军的灰色军装，有的则是缴获来的国民党黄色军装，有的只发了一条裤子，有的却只发了一件褂子，远远看去简直就是“杂牌部队”。即使这样，盖洪文还是很开心，端详着那双皮鞋，擦了又擦，看了又看，说：“这是我穿过的最好的一双鞋。”在他看来，8 个月的支前生活他们算是把这辈子的苦都吃得差不多了，前线补给的困难让年迈的盖洪文一回想起来就感慨万分。在整个支前运动中，担架队员的吃饭问题由队里单独开火解决，饱一顿饥一顿是家常便饭，如果遇到断火的情况，队员们只能找到当地老百姓，到地里摘一些甜瓜充饥。

盖洪文同志

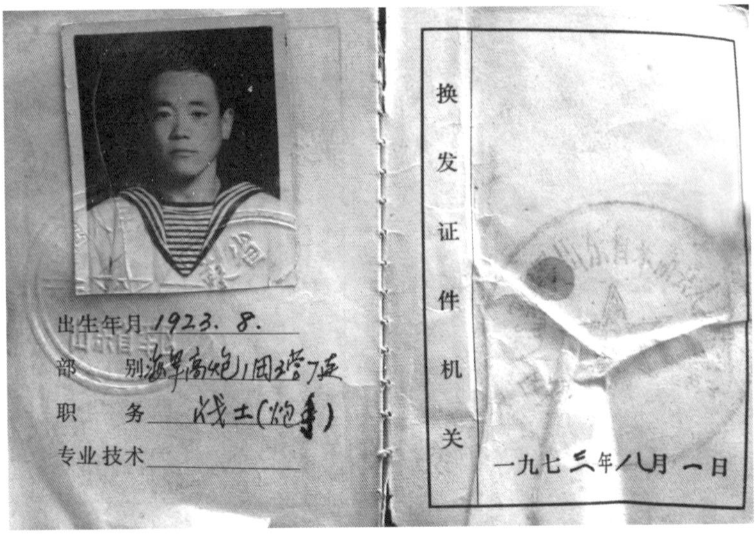

1973 年 8 月 1 日，国防部颁发给盖洪文同志的复员军人证明书

1947 年 7 月 7 日，华东野战军第一纵队、第四纵队在叶飞[1]、陶勇[2]的指挥下，耗时 7 天 7 夜，全歼费县[3]守敌国民党整编五十九师第三十八旅 6000 余人，解放费县县城。“血流成河”是盖洪文对这场战斗最深刻的印象。胜利的背后，总会有一些幕后英雄们默默的付出，安里的担架队队员们便是其中的一支幕后英雄。抢救伤员最关键的就是要快，哪里枪声最密集，盖洪文等人就往哪里上，哪里炮火最严重，哪里就有他们的身影。前线的战士一排排地倒下，盖洪文和队友顾不得休息，一边躲避着枪炮，一边将伤员搬到担架上，猫着腰快速撤下来。闷热的天气早已打湿了他心爱的军装，他一狠心将军装脱掉，赤膊上阵；皮鞋磨烂了，便脱下来，光着脚板儿一路小跑送到十几里外的后方医院，一个晚上竟能来回四五趟，脚上全都磨出了水泡。整个战役下来，他早已不记得运送了多少伤员。采访中，盖洪文回忆起一个细节让他哭笑不得。原来，运送伤员过程中，一条小河成为必经之路，对于

[1] 叶飞（1914—1999 年），曾历任山东野战军第一纵队司令员、华东野战军第一纵队司令员兼政治委员、第一兵团副司令员兼第一纵队司令员等职，1955 年被授予上将军衔。

[2] 陶勇（1912—1967），安徽省霍邱县人。曾任华东野战军第 4 纵队司令员、华东军区海军司令员、东海舰队司令员等，1955 年被授予中将军衔。

[3] 费县：地名，地处山东省东南部的沂蒙山区，位于蒙山之阳。

其他人来讲算不上什么，但对于矮小的他来说却是困难重重。“每趟一回河都要灌几口河水。”盖洪文笑着说。

就这样，队员们跟随部队一路走来，相继参加了孟良崮战役、费县战役、凤凰山[1]战役、三合山战役[2]等，到底运送了多少伤员，谁也数不清了。8个月后，他们结束了支前返回安里，成为一名普普通通的庄稼人。这段刻骨铭心的经历，性格内向的盖洪文再也没有对别人提起过，只是藏在心中独自回味。盖洪文在村里踏实肯干，地里的庄稼收成还算不错，这也让他深感欣慰。

在人们普遍看来，安稳舒适的日子总是过得很快，转眼新中国成立已经快1年了。1950年6月25日，朝鲜战争爆发，盖洪文报名参加了人民解放军，成为抗美援朝预备队队员，被分配到了海军高炮一团三营七连，成为一名炮手。根据任务分工，盖洪文担任高炮第三炮手，也就是测距手。他很珍惜这来之不易的机会，每次训练都非常卖力，时值寒冬腊月，战友们经常见到他一个人训练得汗流浃背才肯罢休。终于，经过一段时间刻苦的训练，盖洪文对高炮的结构组成和操作方法早已烂熟于心。

朝鲜战场激战正酣，美军侦察机经常窜入我方上空不断袭扰、侦察，盖洪文所在部队常常紧急拉动，以应对敌机。他至今还记得1951年底的一次惊险遭遇。腊月的青岛，湿冷的海风硬生生地吹着军营每一个角落，让人们不愿在室外多待一秒钟。这天深夜，营区的熄灯号早已按时吹响，战士们赶紧钻进被窝，期待一个美梦的到来。孰料，团作战值班室突然接到上级通知：据雷达监测，一架美军侦察机企图窜入我境，你部立即进行紧急防空处置。“滴滴、滴滴……”尖锐的哨声瞬间划破了营区沉寂的长空，把战士们从睡梦中惊醒。

---

[1] 凤凰山：古称玉泉山，主峰凤凰顶海拔七百多米，雄踞于海岱之间的鲁中腹地。解放战争时期，华东野战军曾在玉泉山和嵩山阻敌打援。新中国成立后，拍摄电影《南征北战》时，将玉泉山改称为“凤凰山”。

[2] 三合山战役：位于平度城西35公里处的胶莱河东岸、潍石路南侧。古称三户山，海拔100余米，因由三座东西向连接而又各自独立的山峰组成而得名。1947年10月2—10日解放战争时期，山东军区部队在三合山地区对国民党部队发起的反攻作战，给进犯胶东之敌以沉重打击，彻底挫败了蒋介石“九月攻势”作战计划，从此扭转了胶东战局。敌被迫停止对山东战场的重点进攻，转入战略防御，使我军山东内线战场开始了战略反攻的新阶段。

“紧急集合！”盖洪文一个鲤鱼打挺从床板上弹起来，由于情况紧急，他和战友连衣服和鞋子都没来得及穿上，只穿一条内裤便撒丫子朝着百米开外的炮阵地跑去，迅速就位。一时间全团几十门高射炮立即进入战斗状态。探照灯连的官兵迅速将探照灯打开，四下寻找敌机踪影。

突然，盖洪文所在的七班通过探照灯隐约看到敌机反射回来的亮点。“哒、哒、哒……”盖洪文与同班战友密切配合第一时间将一枚枚炮弹打出去，炽热的炮弹在空中划出一条条火红的轨迹，一时间，几十门高射炮齐射，火舌瞬间喷出了战士们心中的怒火。然而，第一波次防空并未奏效，战士们立即根据探照灯引导寻找敌机，第二波次时，探照灯却突发故障熄灭了，目标消失了，这让盖洪文等人捶胸顿足，很是失望。

片刻，指挥部还是传来了令人兴奋的消息，由于部队防空应对及时，敌机已逃离我方上空。提起这段经历，盖洪文还是心存遗憾，他说：“如果探照灯不出故障，肯定能打下来！”为了进一步防止敌机杀出“回马枪”，部队要求全体战斗员原地待命、警戒。这时，连长赶紧安排各班找一名战士赶紧返回宿舍将大家的衣服鞋子拿来，这时大家才意识到还没穿衣服。奇怪的是战士们因精神高度集中没有一个人感觉到冷，反而出了一身汗。

一夜无眠，彻夜警戒。第二天，全团专门召开表彰大会，盖洪文所在班因发现目标及时，并第一时间开火，有力地打击了敌机的嚣张气焰，团长兼政委胡棣专门在大会上提出表扬，并承诺奖励给七连官兵一头大肥猪。听到这个消息，全连官兵个个笑开了颜，大家都夸盖洪文等人是好样的，既完成了任务又为连队赢得了荣誉，更重要的是还给大家伙儿带来了福利。要知道，在当时物资紧缺、粮食匮乏的年代，多少人一年都吃不到一次猪肉，七连一次就被奖励了一头大肥猪，真是一件幸福的事情。很快，团长的承诺便兑现了，一头足足有200斤的大肥猪被拉到了七连的伙房里。七连的战士像过年一样，围在灶台边，等着开锅吃肉。“香，真香，从来没吃过那么好吃的东西。”64年后的今天，盖洪文回味起来仍忍不住夸赞道。

1952年5月的一天，连长突然找盖洪文谈心，将裁军精编的消息告诉了他：根据部队需要，组织决定盖洪文等一批文化水平不高的战士退出现役。至今，盖洪文还记得连长嘱咐：“回家吧，听村领导安排，好好干！”盖洪文听后立即回答道：“我坚决服从组织安排！”是夜，又是一个无法入睡的夜晚。躺在床上的盖洪文辗转反侧，静静地回忆着军旅生活的点点滴滴，泪水早已无声滑过脸庞，打湿了枕头。5 月 31 日，团里召开宣布命令大会，盖洪文等人退出现役。听到自己名字那一刻，在眼眶中转了许久的泪水再也忍不住了，肆意流下来，滴打在地面上。就这样，盖洪文重新回到了离别一年的安里，被安排在生产队，重新过上了农民生活，并于 1963 年娶妻生子。

用臂膀托起生命的方舟

——记老支前担架队队员江同世

口述 / 江同世　文字 / 王猛

江同世回忆支前经历

头戴草帽，一身朴素衫褂，水洗的泛白却干净整洁，一双布鞋穿在脚上走起路来说不上虎虎生风，腰杆儿却很挺拔，骑着自行车速度虽不快，却十分稳健。这是曾经的支前担架队员江同世给人留下的第一印象。他精神矍铄，思路清晰，很难想象他已 92 岁高龄，他是安里健在的 5 名支前担架队队员中的一位。

1947 年 4 月，莱阳县从各区调担架民工，支援孟良崮战役。早已成家立业的江同世积极响应号召，离开妻儿上了前线。家有老小为何还主动上前线？面对疑惑，他坦言：“因为我未能参军入伍，很是遗憾，既然不能像身边其他人一样奔赴战场杀敌报国，就应该为打仗做点事情。”随后，他跟着同村的担架队长兰保臣和其他十几名队员一起来到了莱阳城，负责保障华东野战军第四纵队。

1947 年 5 月，在陈毅、粟裕指挥下，华东野战军经过浴血奋战一举歼灭了国民党精锐部队整编七十四师，大获全胜。为纪念战役的胜利，1984 年，国家投资在孟良崮山脚下兴建了孟良崮战役纪念馆。当年的孟良崮战场上处处是这样的景象，冲在前面的是我华野的官兵，紧随其后的就是人民群众的担架队，每救下一个伤员，他们就要付出和伤员一样的代价。而在此战役中，像江同世这样的随军民工就有 7.6 万，有 15.4 万二线民工和 69 万临时民工参加支前。

至今，江同世还记得当年 4 天 4 夜抢救伤员的情景：敌我双方战斗激烈，无数将士中弹、中炮负伤，阵地上血流成河，担架队员们硬是从未合眼，不停地冲上阵地，将一个个伤员抬上担架，在硝烟和枪林弹雨中穿梭着向后方转移。从阵地到后方野战医院单程数公里，他们两人一组几乎用小跑的速度向后方奔去，争取让受伤的战士早一分钟接受救治。就这样，无数伤员被及时转运到了后方，而担架队员们却早已疲惫不堪，无数次的往返，让大家脚底磨出了血泡，有的鞋子也跑丢了，甚至有的队员也负伤了，但没有一个人退缩。江同世至今也不清楚当时到底救了多少人。

对于江同世而言，最累的一次还数在沂水[1]的那次支前行动。那天，19 名担架队员接受任务，要将 4 名重伤员转运至莱西院上的医院救治，完成任务后务必及时返回。从沂水至莱西往返 800 里，江同世等 19 人得知情况后一句抱怨也没有，异口同声地喊道：“坚决完成任务！”刚从战场下来的他们来不及休息，简单准备了一些干粮便即刻启程了。放在当下，别说是抬着伤员，就是空手走个来回，估计很多人都坚持不了。19 名队员轮流抬着 4 名重伤员行走在田间小道上，为了降低伤员因颠簸带来的疼痛，他们不得不弯着腰、

[1] 沂水：县名，位于鲁中南地区、沂蒙山腹地，沂河上游，隶属山东省临沂市。是革命老根据地中心县之一，“红嫂”的故乡，《大众日报》创刊地，沂蒙精神发祥地之一。战争年代，陈毅、罗荣桓、徐向前等老一辈革命家曾在这里指挥过战斗。

弓着腿，尽量让担架保持平稳。空旷的田野上，19 名队员身影是那么地渺小，精神却无比地高大。这一走就是整整 8 天 8 夜，饿了就嚼两口随身携带的煎饼，渴了就弯腰到河沟里喝两口，困了他们就在草堆里靠一会儿。一路上他们不知翻了多少山，越了多少河，不少队员累瘦了、腿肿了，鞋底磨穿了、衣服刮破了，但没有一人叫过苦。等再次回到部队驻地后，他们发现个个脚底都磨出了近一厘米厚的茧子，踩在遍地荆棘的荒地上竟一点都不觉得咯得慌。

在支前的 8 个月时间里，江同世与队员先后参加了孟良崮战役、费县战役、凤凰山战役、三合山战役，在条件极为艰难的情况下，他们用毅力咬牙坚持着。江同世还记得他刚到部队时分到了一件国民党军装，时值夏日，又厚又笨的军装让他动作缓慢不说，穿上不一会儿便汗流浃背，实在太难受。无奈之下，他索性脱下军装，光着膀子，打着赤脚穿梭在阵地上。由于长期不能更换衣物，更没有洗澡的条件，几乎每人浑身都长满了虱子，战事不紧时，最惬意的事竟是跟队友相互之间抓虱子。回忆起这些难忘的经历，江同世从来没有抱怨过一句，说得最多的便是："战争太残酷了，赢得战争的胜利太不容易，你们这些年轻人不能忘记。"

扫盲运动中的文化教员

——记抗美援朝预备队队员盖超群

口述 / 盖超群　文字 / 李浦松

盖超群同志参军照片

盖超群家里有兄弟3人，大哥叫盖圣群，二哥叫盖立群，盖超群排行老三。1950年朝鲜战争爆发时，老大盖圣群在家种田，老二盖立群和盖超群都在莱阳读书，一个是师范，一个是中学。

1950年6月25日，朝鲜战争爆发。为响应中央关于“抗美援朝，保家卫国”的号召，盖超群作为莱阳中学三级4班的班长带头报名参军。在他的感染下，班上45人就有40人报名参了军，其中还有8名女同学。

盖超群匆匆跟家人告别后，和同学一起坐火车来到济南，被分到了不同军校学习。有的到空军地勤学校，有的到解放军卫生学校，全班只有盖超群到了解放军第十二步兵指挥学校。

盖超群在学校里学习政治理论和军事知识的同时，还要进行射击、战术等训练。1951年，一场轰轰烈烈的扫除文盲运动正在全国范围内展开。按照步兵指挥学校的初期安排，盖超群等这批由学校直接招入伍的学员要在学校学习3年才能参加工作。但“扫盲”运动开展后，

1951年，盖超群同志（二排左一）与战友合影

他们就提前结束了学习生涯，分配到各基层部队当文化教员。盖超群被分配到海军青岛观察通信区长山岛观察通信站担任文化教员，专门负责教站里的20个官兵学习文化知识。有人问他："中断学习下基层去当文化教员，难道自己就没有意见吗？"他回答：我是军人，即使部队让我上前线，也必须服从命令！"

监测站的这些官兵普遍来自贫困乡村，没读过一天书，大字不识几个。盖超群到站里后，根据站里的训练和工作情况，每天安排几个小时的文化课，教他们语文和数学。站里的官兵不管年纪多大，都尊称他为"盖老师"。当时，站里年纪最大的是1938年入伍的站长张玉山，也是站里唯一的干部。刚到站里时，盖超群以新同志的身份向张玉山报到，谁曾想，第二天张玉山就和其他战士一起，像学生一样坐在下面认真听课。期间，盖超群白天上课，晚上自己在煤油灯下批改作业。好在战士们都很有上进心，都想学知识、学文化，因此在他教学的5年里，站里全部官兵都达到了高小文化水平。

盖超群工作的监测站地处911航道，有大的船舶通过时都要向上级报告，往往一天要发五六份电报，站里没有通电，盖超群每次都协助发报员手摇发电。

1957 年 4 月，盖超群和当年没有被提拔为干部的一批战士一起复员，回到了各自的故乡。

“当年我在军校当副班长，到校半年后，由于学习和表现都突出，荣立了三等功。如果不去部队当教员，我也可以在步兵指挥学校读到毕业提干了！”谈到退役复员，盖超群感到很遗憾：“我在部队培养了一批懂文识字的官兵，也算为保家卫国出过力了！”

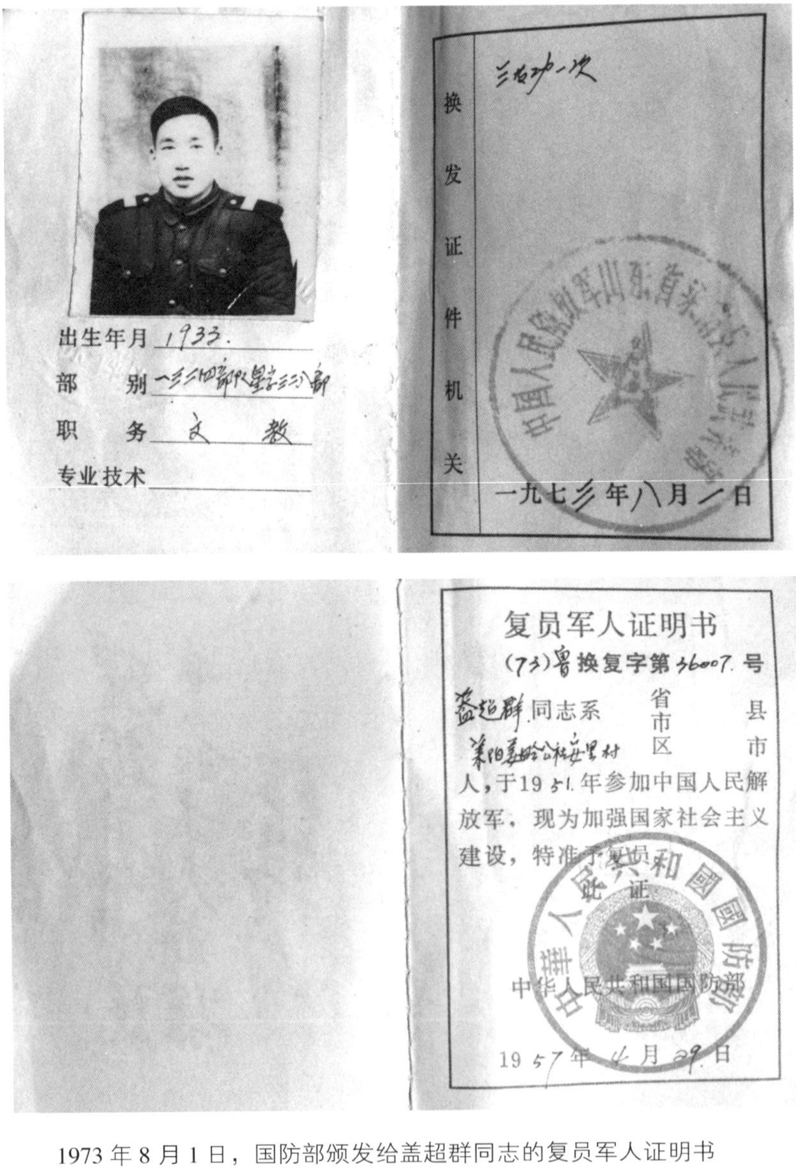
出生年月 1933.
部　　别
职　　务 文　教
专业技术

三等功一次

换发证件机关

一九七三年八月一日

复员军人证明书
(73)鲁换复字第36007.号
盖超群同志系　省　县
市　区　市
人，于1951年参加中国人民解放军，现为加强国家社会主义建设，特准予复员。
此证
中华人民共和国国防部
1957年4月29日

1973 年 8 月 1 日，国防部颁发给盖超群同志的复员军人证明书复员后，部队给盖超群开了介绍信，让他到莱阳农业学校读果蔬专业。1958年6月，莱阳农业学校改为莱阳农业学院，从中专技校直接变为大学专科院校，热爱读书的盖超群也由中专读到了大学本科毕业。1959年，学校破格批准了仍是学生但已27岁的盖超群与媒人介绍的隋玉梅结婚，生活总算安定下来。1962年，盖超群毕业后被分配到潍坊地区诸城县农业局任技术员。两年后，为了照顾父亲和妻儿，他毅然回到莱阳农业局果蔬站工作。1983年从莱阳农业局退休，回安里村种地。

盖超群老人说，那时工资很少，退休金只有70元，难以养活一大家子。退休后大儿子盖中梁接了自己的班，自己回安里村种地。盖中梁在父亲的岗位上，以父亲为榜样，尽心尽责地工作，后来从农业局调到莱阳龙旺庄镇当副镇长（副科级）。

在他的教导下，另外两个儿子也继承学习了他百折不挠、奋发进取的精神。老二盖中涛从青岛医学院毕业，现担任济南市传染病医院副院长。老三盖中秋毕业于上海化工大学，现担任烟台市罡楚区中国银行行长，三个儿子都成了干部，当年没有提干的盖超群也就没有遗憾了，每日一碟花生米、一杯小酒，躬耕田亩，安享晚年。

奋斗不息的老战士

——记抗美援朝预备队队员盖奎

文字 / 盖国云[1]

盖奎同志参军照片

1951 年春，正当抗美援朝战场打得最为惨烈的危急关头，党中央、毛主席决定征召入朝作战预备部队。当时正值全国解放不久，安里村几十人牺牲在战场上，父母失去了儿子，妻子失去了丈夫，孩子失去了父亲，整个村里还沉浸在极度悲痛之中，大家还没有从悲痛中走出来。但当村民听说要组建入朝作战部队的消息时，立即化悲痛为力量，打起精神，擦干眼泪，挺起胸膛，继续发扬大参军的光荣传统，积极报名参军入伍。当时就有四十多人报名，因身体及其他原因，最后只有 11 人合格入伍，他们到部队后不怕吃苦，加紧训练，随时准备入朝作战。

1952 年春，朝鲜战争趋于平稳阶段，安里村这十一名应征入伍人员，只有盖元福、盖保春二人编入铁道兵部队入朝维护修理交通安全线，其他人都没入朝作战，以后全部复员回乡务农，他们是：盖奎、盖洪文、盖月庆、

[1] 盖国云：男，安里村人，1952 年出生，退休教师。

1972年，盖奎同志任村党支部书记时的照片

盖文群、盖法先、盖贤群、盖超群、盖志合、盖江云。

在这批兵中，盖奎无论在部队还是复员回家务农，是很有代表性的一个。当时他在部队已是代理排长，领导已决定把他提干留在部队，结果到村里调查材料时，村里不同意留队。究其原因是解放战争以来，村里当兵的人太多，当时的优抚政策是军属家里无劳力，在家的劳力必须给代耕，最多时村里的劳力一个人要代耕十几亩地。盖奎家里无劳力，所以村里怕增加负担不同意他留队。部队当时考虑到军民关系，再加上部队内部有变化，只好让他复员。

1958年，盖奎复员回村后，继续发扬部队的优良传统，公正无私，清正廉洁，作风正派，坚持原则。他始终把群众的利益放在第一位，关心群众的冷暖疾苦，一身扑在工作上，先后担任过生产队会计、村革委会主任、公社革委会副主任、村党支部书记、社办企业负责人等。

后来，安里村经历了一系列经济困难，人心散、土地荒、村中树木被伐光，满目疮痍、一片荒凉，老百姓一贫如洗，草根树皮都吃光了。在严峻的形势下，1970年盖奎走马上任，担任村党支部书记。凭借自己丰富的经验和远大的眼光，上任之初便提出了响亮的口号："农村要致富，封山造林修水库；农民要吃饱，农田建设少不了。"同时，他带领村民大力举办村办企业，发展各项副业生产，减轻农民负担。此后，村里的荒山逐渐得到开发，适宜长水果的栽上果树，如栗子树、苹果树、桃树等；其他零散闲地、沟边、河边、路边，房前屋后全都栽上梧桐树、榆树、杨树、槐树等。几年后便绿树成荫，瓜果飘香，经济收入立竿见影，群众无不笑逐颜开，竖起大拇指，人人夸赞。

对于农田基本建设，他亲自规划，带领群众一起劳动。经过几年努力，我们村所有的山沟、河沟全建起了坝头地，大的三四十亩，小的一二十亩，共建成了几百亩的坝头地。大家把其它可耕地，小整大、大连片，深翻整平，大大提高了单位面积产量，为改善百姓生活创造了条件。

为确保粮食增产丰收，盖奎带领群众大搞农田水利建设，修水库、挖平塘、建扬水站。那时候，农田基本建设主要在冬季进行，当时的口号是："干到腊月二十九，吃了饺子就动手。"虽是隆冬腊月，寒风刺骨，可人心齐，泰山移，社员们刨的刨、抬的抬、推的推、垒的垒，干得热火朝天，有的干脆脱掉棉衣干。一时间，炮声、钢钎声、吆喝声不绝于耳。直到今天，群众提起这事就说，我们今天吃的白面主要来自坝头地，这是盖奎的功劳，什么时候也不能忘啊！

20世纪50年代，盖奎同志（后排右）与战友合影

在副业方面，他带领大家发展了玉米皮编织业、钉地毯、纺花等，产品出口到国外，给国家创了外汇，也增加了群众的收入，受到上级的表彰。另外，村里还办起了油坊、粉坊、染坊、铁匠铺、木匠铺、修理铺、缝纫组等产业，方便了群众生活，减轻了百姓负担。

在养殖方面，村里广泛种植桑树，大力发展了养蚕业；建起几排猪舍，办起了养猪场；买了拖拉机及其他农业机械，改善了生产条件，提高了劳动生产率；规划整修村中道路，还在通往高格庄的路段修了一座石拱桥。如果没有超前的眼光和经济头脑，没有一定的决策力和领导能力，没有高度的事业心，这些在那个年代是办不到的。

当时安里村从农业到副业、从家庭到集体经济，各项工作都搞得有声有色，社员的工分价值一年比一年高，年底决分的时候，大队从不欠社员一分钱。由于村里各项工作搞得好，受到上级多个部门的表彰，村年年被评为先进村，盖奎个人也被评为“先进党支部书记”。

由于盖奎有一定的经济头脑和办企业的经验，1976年被调到公社鞋厂任厂长。在任几年中，经济效益年年翻倍增长，是当时社办企业中经济效益最好的一个厂子。正因为他办厂有经验，管理有办法，公社决定建个面粉厂，调盖奎过去领导组建，建成后，面粉厂的经济效应又是最好的。他本人年年被评为先进个人。

盖奎的一生，是勤恳工作的一生，是无私奉献的一生，为社会为人民贡献了毕生的精力，他的品德、业绩永远值得后人纪念！

第三部分

背景故事

BEIJING GUSHI

“大参军运动”中的安里村

口述 / 盖善云　文字 / 盖艾玲

2014年11月初，我受盖龙云将军的委托，采访安里村老革命盖善云。是日，冬季的暖阳与微微清冷的小风相伴，我邀约盖文周、盖松先两位老师一起，自莱阳城出发，一路驱车回到安里。张玉林、张玉京、盖国云三位老师，早早就在街口等候，与我们汇合一起前往。至此我们才知道，这一天，恰好是盖善云老人的九十大寿，子女们正在为老人生日盛宴做准备，鱼肉菜果罗列摆放，家里一番喜庆气氛。老人得知来意，很是高兴。

今年90岁高龄的盖善云，说起名字或许有很多人不知道，但是只要一提“老八路”，那差不多是人人皆知。他是安里大参军运动的亲历者、见证者，也是安里村为数不多尚健在的历史老人，别看盖善云已经耄耋之年，但是他的思维却一点也没有衰老。说起当年安里的大参军运动，他思路清晰，叙述准确，令我们这些小他几十岁的人都佩服至极。提起当年那些历史场景，他几乎历历在目。

1945年，盖善云刚刚二十岁，却已经参加了革命活动。姜疃区指导员（相当于现在的镇党委书记）黄炳南发展盖善云为安里村第一个共产党员，并做了他的入党介绍人。1945年底，安里村成立党组织。1946年初，盖善云担任指导员，也就是安里村的党支部书记。

那时候，盖善云身边有两个追随者，都是积极向革命力量靠拢的优秀青年：一个是张维纲，一个是盖聚城。他们两人当时都是二十来岁，风华正茂，也是村里的积极分子、骨干。盖聚城是副村长，张维纲是青救会会长，两人迫切要求加入中国共产党。可是两人万万没有想到，自己虽然已经投身了革命，是党的骨干和依靠力量，但党的大门不是那么容易进去的。第一年，两人写了申请书，盖善云将两份申请书送到了县上。当时，莱阳分为四个县：莱西、莱东、五龙、莱阳。安里属于五龙县，县政府设在团旺。盖善云把两份申请书交给县指导员（相当于县委书记）刘维一，他看了看，说：“入党？这需要考验一段时间”。“啊？”盖善云出乎意料，“这还需要考验？那就听组织的安排吧。”申请书被退回，盖善云交还给了两个人，把情况一说，两人没有怨言，继续努力工作。

刘维一，姜疃村人，是姜疃村最早从北平归来的学生，在学校里接受进步思想的熏陶。1937年抗日战争爆发后，他回到姜疃村，和坚持地下工作的共产党员盖学书取得了联系，在村里开办“拳房”，并以“拳房”为立足点，组织向往进步的青年成立了“中华民族解放先锋队”（简称“民先”），宣讲共产党人的抗日主张，使越来越多的年轻人向往革命。当时以姜疃为中心，“民先”组织迅速发展，对周边村庄形成了“星火燎原”之势。安里、瑶头、火山口、玉泉庄等村庄，“民先”队伍逐步壮大，到1942年，成立了莱东九区。1945年抗日战争胜利，革命浪潮如火如荼，鼓舞着无数的热血青年，共产党领导了“减租减息”、“反奸锄霸”等大规模的群众运动，年轻人觉悟高涨，追求光明，向往革命。

那时候，历经8年抗战的血雨腥风，解放军兵力急需补充。上级要求村里每个月都要送出一名兵员，但并不是到正规的野战军，而是五龙县公安局等地方武装。上级来征兵，盖善云说：“我去吧，我去最合适。”黄炳南说：“你去了，安里村的工作谁来负责？不行，你不能去。”但是上级有要求，由于革命形势发展需要，村里每个月都要出一名兵员，因此，刘维一和黄炳南负责安里村的参军动员工作，动员大会就在安里村老戏台前面的广场上召开，全村的适龄青年都参加。

村里的副指导员叫韩钦，他一听上级来动员参军，十分愿意出去当兵。韩钦在村里有个好伙伴，叫盖康，两人从小就无话不谈，他把自己的想法和盖康说了。盖康一听，立马急了：“你去当兵，那我也去。”盖康又告诉了村东头的好朋友盖炳云。盖炳云听说去参军，也非常愿意。三个人去体检都合格，这样一下子村里就出了三个兵员。黄炳南听了非常高兴：一次三个更好啊。盖善云说："一次去三个，是不是应该顶我们村三个月的名额？"黄指导员说："那没问题。"

如果说，前面的参军入伍是大参军运动的涓涓细流，那么真正排山倒海的滔天巨浪，还没有来到。

1947年，胶东地区的形势是：抗日战争虽然已经取得胜利，但是国民党反动派不顾全国人民的反对，悍然发动了全面内战，烽烟骤起，国民党派重兵进犯胶东，进占了胶东各县县城及交通重镇。

90岁高龄的盖善云老人，每一件往事都能把来龙去脉说个清楚。安里大参军运动之前，有一件事让他至今记忆犹新。

1947年，灵山战役打响了，前线战斗之激烈自不必说，仅仅是跟随大部队作战行动的民兵队伍就十分浩大，如负责伤病员的担架队、负责道路桥梁的修筑队、负责粮草供应的后勤运输队，只要看过电影《车轮滚滚》的人都知道这一段历史。这一天，上级来人传达命令：安里村马上安排800名支前民兵的一顿饭。三百来户的村子，一下子要进来这么多人吃饭，困难比较到，但再一想，他们虽然不是正规解放军部队的官兵，但是没有他们，正规部队万事难行。军情紧急，盖善云、张晓云分头下去动员，所有能管几个人吃饭的人家，都被安排上了，安里村的群众拿出自己家中的唯一口粮，让支前大军们吃饱吃好。即墨灵山战役打响之后，呼啦啦，全村一下进来1200多人，村里村外都是支前民工，街头巷尾的队伍人山人海。其中有300多人挂了彩，全是伤病号，住进了村西的学校。村里的民房住满了，就安排在村外场院屋、闲屋。结果仍旧安排不下，张晓云就向上级领导建议安排其中的400人到姜疃，由姜疃村保障。盖善云领着部队的同志前往姜疃与盖良洪和一个管财粮的人进行洽谈，对方一听是支援前线就立马就答应了。一顿饭过后，1200名支前民工像一阵轰隆隆漫天而过的雷雨云，跟随作战部队立即开拔前线，消失在历史书卷的烟云之中。

在解放战争期间，随着战争规模的不断扩大和战场的推移，兵员的更新和补充就成了决定战争胜负的重要因素。因此，兵员的支援就是对解放战争的最大支援。为了源源不断地向胶东主力部队输送有生力量，从 1945 年 10 月至 1949 年春季，胶东地区先后发动了五次大规模的参军运动。此时，是胶东地区即将解放的前夕，黎明前的黑暗笼罩着大地，国民党反动势力极力挣扎，与人民为敌，纠集了大批力量向解放区人民政权反扑。在这次的大参军运动中，安里村人以全国人民的解放事业为己任，顾全大局，舍小家保国家，表现了崇高的革命精神，出现了父送子、妻送郎的动人场面。从此，安里村真正进入大参军运动的高潮。

自 1945 年起，胶东军区野战医院三分所第一次进驻安里，日寇扫荡时撤离；二分所进驻，时间不长迁走；1946 年三分所再次进驻，住了半年；1947 年敌人进攻之前，又撤离了。期间，安里村的征兵工作始终没有停止。这一天，刘维一找到盖善云，说："好消息，你们村的张维纲、盖聚城不是想入党吗？这回考验他们的时候来到了。"原来，县领导的意思是，让他们担任征兵的主力。随后，刘维一找到了张维纲和盖聚城，说，"如果你们每个人能动员 20 个兵，那就批准你们入党。"张维纲和盖聚城这两个热血青年二话没说，立即积极投入到发动群众、说服动员的征兵大潮之中。当时主要的动

胶东地区动员参军大会会场

胶东人民抬轿欢送青年参军

员方式是开会，先是村里开会，开完大会开小会，白天开完晚上开。由于担心力度不够，姜疃区南半区又在姜疃开。盖善云和其他村子的所有村干部一样，背着简陋的铺盖，睡地铺，一律吃住在会场，三天两宿都没有离开，人人写保证书，个个立军令状。区里的动员会结束后，他们回到村里挨家挨户动员，逐门逐户发动。不论未婚已婚，不论成分高低，不论是否识字，不分高矮胖瘦，只要适龄青年男性，一律报名参军。

许多历史的场景现已无法想象，当年的当事人大都作古，我们不能打断盖善云老人的思路，但是我希望能将那个时代的印记留给安里村后人。于是便想起，我记得我母亲生前经常爱和我诉说那个年代的往事。那时候她们是"妇救会"，也参加动员参军的大会。"妇救会"里的女同志负责组织拉拉队，几乎在每一次的大会会场上，她们都要掀起热烈的气氛，经常是这样的场景：这个村的拉拉队呐喊："好男要当兵，好铁也打钉。"喊着某一个人的名字："某某某，来挑战，谁去当兵谁好汉"。"我参军，上前线，去打老蒋你干不干？"另一个则回应道："某某某，我迎战。谁英雄，谁熊蛋，咱上前线比比看。"会场上情绪高昂，气氛热烈，无数热血青年就这样振臂一呼，走上战场。最热闹的还是欢送新兵入伍。那天，村里都会组织锣鼓队和秧歌队，妇女们披着彩绸，一边扭一边唱：“八路军独立营，谁参军来谁光荣”、“骑大马，披红花，一人参军光荣我全家”。到了送入伍青年启程那一天，锣鼓喧天，全村出动，参军青年个个精神抖擞，整装待发，各家各户早早把自己的马匹打扮得漂漂亮亮，村里马匹不够用的，就用骡子代替。

安里村在这次大参军运动中，涌现出了很多父母送儿子、妻子送丈夫的感人场面：盖振海的妻子和盖丛先的妻子都牵着高头大马和骡子，戴着大红花，把丈夫送到五龙县政府驻地团旺。为此，区里还为安里颁发了“参军模范村”奖励，并在村里办了参军模范事迹展览室。盖丛先的妻子当时就被批准加入中国共产党，成为一名党员。张维纲、盖聚城两人分别获得“扩军模范”的荣誉称号，光荣地加入了中国共产党。

安里村东西狭长，习惯上分为上疃、下疃，下疃的后街上有位老人，叫盖合群。他有两个儿子盖天道、盖天德，一对双胞胎，都已经娶妻成家，巧合的是，一对双胞胎儿子，娶了一对双胞胎女儿，他们弟兄两个做连襟，姊妹两个为妯娌，在当年村里传为佳话。一个儿子参军牺牲后，盖合群老人又把另一个儿子送去参军，不久也壮烈牺牲。一对双胞胎兄弟，双双殉国。盖山云参军时，妻子已经怀孕，当他牺牲在战场后，女儿才出生。盖鸿钧的孙子盖中原，刚刚从外地读书回来，正赶上了大参军运动，就积极报名，被分配到华东野战军第十三纵队三十七师一一〇团任战士。后来，盖中原在1948年9月济南战役中牺牲，时年23岁。

妻子送郎上战场

送子参军

第一批兵，盖善云动员了28名，他带着这28名兵来到了县上。征兵的领导对盖善云说："这次你带的28个兵，全部编入南海独立团。"盖善云回到住处后，对安里村这一批青年说："上级让我们全部编入南海独立团，你们愿意不愿意？愿意的跟我走，不愿意的可以回家。"28名青年异口同声："坚决不回家，参加八路军。"他们和张维纲动员的25名青年和盖聚城动员的23名青年，被一起编入了南海独立团。大参军运动中，他们三人也都荣获了"特等扩军模范"的荣誉称号，送郎上战场的两位妻子和自我报名的立一等功，动员一次就去了的立二等功，以至于奖状、奖章挂满了安里村的"立功室"。三批兵员总共是172名，安里村当年就被评为烟台的"参军支前模范村"。这些参军的青年中，大多数只读过一两年书，有的一天没念，是文盲。一到部队就上了战场，拿起枪来，老兵告诉怎么打，就怎么打，甚至连"三点一线"还没弄明白，就开始投入战斗了。有的连军装都没有，就穿着老百姓的衣服，牺牲在战场上，有的当年参军，当年就牺牲。

1947年春夏，时任华东野战军东线兵团司令员许世友曾在安里村指挥作战。图为许世友住过的民居，原为村民盖玉先的房子。

南海独立团里的“金九连”

——“盖家连”

文字 / 盖国云

胶东军区南海军分区独立一团三营九连以盖姓人氏占多数，人称“盖家连”。当时该连仅来自安里村就有四十多人姓盖的，加上来自邻村姓盖的，九连当时大约有七八十人姓盖。每次战斗中，九连人心齐、能打仗，能打胜仗，顺利完成每次战斗任务。

俗话说，上阵父子兵、打仗亲兄弟。因盖姓在我们村和周围村庄都是同源同宗，是一家人，从辈分上讲，不是爷们就是弟兄，与外姓人基本上也是亲戚关系，所以打起仗来人心齐、协作好，特别勇敢，威震敌胆。

当时他们面对的是驻防青岛、平度、即墨等地的国民党精锐部队。在打即墨灵山的一次战役中，跟敌人打得天昏地暗，拉锯战打了好几天，盖家连表现得非常英勇顽强。当时敌人竟放话说，抓住盖家连的连长赏 50 个大洋，排长赏 25 个大洋，士兵赏 10 个大洋。由此可见盖家连的官兵在敌人心目中的分量，也反映了敌人对盖家连有多么惧怕。

当时部队的顺口溜是：“铁七、钢八、金九连”，把九连比成金子，可见九连在人们心目中的重要地位。九连八班班长是烈士盖北（渤），这个班特能战斗，每次重大战斗他都冲锋在前，艰巨任务他抢先上。当时部队是这样歌颂表扬八班的：说八班，道八班，八班个个是好汉，敌人见了就害怕，屁滚尿流往回窜……

由此可见，盖家连在当时打出了声威，可以说声名远扬、威震敌胆。

穿梭于硝烟战火中的安里担架队

文字 / 盖国云

1947 年，安里村是一个仅有三四百户人家的村庄，在大参军运动的热潮中，就有 170 余人参军入伍上前线，村里年轻人基本走光，剩下的壮年劳力成了出民工、抬担架的主力军。

有少部分壮年民兵且有技术的随部队出民工，专门从事修路、架桥、修工事等，他们有的牺牲了，有的负伤了。另外，还组织常备担架队，队长兰保臣，队员有盖洪明、盖洪亮、盖洪文、盖昌群、宫守禄、兰保德、兰保仁、兰保善、江守龙、江同世、张仁修、盖保先、盖国先、盖准、盖同仁、盖恩群、江平世、徐公勋等 19 人。他们随部队出征八个月，经过数次战役，冒着生命危险抢救伤员无数。

在莱阳周围县市的战场上，只要需要组织临时担架队、运输队，安里村每次出动三四十人，时间从三五天至十几天不等。从 1947 年至 1948 年间，共出动了 200 多人次。他们这些人虽然没参军入伍，但也照样上前线，为人民解放事业做出了应有的贡献。

“为烈士树碑立传，这件事办得好”

——原中央军委副主席迟浩田上将为本书题词记

文字 / 熊焰[1]

9 月 7 日上午的北京，朗朗晴日，习习微风，盖龙云部长带办公室王鹏主任和我来到原中共中央政治局委员、中央军委副主席、国务委员兼国防部部长迟浩田上将家中。一路上，想着马上就能见到颇具传奇色彩、曾号令全军的老将军，我既兴奋又忐忑，以至于途经后海、恭王府等景点也视若无睹，尤其是进入庭院的那一刻，激动和紧张的心情达到了顶点。推开客厅大门，两位和蔼慈祥的老人家——迟老与夫人已等候在此。见我们进了客厅，迟老走了过来，和盖部长双手紧握。我们快步迎向前，怀着崇敬的心情向德高望重的老将军敬礼。

坐定后，盖部长首先向迟老汇报了他去年底已由广东省军区司令员调任军区联勤部部长，迟老颔首微笑：“好啊！你要争取更大的进步。”盖部长呈上《安里村英烈》一书的初稿，并汇报说编撰此书的目的就是要让后人永远记住那些为国捐躯的英烈们、记住一个普通村庄为共和国做出的重大牺牲。听到这里，迟老很高兴，夸赞说：“你这是为烈士树碑立传，这件事办得好啊。”

[1] 熊焰：男，江西南城人，1983 年出生，广州军区联勤部司令部参谋，少校。

应盖部长的请求，迟老为本书题写了书名，并题词“永远不能忘记安里村和全国千千万万牺牲的烈士们”。工作人员将题词拿了过来，在我们面前逐一展开，老将军的字苍劲有力、温润浑厚，令我们惊喜和感动。我赶紧按下快门，将迟老向盖部长赠送题词的珍贵瞬间留了下来。

重新坐下后，盖部长关切地问起迟老的身体近况，并邀请迟老冬天到广州过冬。他们还聊起了这次抗战胜利70周年大阅兵的情况，经历了抗日战争、解放战争、抗美援朝的迟老连连说举办这个庆典实在太有必要了，抗战老兵们都激动得不得了，人民没有忘记他们做出的贡献。盖部长起身来到迟老身边，把书稿翻到盖仲民这一页。迟老说，盖仲民能打仗、很有名，就是安里村的，可惜现在已经去世了，不然也快100岁了。老人家还扳着指头逐一说起理琪、刘仲华、张玉华、高锐、江海等几位胶东的革命老前辈，说起了当年胶东、莱阳等地军民积极拥护革命、投身革命，无论是提供兵员还是组织支前，历史功勋都不可磨灭。当盖部长说起支前民工用过的一根扁担已收藏在军事博物馆时，迟老笑着说：“这个民工就是你们莱阳的，他参加支前后每到一个地方就在扁担上刻一个字，把扁担都刻满了，现在这扁担可是个宝贝。”说到这，迟老再次提起盖部长组织编写的《安里村英烈》一书，认真地说：“你这是在为烈士树碑立传。缅怀先烈，是个基本的道德，忘记先烈，那就可怕啦。”

不知不觉交谈近两个小时，尽管还有好多话想对老首长说，还想多听听老首长的教诲，但考虑到不好太过打扰老首长，我们依依不舍地告辞了。迟老不顾我们再三劝说，仍坚持亲自送出客厅，目送我们上车。看着车窗外亲切地向我们挥手的迟老，我的眼眶不自觉地湿润了。

第四部分

附录

FU LU

安里村的由来及村地域文化

文 / 盖艾玲

据《莱阳地名志》记载，安里村始建于明末清初，最早由张姓人家建村。因村里有尼姑庵，故取名“庵里”，后来改为“安里”。上个世纪八九十年代，莱阳修编地名志时，因有重名而改为“新安”，但村里人仍喜欢说自己是“安里村人”。

安里村位于莱阳城区南 35 公里，隶属于姜疃镇，北依凤山，西邻玉岱河。村子东西走向，丘陵三面环绕。土地多为山岭梯田，仅村西有少量平洼。全村耕地 4100 多亩，以种植小麦、玉米、花生、地瓜等为主。全村 796 户，约

安里村一瞥

安里村古道

2400口人，均为汉族。人民公社时期，全村共有14个生产队。村中有盖、张、江、宫、蓝、周、刘、韩、潘等姓氏，以盖姓人口最多，共有508户，近1500人。张姓次之，有157户，473人。

山

安里村三面环山，东面的叫石羊岭，北面的叫冠山，南面的是高儿山，还有箍山、小后山、南山等等。

村东最为悠长的山脉是石羊岭。石羊岭是一道南北走向的山冈，“石羊岭”这个地名来自这样一个民间传说：安里下疃后街上，有一位盖姓的牧羊人，勤劳能干，年轻英俊，每天都赶着一群羊在山坡放牧。神仙姑娘爱上了他，于是变成了一只洁白美丽的山羊，白天混进羊群，晚上羊儿归家就化为一块石头。青年发现白天总是多一只羊，晚上则少一只羊，于是便隐匿跟踪，发现了秘密。秘密被发现后，神仙姑娘如愿以偿地嫁给了牧羊青年。

村人熟悉的南山，北坡有一条豁口子，是登上南山顶上的必经之路。据说北坡原来没有路，山势陡峭难行，上山要从西坡绕上去。村人传说，南海龙王的三儿子小白龙，因触犯天条，被罚关在此处岩石中，罚期满后回归天庭时，小白龙腾空而起，在南山的北坡留下一条深深的豁口，形成一条南北走向的沟谷，从此村人上山不再绕路。

村子东南面箍儿山，传说上疃张家胡同里一个青年，在村前树林里救了一只受伤的大天鹅。这只天鹅是只神鸟，为报答救命之恩，送给青年一粒葫芦种子让他种下。秋天，葫芦成熟了，天鹅化作白发老者，用这个葫芦砸开了箍儿山，青年用山里面的金银财宝救济了村中贫困孤老。

村北的小后山，又叫小北山，传说是一只老龟变的。这个老龟的前身是南乡某个村的货郎。他挑着担子走村串巷，因突发疾病，受到下疃一个盖姓人家搭救，养病期间与这家姑娘相恋。但因父母之命，媒妁之言，无奈返家娶妻生子，姑娘闻讯忧郁而死，被埋在村后的坟茔地。货郎得知女子为情而死，痛不欲生，请求阎王爷批准自己死后变成一只神龟，为安里村守护北大门，为心爱的女子看护坟茔。安里村后面原来没有山，玉岱河年年洪水来袭，田地房屋被淹。自从有了这座小北山，安里村也不再受灾。

水

村南的小清河从东面大山中发源，一路奔西而去，流到安里村前，画了一个半圆弧，围绕安里村南，自东向西蜿蜒流过，流到姜疃村东，汇入玉岱河。

每到夏季，小清河水势翻腾，水花四溅。河边垂柳倒影，村中女人在河里洗衣洗菜，牛羊在河里饮水。村里广场上大戏台的南边，是小清河一段比较宽阔的水面。水并不深，没过脚面而已。清澈的水底下，是细沙和不太圆润的卵石，顽皮的孩童在这样的细沙和卵石中摸蛤蜊，甚是有趣，更有二三寸长的小鱼儿在水里游动。冬季，浅浅的水面结冰了，人们一路踩过去，发出“咯吱”、“咯吱”的声响，俨然凯旋的将军。

村里还有一处甘甜的山泉水——石门口的水。石门口是一个地理位置独特的地方。数十丈的悬崖高耸，石壁林立，石壁之下一股经年不断的甘甜泉水。石门口泉水永不干竭，原因在于这里的地形：石门口向上，东西两面都是绵

安里村古巷

延的山冈，两山夹一川，中间都是坝头地，一层一层从高到低，随着山势而下，至石门口一带为最低之处，每一块坝头地都有“滴水湖”，与下一地块的暗沟相连。这些滴水湖与暗沟，就是石门口汩汩泉水的水源。石门口有一段美丽的传说：一对青年男女抗婚逃出家门，要去有水的地方寻找桃花源。不料在石门口一带的山中迷路，遇见了一位白发仙人。仙人指点他们，何必舍近求远，这里就有桃花源。说着将手里的拂尘一甩，石门洞开，从此山中流出一股泉水，长年不断。

老戏台

近几十年来，安里村人的生活发生了翻天覆地的变化，人们印象深刻的主要是村中的老戏台。

过去，每到春节，村里便会请来戏班子唱戏。南面有个村庄叫鲍村，鲍村的戏班子在周边最出名。戏班子来唱戏的消息传出，村人便会邀请周边亲戚来看戏。届时，亲朋好友会带着饽饽、点心、一瓶老白干酒前来。一般是从正月初八日开始，有时候连唱几天。后来村里成立了土剧团，排练了现代话剧《解放》。除了庄户剧团的戏，还有县里的露天电影，这些都是乡人的精神食粮。

上梁

上梁，就是村人建房时把梁架在已经平了口的墙上后举行的一个典礼仪式。梁头上贴着“上梁大吉”，“噼里啪啦”的鞭炮，昭告着这一家新房子基本建成，好日子就要开始了。上梁那天，唱梁师傅带着一个老油篓，里面盛着小饽饽，还有糖块、大枣等稀罕物，一步一唱，进门时先唱道：

一进大门四下观，映壁墙上画八仙，
先画八仙来庆寿，后画刘海戏金蝉。

爬上梯子，再唱道：

鞭炮响，人声扬，踏着高梯上新房。
一把酒壶提在手，俺给喜主来上梁。
喜主快来烧香纸，敬了天地敬爹娘。
我的斧头转悠悠，南京修来北京修。
北京咱修过金銮殿，南京咱修过五凤楼。

庙宇·祭祀

村里村外共有一庙、一观、一庵。庙的位置在村北，名为“初村院”；观的位置在村子中间，即现在村委会的位置；庵的位置是学校校址所在，据说是上疃张姓人所建。庙和观建于何年，何人所建，均无史料记载。

安里村还有两座家庙。一座是盖氏南五长支所建，位于下疃后街，另一座是盖氏北五二支所建，位于东坊。临近春节，祭祖是一件大事，甚是隆重。祭品有整猪、整羊，鸡、鱼、几十个大饽饽等。用两张方桌翻过来，桌子腿朝上，五六个年轻的族人，用杠子抬着，先从大街上走一圈，再抬到家庙里摆供。除夕夜，族人陆续来到庙里祭拜祖先，磕头烧香，乡人们先拜天地，后拜祖宗，祈求上天和祖先保佑他们五谷丰登、风调雨顺。

安里村子大广场西北角还有个土地庙。土地庙无人管理，里面原来有个石头像，人们把它当作土地爷爷。土地爷爷的生日是二月初二，这一天村里人都到土地庙烧香奉祀，一般没有祭品，只在小庙前面烧点纸，磕个头就算完成仪式。土地庙两边有一副对联，上联是“庙小神通大”，下联是“天高日月长”。

老槐树

从前，村里高庙台子附近有一棵比成人一抱还粗的大槐树。有一个传说：风雨之夜，老和尚和小和尚休憩时，二人说着一些狐仙鬼怪故事，老和尚说道：“大槐树成精了，变成一条龙。所以这个村子就叫‘槐龙庵’。”小和尚打破砂锅问到底，非要追问后来怎么样了？正说话间，一声炸雷响在头顶，霹雳闪电之中，只见一条巨龙驾着云头，向东海方向呼啸而去。第二天，高庙台子的大槐树不见了。

安里主要姓氏介绍

盖

盖氏是一个多源流的古老姓氏，2007年在全国姓氏人口中排名第226位。全国盖姓约40万人，其中莱阳市约有4.8万人，主要居住在姜疃镇一带。

一、盖姓起源

村民盖元国收藏的《盖氏族谱》（卷一至卷十二）

据专家考证，盖（Gě，Gài）姓源出有三，安里“盖”姓认同的是：以邑名为氏。春秋时期，齐国有公族大夫王欢受封于盖（Gě）邑（今山东省沂水县西北），又作暐邑。他的后代子孙以封邑名为氏，称为盖姓。此支盖姓读音为“Gě”。根据《古今姓氏书辨证》上的记载，盖，原来是以古地名为姓，古音多念（“Gě”音），战国时齐国大夫王欢被封食采于盖邑，所以子孙以邑为姓。盖氏后人尊王欢为盖姓的得姓始祖。

二、迁徙分布与发展

明初，山西盖姓作为洪洞大槐树迁民姓氏之一，被分迁于河南、山东、天津等地。洪武初年，盖氏兄弟三人由山西移民山东，长兄在济南府，次兄在寿光县，老三在登州府莱阳县。

明清两代，盖姓之主源依旧繁衍于山东半岛以及河北、河南、山东三省邻界之地区，清康乾年间及其以后，三省之盖姓贫民有乘船渡过渤海，或在葫芦岛登陆，或在旅顺岛登陆，进入东三省谋生，因此盖姓以胶东半岛为众，后世盖姓以落籍东三省，尤其是辽宁大连等地为多。

三、安里村盖姓的起源与迁徙

明初，明政府实行移民政策。一位叫盖演的山西人，由山西省洪洞县的小云南村移民，一路向东，长兄留在济南府，次兄在寿光县，老三盖演来到齐东莱阳县凤翥山荫，也即今天的姜疃镇凤头村居住下来，成为莱阳盖姓的第一代始祖，在此繁衍生息六百余年。起初，始祖盖演形单影只，举目无亲，三世单传，至五世分二支，六世分四支，七世繁衍达十六支；其中有老长支、老二支，之后又分“北五支”、“南五支”。后来，“北五支”七世祖盖整，迁居到当时称为“庵里村”的上疃定居下来；“南五支”七世祖盖胜，随后亦迁居庵里村下疃一带居住——这便是安里村盖姓的由来。

自七世开始，盖姓从凤头村陆续迁居到安里、姜疃、大策、森埠庄、光山、河前等周边村庄，人口发展日益繁盛。现居安里村的盖氏有508户，共1488人，乃安里第一大姓。

早先，盖姓起名字是有规矩的，如同孔、孟等姓氏一样，按照既定的用字排列，这就等于立下一个规矩，起名字不能随心所欲，否则乱了辈分。盖姓的这个规矩，是由清同治年间进士、西森埠庄人盖氏第二十一世盖绍增所拟。盖绍增也是第四次盖氏族谱的主修人，其为盖姓排列辈分所拟的十六个用字是：

如、永、其、德；
乃、克、作、成；
有、为、若、是；
允、汝、之、能。

以上十六字，自二十四世起循环使用。按照这样的规矩起的名字，一看中间那个字，就知辈分。

张

张姓是全球华人十大姓之一，也是目前中国大陆第三大姓，有 8750.2 万人，占全国总人口的 6.83%，为世界最大的三个同姓人群之一，在“百家姓”中排第 24 位。最早出自于人文始祖轩辕黄帝的姬姓，是炎黄子孙的重要组成部分。

一、张姓起源

来源一：源于姬姓，出自上古黄帝之后挥，属于以职官称谓为氏。据《新唐书·宰相世系表》所载：“黄帝子少昊青阳氏第五子挥为弓正，始制弓矢，子孙赐姓张氏。”又据《元和姓纂》所载：“黄帝第五子青阳生挥，为弓正，观弧星，始制弓矢，主祀弧星，因姓张氏。”清阳在清河以北而得名（今河北清河县东），是为河北张氏。

1996 年修订的安里村张氏族谱

来源二：出自黄帝姬姓的后代。据《通志·氏族略》所载，春秋时，晋国有大夫解张，字张侯，其子孙以字命氏，也称张氏。又载，张氏世仕晋，公元前403年韩、赵、魏三家瓜分晋国后，除部分留在原地外，大部分随着三国迁都而迁移。其中，以迁居韩国的张氏影响较大，历代都有入朝为官的。韩国始都平阳（今山西临汾西南），后南迁宜阳（今河南宜阳县韩城），又迁阳翟（今河南禹州），最后迁至郑（今河南新郑）。赵国初都晋阳（今山西太原西南），后迁中牟（今河南鹤壁市西），最后迁至邯郸（今属河北）。魏国始都安邑（今山西夏县西北），后迁大梁（今河南开封市）。是为山西、河北、河南之张氏。

来源三：出自赐姓或他姓所改。据《读史方舆纪要》所载，世居云南的南蛮酋长龙佑那，三国时被蜀相诸葛亮赐姓张，以后其子孙便以张为氏。魏国大将张辽本姓聂，后改为张姓，世居雁门马邑（今山西朔县），后成为大姓。另有韩、姬等姓人士和乌桓、女真、羯、鲜卑、匈奴、契丹等一些少数民族分支改姓张姓。

二、安里张氏来源与发展

在莱阳地区，最出名的张氏一族要数“双山张”，那安里张氏是如何而来呢？张氏是安里村的“占山户”。所谓“占山户”即安里村最初由张氏建村。据民国《莱阳县志》记载“居三区石水头岭南头大泊子庵里宋村及六区三都河诸张亦皆于明徒而各自为族其先不详。”由此可见其不同于莱西“双山张”。

据安里张氏于1996年续编的《张氏族谱》原文记载：相传明初，始祖兄弟三人自山西小云南迁至胶东（相传晋或豫，经查晋有山西运城豫有汝南，疑讹传）行至双山（莱西），歇一会儿后，其一人留下，一人东去海阳，一人来此地。此地北、东北、东南、南环山沟壑从东南向西北作环状敞开，西北一隅有一庵，祖选定望家山脚下（现张家街）定居，村名庵里，翌年，已定亲的盖姓来此结婚繁衍生息。至今，安里张姓约有157户，473人。

1945年（安里解放）以来主要村干部简介

张松云

张松云

男，1912年出生，1945年3月至1946年10月任村长。1945年春，在村里组织了“农救会”、“职工会”、“妇女会”、“儿童团”四大团体，并动员群众踊跃捐献钱物，支援前线。1946年前后，胶东军区野战医院三分所进驻安里村，当时有数百名伤病员需要安置，村委决定把“西学堂”腾出来，学生全部迁到村里的家庙及闲房上课，他和负责财务的张晓云动员群众腾出房屋，安排伤病员和抬担架的人员，并安排村民担任护工给伤病员护理，2004年病故。

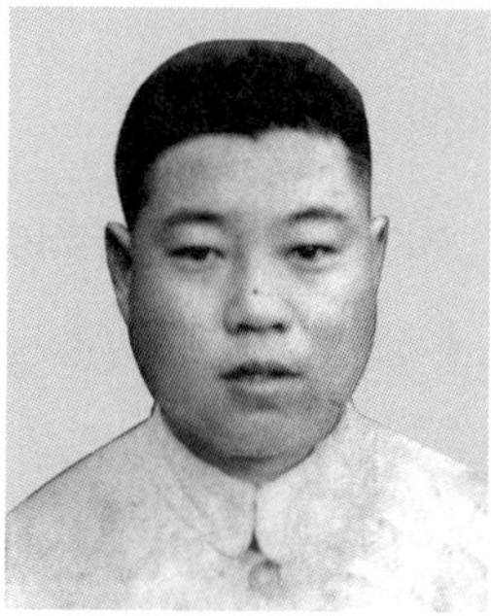
盖善云

盖善云

男，1926年出生，1945年加入中国共产党，1946年3月至1947年3月担任安里村第一任党支部书记（时称指导员）。1945年抗战胜利后，为防止敌人破坏，组织民兵白天站岗、晚上巡逻，在胶东军区野战医院三分所的协助下，有力打击了恶霸势力。1947年大参军运动期间，带头参军，并动员28名青壮年参军，被五龙县政府评为“特等扩军模范”。

盖聚成

盖聚成

男，1925 年出生，1946 年加入中国共产党，1946 年 11 月至 1947 年 3 月任村长。任职期间，圆满完成了上级布置的各项工作，特别是在大参军运动中带头参军，并动员了 23 名青年入伍，被评为“特等扩军模范”，2002 年病故。

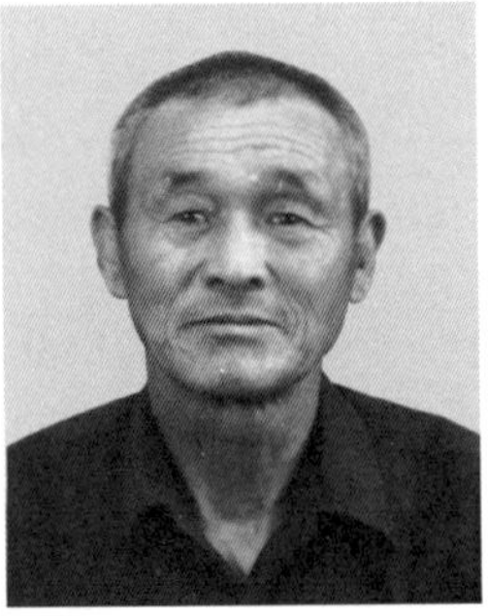
盖仁先

盖仁先

男，1914 年出生，1945 年任村“职工会”会长，1946 年加入中国共产党，1947 年 4 月至 1954 年 3 月任村党支部书记（时称指导员）。1947 年，组织村土地改革；抗美援朝时，号召村民捐钱捐物支援国家；1953 年组织成立互助组；1954 年组织成立初级社；1954 年 3 月调张店工作，1963 年回乡。1964 年 1 月至 1966 年 12 月，第二次担任村支书，1998 年病故。

盖冠武

盖冠武

男，1904 年出生，中共党员，1947 年 4 月至 1949 年 3 月任村长。组织镇压反革命和恶霸，破获“抗八小组”；为支援前线，组织筹款筹粮，动员青年参军；组织常备担架队和临时担架队抢救伤员；主动安排给军烈属助耕；动员族人将盖氏家庙五间房子让出来成立“立功室”。任职期间，村多项工作获全区第一，1955 年病故。

盖洪芳

盖洪芳

男，1910年6月出生，1947年加入中国共产党，1949年4月至1955年12月任村长。组织全村顺利完成了从初级社到高级社的改组，村里粮食产量逐年提高；1951年，为了支援“抗美援朝”发动群众捐钱捐物，受到上级表彰，1980年4月病故。

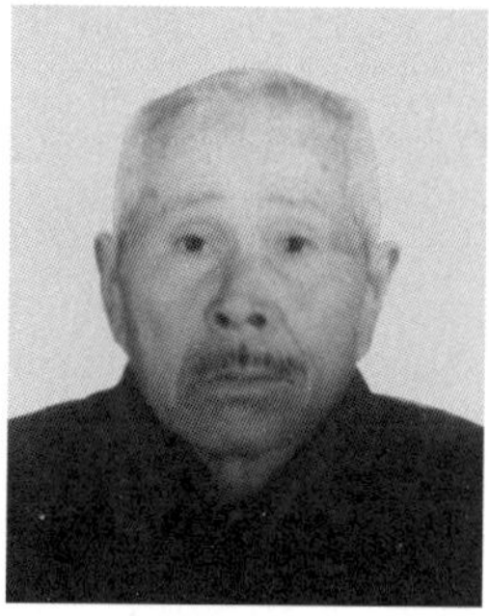

盖福升

盖福升

男，1912年出生，1946年加入中国共产党，当民兵时参战，三等伤残军人，先后于1954年4月至1963年12月、1959年1月至1959年12月、1960年8月至1963年12月3次担任村党支部书记，经历了初级社、高级社、人民公社等阶段。1954年至1956年1月间，组织全村成立5个初级社；高级社时，将全村划分为7个生产大队，18个生产小队；1961年，组织救灾，带领社员建起了3个养猪场，1964年兼任安里农中校长，2001年8月病故。

盖洪言

盖洪言

男，1929年出生，1947年参军，1948年加入中国共产党，负伤后于1950年返乡务农。1954年带头成立互助合作社；1955年带头成立高级社。1956年1月至1966年12月先后任社长、大队长、村副业书记，1980年1月至1985年12月先后任大队长和村长。任职期间，组织规划村里修路、架桥、搞水利建设；组织村里建起了7000多平方米的副业大院；成立了各种手工业作坊，办起了草编工艺厂，制品畅销海内外，2010年病故。

蓝保坤

蓝保坤

男，1926年12月出生，1940年加入中国共产党，1956年1月至1957年12月任村党支部书记，任职期间，粮食增产30%。2002年12月病故。

王之栋

王之栋

男，1932年出生，山东蓬莱人，莱阳县政府干部，1958年1月至1958年12月由上级派往安里村任村党支部书记。当时成立人民公社，城乡掀起“大跃进”浪潮，他带领全村积极参加人民公社，村民家里粮草牲畜农具等全部归公，采伐树木建土炉大炼钢铁，分片成立食堂。虽轰轰烈烈，但当时受“浮夸风”和“左”倾思潮影响，同全国其他农村一样，粮食丰产未得丰收。

盖洪京

盖洪京

男，1923年5月出生，1947年加入中国共产党，1960年1月任村大队长。当时因“左”倾错误及自然灾害，村里人生活困难，他组织村民抓春耕春种，积极生产自救。

江奎世

江奎世

男，1922年出生，1960年1月任村党支部书记。当时因“左”倾错误及自然灾害，村里人生活困难，他一边组织村民生产自救，一边积极向上级申请救济粮，1964年病故。

盖　奎

盖　奎

男，1933年7月出生，1951年参军，历任战士、副排长等，1956年加入中国共产党，1957年3月复员回乡，1958年任生产队队长。1959年至1960年任姜疃公社运输管理站业务员，1961年任村党支部委员兼生产队会计，1966年兼民兵连连长。“文化大革命”中，他在村里制止武斗，保护了老干部。1967年1月，任姜疃公社革委会副主任兼贫协主任，并兼村革委会主任。1969年11月任村党支部书记。任职期间，他勤政务实，尤其尊师重教，将村小学发展为全社一流中学。规划治理了山沟河套，建成了高产坝头田。1976年8月调任姜疃鞋厂（莱阳靴鞋厂）厂长，1983年3月至1985年8月，调姜疃镇修配厂任副厂长、党支部组织委员兼面粉车间主任。1985年9月至1991年10月，调姜疃镇鞋厂（莱阳靴鞋厂）任党支部书记，2008年1月病故。

韩仁贵

韩仁贵

男，1934年5月出生，1955年任安里村团支部书记，1960年入党，同年任村财贸书记，1962年任党支部委员，兼任生产队队长，分管青年、民兵工作。1967年任革委会第一副主任，主持工作，1969年11月任村支部副书记。1976年8月任支部委员，分管民兵工作，1993年任支部委员至1997年。在村委任职43年，在修路、架桥、建学校、发展林业、副业、畜牧业、农田基本建设、兴修水利、农村规划和建设等方面做了大量工作，曾当选为姜疃镇第八届、第九届人大代表，1991年当选为莱阳市人大代表。

盖连洲

盖连洲

男，1945年7月出生，1972年加入中国共产党，前后担任多年生产队长。1976年9月至1977年12月担任村党支部副书记。在村中河道改道工程建设和村西人工挖平塘中，他与群众一起劳动，受到群众好评并得到了上级政府的表彰，1978年调到公社物资站工作，2006年8月病故。

张正齐

张正齐

男，1944年6月29日出生，1966年12月毕业于莱阳一中，1966年12月至1969年7月务农，1969年7月至1975年12月在本村任民办教师，1976年9

月至 1978 年 3 月，任村党支部书记。期间，组织破获当时因支部改选出现的疯狂盗窃集体和社员财物的案件，刹住了歪风邪气；组织建立十四个生产队的领导班子，充分调动社员集体劳动生产的积极性；组织将村中河道改道至西（南）山根；在村西修建一座数丈深的大型平塘，部分解决了生产生活用水问题；重视村办教育，选用德才兼备人才充实教师队伍，入学率、升学率及统考成绩均列全公社前茅。1977 年 11 月至 1980 年 1 月在山东昌潍师专数学系读书，1980 年 1 月至 2004 年 6 月先后在莱阳九中、莱阳十中、黑龙江 850 农场一中、胜利油田机关高中任教。2004 年 6 月退休后支教新疆吐哈油田高中、胜利新西兰高中、新疆善鄯二中。

盖风庆

盖风庆

男，1948 年 5 月出生，1968 年担任村技术队队长，1971 年 2 月加入中国共产党，当选为村支部委员，分管民兵工作，1975 年任副业书记，1978 年任村支部副书记，1980 年任支部委员，1986 年任村长，1988 年任支部委员，2000 年任副书记，2003 年 8 月至 2011 年 3 月任村党支部书记。在村委任职近 40 年，带领村民在修路、架桥、建学校，兴修水利、发展村中副业等方面做了大量工作。

盖连群

盖连群

男，1941 年 6 月出生，自 1961 年开始，历任安里村记账员、共青团书记、现金实物保管员、村委会主任、副业书记，1971 年 2 月加入中国共产党，1978 年 4 月至 2000 年 7 月任村党支部书记。期间，作为镇示范村，率先实行家庭联产承包责任制；用 3 年时间规划整修了 6 公里山路；1984 年实现全村通电；用 3 年时间修了 3 个平塘，解决了几百亩田地的浇水问题；家家户户安上了自来水；克服资金困难，翻修了旧校舍，使村学校成为全镇一流的学校。

盖德君

盖德君

男，1942 年 8 月出生，1971 年 2 月加入中国共产党，先后担任过生产队会计、大队实物保管员，1988 年 1 月至 1999 年 7 月担任村主任。期间，村中各项工作在全镇名列前茅，年年被评为“先进村”，多次受到上级表彰，在村里的修路、建学校、修自来水等工作中带头苦干，2011 年病故。

盖月堂

盖月堂

男，1950 年 7 月出生，2002 年加入中国共产党，1970 年起在安里学校任教多年，1999 年 8 月至 2005 年 2 月任村委会主任。期间，重新规划、调整、分配了人口地；将安里大街重新进行了整修；多次整修山路，

2009年病故。

江吉臣

江吉臣

男，1952年7月出生，1979年任村大队长，1982年担任片长，1986年7月加入中国共产党，1987年任党支部副书记兼组织委员，2000年8月至2003年7月任党支部书记。期间，组织整修改造了村里的电路，深挖了水井，重新铺设了自来水管道，让村民喝上了无污染的水。

盖群升

盖群升

男，1968年5月出生，2004年6月加入中国共产党，2005年3月至2007年10月任村委会主任。期间，为了方便儿童就近上学，将村委的房子让出一部分修建了幼儿园；在安里村南北大街砌了水沟，修建了几座小河桥；整修旧平塘，挖建了新平塘；在一些远山无水的地方修建了蓄水池等，所做工作受到政府表彰，被评为“先进个人”。

盖飞艳

盖飞艳

男，1967年2月出生，2007年11月当选为村委会主任，2011年4月至今任村党支部书记兼村委主任。任职以来，多方筹集资金，拓宽村里的主要山路，对主要街道进行硬化，安装了路灯；重修旧水库，挖新平塘，提高了农田水浇面积；新打优质水井，新上了自来水，翻新了村委办公室，治理村环境卫生。村于2012年获镇先进村庄表彰；2013年被评为镇红旗村，获“治安稳定先进集体”表彰，村党支部同年被莱阳市委、市政府授予“市先进党支部”称号；2014年村被评为先进集体和文明村庄。

安里村历任党支部书记名录

序号	姓名	任职时间	族中辈分
1	盖善云	1946 年 3 月至 1947 年 3 月	二十一世
2	盖仁先	1947 年 4 月至 1954 年 3 月	二十三世
3	盖福升	1954 年 4 月至 1955 年 12 月	二十二世
4	蓝保坤	1956 年 1 月至 1957 年 12 月	二十一世
5	王之栋	1958 年 1 月至 1958 年 12 月	县调任书记
6	盖福升	1959 年 1 月至 1959 年 12 月	二十二世
7	江奎世	1960 年 1 月至 1960 年 7 月	二十世
8	盖福升	1960 年 8 月至 1963 年 12 月	二十二世
9	盖仁先	1964 年 1 月至 1966 年 12 月	二十三世
10	盖　奎	1967 年 1 月至 1976 年 8 月	二十世
11	张正齐	1976 年 9 月至 1978 年 3 月	二十世
12	盖连群	1978 年 4 月至 2000 年 7 月	二十二世
13	江吉臣	2000 年 8 月至 2003 年 7 月	二十三世
14	盖风庆	2003 年 8 月至 2010 年 3 月	二十二世
15	盖飞艳	2010 年 4 月至今	二十五世

安里村历任村长（村委会主任）名录

序号	姓名	任职时间	族中辈分
1	张松云	1945 年 3 月至 1946 年 10 月	二十世
2	盖聚成	1946 年 11 月至 1947 年 3 月	二十一世
3	盖冠武	1947 年 4 月至 1949 年 3 月	二十三世
4	盖洪芳	1949 年 4 月至 1955 年 12 月	二十一世
5	盖洪言	1956 年 1 月至 1958 年 11 月	二十一世
6	盖洪言	1958 年 12 月至 1959 年 12 月	二十一世
7	盖洪京	1960 年 1 月至 1960 年 7 月	二十一世
8	盖洪言	1960 年 8 月至 1966 年 12 月	二十一世
9	韩仁贵	1967 年 1 月至 1976 年 8 月	二十二世
10	盖连洲	1976 年 9 月至 1977 年 12 月	二十二世
11	盖风庆	1978 年 1 月至 1979 年 12 月	二十二世
12	盖洪言	1980 年 1 月至 1984 年 3 月	二十一世
13	盖风庆	1986 年 1 月至 1987 年 12 月	二十二世
14	盖德君	1988 年 1 月至 1999 年 7 月	二十三世
15	盖月堂	1999 年 8 月至 2005 年 2 月	二十二世
16	盖群升	2005 年 3 月至 2007 年 10 月	二十二世
17	盖飞艳	2007 年 11 月至今	二十五世

本书采编剪影

2015 年 5 月 30 日，采编人员在盖国云家中召开碰头会，就本书编写提纲、采访安排等事宜进行讨论。左起为盖志云、饶歆俊、于建、盖艾玲、盖飞艳、盖国云、盖松先。（王猛 摄）

2015 年 6 月 3 日，采编人员在老书记盖连群（左一）家中集中采访烈士后人。（王猛 摄）

2015 年 6 月 4 日，采编人员采访支前民工、抗美援朝预备队队员盖洪文（右二）。（王猛 摄）

2015 年 6 月 5 日，抗美援朝预备队员盖超群同志向采编组介绍当年情况。（王猛 摄）

2015 年 6 月 6 日，张维浩采访参战老兵盖月春同志（左）（李浦松 摄）

2015 年 6 月 8 日，采编人员采访“老八路”盖善云同志。（李浦松 摄）

2015 年 6 月 12 日，采编人员集中采访部分烈士和老兵后人。（王猛 摄）

2015 年 6 月 15 日，采编人员采访参战老兵江平世同志（中）。（李浦松 摄）

2015 年 6 月 17 日，采编人员采访抗战老兵潘世卿同志（中）。（王猛 摄）

2015 年 6 月 23 日，莱阳市民政局优抚安置科科长吕永政（右）向采编人员介绍安里村烈士及参战老兵有关情况。（李浦松 摄）

2015年9月17日，盖龙云同志在北京拜访开国上将许世友夫人田普同志，请她为本书题字。（熊焰 摄）

2015年10月25日，编委会部分人员与广东人民出版社工作人员对稿件进行集体审定修改。（唐黎华 摄）

2014年9月30日，国家第一个“烈士公祭日”，时任广东省军区司令员的盖龙云将军在广州参加广东省委、省政府、省军区“向广州起义烈士纪念碑敬献花篮仪式”时，回想起数千公里外的山东莱阳安里老家，回想起战争年代的烈士，全村有40多人为建立新中国献出了生命。为铭记烈士的丰功伟绩，传承革命传统，同年底，盖龙云将军连写两封信，与同村好友盖国云、张维浩、盖志云、盖松先等商量为安里村的英烈们立传出书，得到了大家的一致赞同。经过一年多的努力，《安里村英烈》一书终于付梓与读者见面了。

编写一本具有纪念意义的书需要多方的努力。自2014年下半年起，在盖国云同志的带领下，采访调查小组成立。他召集张维浩、盖元修、张玉京、盖连群等同志分工合作。经半年多的走访调查，将安里村全部烈士和参战老兵名单、基本情况整理成册。采访调查中，大家都非常认真。老书记盖连群同志已年过七十，且身体欠佳，但他亲自查找保存下来的参战人员、支前人员的名单，这些珍贵资料替我们的调查节省了许多时间。盖元修同志主动放下手中农活，走街串巷，搜集了近30名烈士、老兵情况线索，连续数昼夜撰写老父亲盖英宾的回忆史料。张玉京同志一边搜集整理现有材料，一边联系现生活在外地的烈士和老兵亲属，把有关资料及时邮寄回来，使材料的收集更加完整。

2015年5月底正式进入采写阶段。由于烈士牺牲年代久远，相关资料缺失，部分烈士并无后人，这给采访工作带来极大困难。采访工作由饶歆俊同志牵头，李浦松、王猛两名同志具体负责，在盖国云、于建、张维浩、盖元修等同志的配合下，采取由易到难的顺序进行，先对直系亲属健在的烈士家庭采访，搜集相关证章、证书、照片等资料。对无后人的烈士情况，通过采访近亲、召集与烈士熟悉的村民集中回忆等方式进行搜集。尤其是安里村第一任党支部书记、“老八路”盖善云，与多数烈士同在南海军分区独立团并肩战斗过，对烈士参军过程、战斗细节、牺牲场景都较为清楚。采编人员一次次登门采访，年已九十高龄的盖善云老人每一次都不厌其烦、一点一滴地向我们提供尽可能详细的素材。

为尽可能保证资料的客观真实，我们多次前往莱阳市民政局、市史志办、姜疃镇政府等地方党政部门查阅烈士和老兵档案，逐一核实资料信息。尔后，逐门逐户走访进行再核实，并及时与烈士和老兵后人沟通，力求信息准确且被大家认可。此外，我们还通过查阅《莱阳市志》、《莱阳市军事志》、《莱阳市地名志》、《烟台历史》等大量史料，对战争年代胶东地区，尤其是莱阳、安里周边战争形势进行了解取证，保证了本书的客观性、真实性。

在完成采访工作后，我们转入到撰稿工作阶段。王猛、李浦松负责集中采访部分的撰写，盖国云、张正齐、盖松先、盖志云、盖艾玲、吕峰等人负责部分烈士和老兵文章及相关史料的整理。撰写期间正值农忙时节，生活在村里的盖国云、盖元修、张玉京等同志不惜放下自家农活，经常骑着摩托车或电瓶车跑东跑西进行补充采访。同时，部分烈士和老兵亲属盖荣利、盖艾玲、盖松先、盖永昌、邢一夫、盖建军、盖永福、盖中仁、张明云等同志根据我们的要求积极撰写了回忆文章，他们的特殊身份、特殊经历、特殊感情为本书增添了不少感人的亮点。

采访收集资料期间，安里村党支部书记盖飞艳同志给予我们多方面的支持；姜疃镇鲁花中心小学校长盖永福同志不辞辛苦，转遍大街小巷，将大部分烈士生前旧居一一拍摄下来留存；山东鲁花集团人力资源部办公室主任盖永慧同志利用业余时间，将前期有关资料输入电脑，付出了辛勤的汗水；原莱阳市史志办主任盖松亭同志热忱地为本书提供了许多参考资料和编写建议。

我们不能忘记莱阳市委、市政府及相关部门给予的很多关心和支持。市委书记贺业增同志和市委副书记、市长李胜钢同志非常关心这项工作，要求市委宣传部、市政府办等有关部门积极配合；市委宣传部部长桑建伟同志、常务副部长徐建寿同志亲自组织协调有关事项；市委宣传部副部长王忠俊同志、市政府办主任于宏伟同志以及姜疃镇委书记陈裕、副书记乔文夔同志精心安排采访、拍摄和生活保障，为我们提供了极大方便。市民政局、市史志办、市委“红办”（胶东红色文化建设工作领导小组办公室）等多个部门也提供了许多宝贵的资料。在此，我们表示衷心的感谢！

由于年代久远，时间跨度长，相关史料少，当事人年事已高，回忆难免有误，加之时间比较紧，我们水平有限，书中一定会有这样那样的疏漏和不当之处，恳请广大读者尤其是安里村的烈属们给予谅解和指正。

饶歆俊　王猛

2015 年 10 月于广州